公立高校入試シリーズ

実戦問題演習・公立入試の

数学

実力錬成編

東京学参公式HPで、Web解説「イカの巻」をダウンロード！

難問や複雑な問題について本書よりもさらに詳しい解説を掲載。

▲ここからアクセス

イカの巻
〜実力錬成編〜

はじめに

　この問題集は、公立校難関・上位校合格のために必要な実戦力を身につけるためのものです。

　公立高校入試問題では、満点を取りにくくするためのいわゆる「応用問題」が出題されます。特に学校別独自入試問題は基礎力だけでは太刀打ちできません。しかしその応用問題もパターンがあるので、パターンをおさえれば必ず解けるようになります。

　本書は公立高校入試で実際に出た問題で構成されており、頻出パターンを数多くそろえました。本番での実戦力が確実に身につきます。

目 次

本書の特長

- 公立高校入試問題における応用問題の頻出パターンを数多く収録。
- 自学自習にも最適な詳しい解説。
- Web解説"イカの巻"では、特に難しい問題に対して、本書の解説よりもさらに詳しい解説や、問題を解くうえでの考え方などを掲載。

──── なぜ"虎の巻"じゃなくて"イカの巻"? ────

正答への"手"がかりや"足"がかりを多く紹介しているので、虎よりも手足の多いイカにあやかり"イカの巻"としました。
問題を解くための"手"を増やして、どんな問題にも対応できるようになりましょう!

＊「虎の巻」とは門外不出の秘伝が書かれている書のこと

Web解説「イカの巻」について

この表示がある問題には、Web解説「イカの巻」で、さらに詳しい解説を掲載しています

さらに詳しい解説は ▶▶▶ イカの巻 p で解き方を確認!

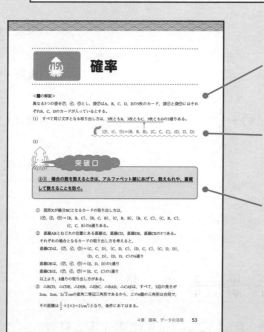

- 本書の解説よりもさらに詳しい解説

- 理解への足がかり：文中の複雑な箇所の補足

- 突破口：問題を解くための突破口となる考え方を紹介

1章　数と式

計算問題

1 数式の計算

(1) $\left(-\dfrac{1}{3}\right)^3 \div \dfrac{1}{6} - \left(-\dfrac{4}{3}\right)^2$ 　　　　　　　　　　　　　　（東京・両国）

(2) $7 - 10 \times \left(-\dfrac{6}{5}\right)^2 \div (-3^2)$ 　　　　　　　　　　　　　　（東京・新宿）

(3) $\sqrt{48} - 3\sqrt{27} + \dfrac{9}{\sqrt{3}}$ 　　　　　　　　　　　　　（神奈川・横浜翠嵐）

(4) $\dfrac{\sqrt{32}}{5} + \sqrt{0.08}$ 　　　　　　　　　　　　　　　　　（神奈川・鎌倉）

(5) $\dfrac{(\sqrt{3}-1)(\sqrt{3}+1)}{\sqrt{3}} - \dfrac{1+\sqrt{3}}{\sqrt{2}} + \dfrac{\sqrt{3}-2\sqrt{2}}{\sqrt{6}}$ 　　　　　　　（東京・白鷗）

(6) $(\sqrt{3}+\sqrt{2})^2 - (\sqrt{3}-\sqrt{2})^2 + \dfrac{1}{\sqrt{3}} \times \dfrac{1}{\sqrt{2}}$ 　　　　　　　　（東京・日比谷）

(7) $\left(-\dfrac{2}{\sqrt{6}}\right)^3 - \dfrac{4}{\sqrt{24}} \div \dfrac{18}{\sqrt{6}-12}$ 　　　　　　　　　　　（東京・西）

(8) $\dfrac{6-(\sqrt{54}-4\sqrt{3})}{\sqrt{3}} - (\sqrt{3}-1)^2$ 　　　　　　　　　　　（東京・戸山）

(9) $\dfrac{4^2 \times (-3)^2}{11^2 - (-13)^2}$ 　　　　　　　　　　　　　　　　（東京・青山）

(10) $(\sqrt{12}+0.5)\left(\dfrac{8}{\sqrt{2}}-3\right) + 4\sqrt{3}(1.5-\sqrt{8}) + \dfrac{3}{2}$ 　　　　（東京・新宿）

(11) $(-0.5)^3 \times \dfrac{4}{3} - 0.6 \times \left(-\dfrac{5}{9}\right)$ 　　　　　　　　　　　（東京・国分寺）

解答・解説

(1) $\left(-\dfrac{1}{3}\right)^3 \div \dfrac{1}{6} - \left(-\dfrac{4}{3}\right)^2 = \left(-\dfrac{1}{27}\right) \times \dfrac{6}{1} - \dfrac{16}{9} = -\dfrac{2}{9} - \dfrac{16}{9} = -\dfrac{18}{9} = \underline{-2}$

(2) $7 - 10 \times \left(-\dfrac{6}{5}\right)^2 \div (-3^2) = 7 - 10 \times \dfrac{36}{25} \times \left(-\dfrac{1}{9}\right) = 7 - \left(-\dfrac{8}{5}\right) = \dfrac{35}{5} + \dfrac{8}{5} = \underline{\dfrac{43}{5}}$

(3) $\sqrt{48}-3\sqrt{27}+\dfrac{9}{\sqrt{3}}=\sqrt{2^4\times3}-3\times\sqrt{3^3}+\dfrac{9\sqrt{3}}{3}=4\sqrt{3}-9\sqrt{3}+3\sqrt{3}=\underline{-2\sqrt{3}}$

(4) $\dfrac{\sqrt{32}}{5}+\sqrt{0.08}=\dfrac{\sqrt{2^5}}{5}+\sqrt{\dfrac{8}{100}}=\dfrac{4\sqrt{2}}{5}+\sqrt{\dfrac{2}{25}}=\dfrac{4\sqrt{2}}{5}+\dfrac{\sqrt{2}}{5}=\dfrac{5\sqrt{2}}{5}=\underline{\sqrt{2}}$

(5) $\dfrac{(\sqrt{3}-1)(\sqrt{3}+1)}{\sqrt{3}}-\dfrac{1+\sqrt{3}}{\sqrt{2}}+\dfrac{\sqrt{3}-2\sqrt{2}}{\sqrt{6}}=\dfrac{(\sqrt{3})^2-1^2}{\sqrt{3}}-\dfrac{\sqrt{2}(1+\sqrt{3})}{2}+\dfrac{3\sqrt{2}-4\sqrt{3}}{6}$

$=\dfrac{2\sqrt{3}}{3}-\dfrac{\sqrt{2}+\sqrt{6}}{2}+\dfrac{3\sqrt{2}-4\sqrt{3}}{6}=\dfrac{4\sqrt{3}-3\sqrt{2}-3\sqrt{6}+3\sqrt{2}-4\sqrt{3}}{6}=-\dfrac{3\sqrt{6}}{6}=\underline{-\dfrac{\sqrt{6}}{2}}$

(6) $\sqrt{3}+\sqrt{2}=$ M, $\sqrt{3}-\sqrt{2}=$ Nとおくと，乗法公式 $(a+b)(a-b)=a^2-b^2$ より，$(\sqrt{3}+\sqrt{2})^2$
$-(\sqrt{3}-\sqrt{2})^2=$ M$^2-$N$^2=($M$+$N$)($M$-$N$)=\{(\sqrt{3}+\sqrt{2})+(\sqrt{3}-\sqrt{2})\}\{(\sqrt{3}+\sqrt{2})-(\sqrt{3}-$

$\sqrt{2})\}=2\sqrt{3}\times2\sqrt{2}=4\sqrt{6}$，$\dfrac{1}{\sqrt{3}}\times\dfrac{1}{\sqrt{2}}=\dfrac{\sqrt{3}}{3}\times\dfrac{\sqrt{2}}{2}=\dfrac{\sqrt{6}}{6}$ だから，$(\sqrt{3}+\sqrt{2})^2-(\sqrt{3}-\sqrt{2})^2$

$+\dfrac{1}{\sqrt{3}}\times\dfrac{1}{\sqrt{2}}=4\sqrt{6}+\dfrac{\sqrt{6}}{6}=\left(4+\dfrac{1}{6}\right)\sqrt{6}=\underline{\dfrac{25\sqrt{6}}{6}}$

(7) $\left(-\dfrac{2}{\sqrt{6}}\right)^3=\left(-\dfrac{2}{\sqrt{6}}\right)\times\left(-\dfrac{2}{\sqrt{6}}\right)\times\left(-\dfrac{2}{\sqrt{6}}\right)=-\dfrac{8}{6\sqrt{6}}=-\dfrac{2\sqrt{6}}{9}$，$\dfrac{4}{\sqrt{24}}=\dfrac{4}{2\sqrt{6}}=\dfrac{\sqrt{6}}{3}$ だか

ら，$\left(-\dfrac{2}{\sqrt{6}}\right)^3-\dfrac{4}{\sqrt{24}}\div\dfrac{18}{\sqrt{6}-12}=-\dfrac{2\sqrt{6}}{9}-\dfrac{\sqrt{6}}{3}\times\dfrac{\sqrt{6}-12}{18}=-\dfrac{2\sqrt{6}}{9}-\dfrac{1-2\sqrt{6}}{9}=\underline{-\dfrac{1}{9}}$

(8) $\dfrac{6-(\sqrt{54}-4\sqrt{3})}{\sqrt{3}}=\dfrac{6-3\sqrt{6}+4\sqrt{3}}{\sqrt{3}}=\dfrac{(6-3\sqrt{6}+4\sqrt{3})\times\sqrt{3}}{\sqrt{3}\times\sqrt{3}}=\dfrac{6\sqrt{3}-9\sqrt{2}+12}{3}=2\sqrt{3}$

$-3\sqrt{2}+4$，乗法公式 $(a-b)^2=a^2-2ab+b^2$ より，$(\sqrt{3}-1)^2=(\sqrt{3})^2-2\times\sqrt{3}\times1+1^2=3-2\sqrt{3}$

$+1=4-2\sqrt{3}$ だから，$\dfrac{6-(\sqrt{54}-4\sqrt{3})}{\sqrt{3}}-(\sqrt{3}-1)^2=(2\sqrt{3}-3\sqrt{2}+4)-(4-2\sqrt{3})=2\sqrt{3}-$

$3\sqrt{2}+4-4+2\sqrt{3}=\underline{4\sqrt{3}-3\sqrt{2}}$

(9) $\dfrac{4^2\times(-3)^2}{11^2-(-13)^2}=\dfrac{16\times9}{11^2-13^2}=\dfrac{16\times9}{(11+13)(11-13)}=\dfrac{16\times9}{24\times(-2)}=\underline{-3}$

(10) $(\sqrt{12}+0.5)\left(\dfrac{8}{\sqrt{2}}-3\right)+4\sqrt{3}(1.5-\sqrt{8})+\dfrac{3}{2}=\left(2\sqrt{3}+\dfrac{1}{2}\right)(4\sqrt{2}-3)+6\sqrt{3}-8\sqrt{6}+\dfrac{3}{2}=$

$8\sqrt{6}-6\sqrt{3}+2\sqrt{2}-\dfrac{3}{2}+6\sqrt{3}-8\sqrt{6}+\dfrac{3}{2}=\underline{2\sqrt{2}}$

(11) $(-0.5)^3\times\dfrac{4}{3}-0.6\times\left(-\dfrac{5}{9}\right)=\left(-\dfrac{1}{2}\right)^3\times\dfrac{4}{3}-\dfrac{3}{5}\times\left(-\dfrac{5}{9}\right)=\left(-\dfrac{1}{8}\right)\times\dfrac{4}{3}-\dfrac{3}{5}\times\left(-\dfrac{5}{9}\right)=$

$\left(-\dfrac{1}{6}\right)-\left(-\dfrac{1}{3}\right)=\left(-\dfrac{1}{6}\right)+\left(+\dfrac{2}{6}\right)=\underline{\dfrac{1}{6}}$

2 文字式の計算

(1) $b+\dfrac{5a-b}{2}-\dfrac{a+2b}{3}$ (東京・白鷗)

(2) $(-3ab)^2\div\left(-\dfrac{2}{3}a^2b\right)\times(-2^2b)$ (神奈川・横浜翠嵐)

(3) $\left(\dfrac{3}{2}ab\right)^3\div ab^3\times\left(-\dfrac{2}{9}\right)^2$ (神奈川・小田原)

(4) $(-2ab)\times 7ab^2\div(-2ab)^2$ (神奈川・横須賀)

(5) $4(a-2b)^2-(2a+3b)(2a-3b)$ (神奈川・湘南)

(6) $(a+b)(a-5b)-(a-2b)^2$ (神奈川・光陵)

解答・解説

(1) $b+\dfrac{5a-b}{2}-\dfrac{a+2b}{3}=\dfrac{6b}{6}+\dfrac{3(5a-b)}{6}-\dfrac{2(a+2b)}{6}=\dfrac{6b+15a-3b-2a-4b}{6}=\underline{\dfrac{13a-b}{6}}$

＊分数のたし算，ひき算は通分して計算する。等式ではないので，分母の公倍数をかけたりしないように注意しよう。

(2) $(-3ab)^2\div\left(-\dfrac{2}{3}a^2b\right)\times(-2^2b)=9a^2b^2\times\left(-\dfrac{3}{2a^2b}\right)\times(-4b)=\underline{54b^2}$

＊数は数で，文字は文字で計算してもよい。

$(-3)^2\div\left(-\dfrac{2}{3}\right)\times(-2^2)=9\times\left(-\dfrac{3}{2}\right)\times(-4)=54$ $a^2b^2\div a^2b\times b=\dfrac{a^2b^2\times b}{a^2b}=b^2$

よって，$54b^2$

(3) $\left(\dfrac{3}{2}ab\right)^3\div ab^3\times\left(-\dfrac{2}{9}\right)^2=\dfrac{27a^3b^3}{8}\times\dfrac{1}{ab^3}\times\dfrac{4}{81}=\dfrac{27\times 4}{8\times 81}\times\dfrac{a^3b^3}{ab^3}=\underline{\dfrac{a^2}{6}}$

(4) $(-2ab)\times 7ab^2\div(-2ab)^2=-\dfrac{2\times 7}{4}\times\dfrac{ab\times ab^2}{a^2b^2}=\underline{-\dfrac{7}{2}b}$

(5) $4(a-2b)^2-(2a+3b)(2a-3b)=4(a^2-4ab+4b^2)-(4a^2-9b^2)=4a^2-16ab+16b^2-4a^2+9b^2$
$=\underline{-16ab+25b^2}$

(6) $(a+b)(a-5b)-(a-2b)^2=(a^2-5ab+ab-5b^2)-(a^2-4ab+4b^2)=a^2-4ab-5b^2-a^2+4ab-4b^2=\underline{-9b^2}$

3 式の値

(1) $x=\dfrac{\sqrt{5}+\sqrt{2}}{2}$, $y=\dfrac{\sqrt{5}-\sqrt{2}}{2}$ のとき，$3x^2+3y^2-6xy$ の式の値を求めなさい。（東京・日比谷）

(2) $x=\dfrac{\sqrt{3}-1}{\sqrt{2}}$, $y=\sqrt{6}+\sqrt{2}$ のとき，$4x^2-4xy+y^2$ の値を求めなさい。 （東京・新宿）

(3) $a=\dfrac{1}{\sqrt{6}}+1$, $b=\dfrac{1}{\sqrt{6}}-1$ のとき，a^2-b^2 の値を求めなさい。 （神奈川・小田原）

(4) $a=3\sqrt{3}+\sqrt{2}$, $b=\sqrt{3}-\sqrt{2}$ のとき，$a^2-2ab-3b^2$ の値を求めなさい。 （神奈川・湘南）

(5) $a=\dfrac{6}{\sqrt{3}}+2$, $b=\sqrt{3}-1$ のとき，$(a+b)^2-(a-b)^2$ の値を求めなさい。 （神奈川・多摩）

(6) $a=1+\sqrt{5}$, $b=1-\sqrt{5}$ のとき，$(1-a^2)(b-1)$ の値を求めなさい。 （東京・武蔵）

(7) $x=\sqrt{3}+\dfrac{-3^2}{(\sqrt{3})^2}$, $y=\dfrac{4}{\sqrt{2}}-\sqrt{18}$ のとき，x^2-6y^2 の値を求めなさい。 （東京・国立）

(8) $x=\dfrac{1}{\sqrt{2}}$, $y=\dfrac{1+\sqrt{2}}{4}$ のとき，$x^2-4xy+4y^2-4y+1$ の値を求めなさい。 （東京・立川）

(9) $x=\dfrac{\sqrt{5}+1}{\sqrt{2}}$, $y=\dfrac{\sqrt{5}-1}{\sqrt{2}}$ のとき，x^2-xy+y^2 の値を求めなさい。 （東京・立川）

(10) $x=\dfrac{11}{4}$ のとき，$x^2-\left(\dfrac{13}{4}\right)^2$ の値を求めなさい。 （東京・墨田川）

(11) $x=\dfrac{5-4\sqrt{7}}{2}$, $y=\dfrac{5+8\sqrt{7}}{2}$ のとき，$x^2+2xy+y^2+4x-4y$ の値を求めなさい。 （東京・新宿）

解答・解説

(1) <u>式の値を求める問題では，与えられた式を変形してから代入すると計算しやすい場合が多</u>

<u>い。</u>　$3x^2+3y^2-6xy=3(x^2-2xy+y^2)=3(x-y)^2$　　$x-y=\dfrac{\sqrt{5}+\sqrt{2}}{2}-\dfrac{\sqrt{5}-\sqrt{2}}{2}=$

$\dfrac{\sqrt{5}+\sqrt{2}-\sqrt{5}+\sqrt{2}}{2}=\sqrt{2}$　　よって，$3\times(\sqrt{2})^2=\underline{6}$

(2) $4x^2-4xy+y^2=(2x)^2-2\times(2x)\times y+y^2=(2x-y)^2$　　$2x=2\times\dfrac{\sqrt{3}-1}{\sqrt{2}}=\dfrac{2\sqrt{2}(\sqrt{3}-1)}{2}=\sqrt{6}-$

$\sqrt{2}$　　よって，$2x-y=\sqrt{6}-\sqrt{2}-(\sqrt{6}+\sqrt{2})=-2\sqrt{2}$　　$(2x-y)^2=(-2\sqrt{2})^2=\underline{8}$

(3) $a^2-b^2=(a+b)(a-b)$　　$a+b=\left(\dfrac{1}{\sqrt{6}}+1\right)+\left(\dfrac{1}{\sqrt{6}}-1\right)=\dfrac{2}{\sqrt{6}}$　　$a-b=\left(\dfrac{1}{\sqrt{6}}+1\right)-\left(\dfrac{1}{\sqrt{6}}\right.$

$\left.-1\right)=2$ よって，$\dfrac{2}{\sqrt{6}}\times 2=\dfrac{4}{\sqrt{6}}=\dfrac{4\sqrt{6}}{6}=\underline{\dfrac{2\sqrt{6}}{3}}$

(4) $a^2-2ab-3b^2=(a+b)(a-3b)$ $a+b=(3\sqrt{3}+\sqrt{2})+(\sqrt{3}-\sqrt{2})=4\sqrt{3}$ $a-3b=$
$(3\sqrt{3}+\sqrt{2})-3(\sqrt{3}-\sqrt{2})=4\sqrt{2}$ よって，$4\sqrt{3}\times 4\sqrt{2}=\underline{16\sqrt{6}}$

(5) $(a+b)^2-(a-b)^2=(a^2+2ab+b^2)-(a^2-2ab+b^2)=4ab$ $a=\dfrac{6}{\sqrt{3}}+2=\dfrac{6\sqrt{3}}{3}+2=2\sqrt{3}+$
$2=2(\sqrt{3}+1)$ よって，$4ab=4\times 2(\sqrt{3}+1)(\sqrt{3}-1)=8\times(3-1)=\underline{16}$

(6) 式を変形しないでそのまま代入する方が計算しやすいものが出題されることもある。
$1-a^2=1-(1+\sqrt{5})^2=1-(1+2\sqrt{5}+5)=-2\sqrt{5}-5$ $b-1=1-\sqrt{5}-1=-\sqrt{5}$ よって，
$(1-a^2)(b-1)=(-2\sqrt{5}-5)\times(-\sqrt{5})=\underline{10+5\sqrt{5}}$

(7) 代入する数式を簡単にしてから代入するものもある。 $x=\sqrt{3}+\dfrac{-3^2}{(\sqrt{3})^2}=\sqrt{3}+\dfrac{-9}{3}=$
$\sqrt{3}-3$ $y=\dfrac{4}{\sqrt{2}}-\sqrt{18}=\dfrac{4\sqrt{2}}{2}-3\sqrt{2}=2\sqrt{2}-3\sqrt{2}=-\sqrt{2}$ よって，$x^2-6y^2=(\sqrt{3}-3)^2$
$-6\times(-\sqrt{2})^2=3-6\sqrt{3}+9-12=\underline{-6\sqrt{3}}$

(8) $x^2-4xy+4y^2-4y+1=(x-2y)^2-4y+1$ $x=\dfrac{1}{\sqrt{2}}$，$y=\dfrac{1+\sqrt{2}}{4}$ を代入し，$\left(\dfrac{1}{\sqrt{2}}-2\times\right.$
$\left.\dfrac{1+\sqrt{2}}{4}\right)^2-4\times\dfrac{1+\sqrt{2}}{4}+1=\left(\dfrac{\sqrt{2}}{2}-\dfrac{1+\sqrt{2}}{2}\right)^2-(1+\sqrt{2})+1=\left(-\dfrac{1}{2}\right)^2-1-\sqrt{2}+1=\underline{\dfrac{1}{4}-\sqrt{2}}$

(9) $x=\dfrac{\sqrt{5}+1}{\sqrt{2}}$，$y=\dfrac{\sqrt{5}-1}{\sqrt{2}}$ のとき，$x-y=\dfrac{\sqrt{5}+1}{\sqrt{2}}-\dfrac{\sqrt{5}-1}{\sqrt{2}}=\dfrac{(\sqrt{5}+1)-(\sqrt{5}-1)}{\sqrt{2}}=$
$\dfrac{\sqrt{5}+1-\sqrt{5}+1}{\sqrt{2}}=\dfrac{2}{\sqrt{2}}=\dfrac{2\times\sqrt{2}}{\sqrt{2}\times\sqrt{2}}=\dfrac{2\sqrt{2}}{2}=\sqrt{2}$，$xy=\dfrac{\sqrt{5}+1}{\sqrt{2}}\times\dfrac{\sqrt{5}-1}{\sqrt{2}}=\dfrac{(\sqrt{5}+1)(\sqrt{5}-1)}{\sqrt{2}\times\sqrt{2}}$
$=\dfrac{(\sqrt{5})^2-1^2}{2}=\dfrac{5-1}{2}=2$だから，$x^2-xy+y^2=x^2-2xy+y^2+xy=(x-y)^2+xy=(\sqrt{2})^2+2=2+2=\underline{4}$

(10) $x=\dfrac{11}{4}$のとき，乗法公式$(a+b)(a-b)=a^2-b^2$より，$x^2-\left(\dfrac{13}{4}\right)^2=\left(x+\dfrac{13}{4}\right)\left(x-\dfrac{13}{4}\right)=\left(\dfrac{11}{4}+\right.$
$\left.\dfrac{13}{4}\right)\left(\dfrac{11}{4}-\dfrac{13}{4}\right)=\dfrac{24}{4}\times\left(-\dfrac{2}{4}\right)=6\times\left(-\dfrac{1}{2}\right)=\underline{-3}$

(11) $X=x+y$，$Y=x-y$とする。$x^2+2xy+y^2+4x-4y=(x+y)^2+4(x-y)=X^2+4Y$
$X=\dfrac{5-4\sqrt{7}}{2}+\dfrac{5+8\sqrt{7}}{2}=\dfrac{10+4\sqrt{7}}{2}=5+2\sqrt{7}$，$X-Y=\dfrac{5-4\sqrt{7}}{2}-\dfrac{5+8\sqrt{7}}{2}=-6\sqrt{7}$
よって，$X^2+4Y=(5+2\sqrt{7})^2+4\times(-6\sqrt{7})=25+20\sqrt{7}+28-24\sqrt{7}=\underline{53-4\sqrt{7}}$

4 因数分解

＊次の(1)～(8)の式を因数分解してみよう。また，(9)の問題に答えなさい。

(1) $9ab^2-a$ （神奈川・横須賀）

(2) $2x^2y+8xy-24y$ （神奈川・湘南）

(3) $2a^2-(a-2)(a-3)$ （神奈川・多摩）

(4) $3(x-1)^2-12$ （東京・白鷗）

(5) $(2x-1)(x+1)-(x+1)^2$ （東京・八王子東）

(6) $(2x+3)(2x-3)-3(4x-3)$ （神奈川・小田原）

(7) $(2a-b)^2-2\left(\dfrac{a}{2}-b\right)(a-2b)$ （東京・日比谷）

(8) $\dfrac{(2x-6)^2}{4}-5x+15$ （東京・日比谷）

(9) $2013^2-2012^2-2011^2+2010^2$ を計算しなさい。 （神奈川・横浜サイエンスフロンティア）

解答・解説

(1) 因数分解の基本は共通因数でくくること。その後で，公式が利用できるかを考える。
$9ab^2-a=a(9b^2-1)=a\{(3b)^2-1^2\}=\underline{a(3b+1)(3b-1)}$

(2) $2x^2y+8xy-24y=2y(x^2+4x-12)=\underline{2y(x+6)(x-2)}$

(3) 式を展開して整理し直してから因数分解するものもある。 $2a^2-(a-2)(a-3)=2a^2-(a^2-5a+6)=2a^2-a^2+5a-6=a^2+5a-6=\underline{(a+6)(a-1)}$

(4) $3(x-1)^2-12=3(x^2-2x+1)-12=3x^2-6x+3-12=3x^2-6x-9=3(x^2-2x-3)=\underline{3(x+1)(x-3)}$
$x-1=$Aと置きかえる方法もある。 $x-1=$Aとすると，$3A^2-12=3(A^2-4)=3(A+2)(A-2)$
Aをもとに戻して，$3(x-1+2)(x-1-2)=\underline{3(x+1)(x-3)}$

(5) $(2x-1)(x+1)-(x+1)^2=(2x^2+2x-x-1)-(x^2+2x+1)=x^2-x-2=\underline{(x+1)(x-2)}$

(6) $(2x+3)(2x-3)-3(4x-3)=\{(2x)^2-3^2\}-12x+9=4x^2-12x=\underline{4x(x-3)}$

(7) $(2a-b)^2-2\left(\dfrac{a}{2}-b\right)(a-2b)=(2a)^2-2\times(2a)\times b+b^2-(a-2b)(a-2b)=4a^2-4ab+b^2-(a^2-4ab+4b^2)=3a^2-3b^2=3(a^2-b^2)=\underline{3(a+b)(a-b)}$

(8) 乗法公式$(a-b)^2=a^2-2ab+b^2$より，$\dfrac{(2x-6)^2}{4}=\dfrac{(2x)^2-2\times2x\times6+6^2}{4}=\dfrac{4x^2-24x+36}{4}=x^2-6x+9$ だから，$\dfrac{(2x-6)^2}{4}-5x+15=x^2-6x+9-5x+15=x^2-11x+24=\underline{(x-3)(x-8)}$

(9) $2013^2-2012^2-2011^2+2010^2=(2013^2-2012^2)-(2011^2-2010^2)$ $\underline{A^2-B^2=(A+B)(A-B)}$ を利用しよう。 $(2013+2012)(2013-2012)-(2011+2010)(2011-2010)=4025-4021=\underline{4}$

5 方程式

＊次の連立方程式を解きなさい。

(1) $\begin{cases} \dfrac{1}{3}x - 0.25y = 1.5 \\ x + \dfrac{5}{2}y = -2 \end{cases}$ （東京・国分寺）

(2) $\begin{cases} \dfrac{4x-3}{6} - \dfrac{y-3}{4} = 2 \\ 6x - 4y = 21 \end{cases}$ （東京・日比谷）

(3) $\begin{cases} \dfrac{x-1}{2} + 2(y+3) = 5 \\ 2(x+5) - \dfrac{4y+1}{3} = 3 \end{cases}$ （東京・戸山）

(4) $\begin{cases} \dfrac{x-1}{3} + \dfrac{3y+1}{6} = 0 \\ 0.4(x+4) + 0.5(y-3) = 0 \end{cases}$ （東京・青山）

(5) $\begin{cases} \dfrac{4x+y-5}{2} = x + 0.25y - 2 \\ 4x + 3y = -6 \end{cases}$ （東京・国立）

(6) $\begin{cases} 0.2x - \dfrac{4}{5}y = 1.8 \\ 0.4(x-4y) = \dfrac{y+1}{5} \end{cases}$ （東京・新宿）

＊次の問いに答えなさい。

(7) x, yについての連立方程式 $\begin{cases} ax+4y=2b \\ bx-ay=-7 \end{cases}$ の解が$x=-1$, $y=2$であるとき，定数a, bの値を

求めよ。 （東京・戸山）

＊次の二次方程式を解きなさい。

(8) $2(x-3)^2 = x^2 + 46$ （神奈川・鎌倉）

(9) $(2x+1)(x-1) - (x-2)(x+2) - 5 = 0$ （東京・戸山）

(10) $x^2 + 0.3(2x-3) = \dfrac{4}{5}x(x+1)$ （東京・西）

(11) $(x-1)^2 + (x+1)(x-1) - (2x+1)(2x-3) = 0$ （東京・戸山）

(12) $\dfrac{(x+1)(x-1)}{4} - \dfrac{(x-2)(2x+3)}{2} = 1$ （東京・西）

(13)　$2\left(x-\dfrac{1}{4}\right)^2-3=x^2+\dfrac{1}{8}$　　　　　　　　　　　　（東京・国立）

＊次の問いに答えなさい。

(14)　xについての二次方程式$x^2+(a-2)x-(a-4)^2+7=0$の1つの解が-3であるとき，aの値を求めなさい。　　　　　　　　（神奈川・横浜サイエンスフロンティア）

(15)　xについての2次方程式$x^2+5ax+84=0$の2つの解がともに整数となるような整数aの値は何個あるか。　　　　　　　　　　　　（東京・立川）

解答・解説

(1)　$\dfrac{1}{3}x-0.25y=1.5$の小数を分数に直すと，$\dfrac{1}{3}x-\dfrac{1}{4}y=\dfrac{3}{2}$　両辺を12倍すると，$4x-3y=18\cdots$①　　$x+\dfrac{5}{2}y=-2$の両辺を2倍すると，$2x+5y=-4\cdots$②　　①－②×2から，$-13y=26$　$\underline{y=-2}$　①に代入して，$4x+6=18$　$\underline{x=3}$

(2)　$\dfrac{4x-3}{6}-\dfrac{y-3}{4}=2$の両辺を12倍して整理すると，$2(4x-3)-3(y-3)=24$

$8x-3y=21\cdots$①　　$6x-4y=21\cdots$②　　①×4－②×3から，$14x=21$　$\underline{x=\dfrac{3}{2}}$　①に代入して，$12-3y=21$　　$-3y=9$　$\underline{y=-3}$

(3)　$\begin{cases}\dfrac{x-1}{2}+2(y+3)=5\cdots① \\ 2(x+5)-\dfrac{4y+1}{3}=3\cdots②\end{cases}$とする。①の両辺を2倍して，$x-1+4(y+3)=10$　$x+4y=-1$…③　　②の両辺を3倍して，$6(x+5)-(4y+1)=9$　$6x-4y=-20\cdots$④　　③＋④より，$7x=-21$　$x=-3$　これを③に代入して，$-3+4y=-1$　$y=\dfrac{1}{2}$　よって，連立方程式の解は，$\underline{x=-3},\ \underline{y=\dfrac{1}{2}}$

(4)　$\dfrac{x-1}{3}+\dfrac{3y+1}{6}=0\cdots$①，$0.4(x+4)+0.5(y-3)=0\cdots$②　とする。①を整理すると，$2x+3y=1\cdots$③　　②を整理すると，$4x+5y=-1\cdots$④　　③×2－④より，$\underline{y=3}$　これを③に代入して，$2x+9=1$　よって，$\underline{x=-4}$

(5) $\begin{cases} \dfrac{4x+y-5}{2}=x+0.25y-2\cdots① \\ 4x+3y=-6\cdots② \end{cases}$ とする。①は $\dfrac{4x+y-5}{2}=x+\dfrac{1}{4}y-2$ と書きかえられる

から，両辺を4倍して $2(4x+y-5)=4x+y-8$ 整理して $4x+y=2\cdots③$ ②－③より，

$2y=-8$ $y=-4$ これを③に代入して，$4x-4=2$ $x=\dfrac{3}{2}$ よって，連立方程式の解は，

$\underline{x=\dfrac{3}{2},\ y=-4}$

(6) $0.2x-\dfrac{4}{5}y=1.8\cdots①$，$0.4(x-4y)=\dfrac{y+1}{5}\cdots②$とする。 ①×5より，$x-4y=9\cdots①'$

②×5より，$2(x-4y)=y+1\cdots②'$ ①'を②'に代入して，$2\times9=y+1$ $\underline{y=17}$ これを①'に

代入して，$x-4\times17=9$ $\underline{x=77}$

(7) <u>方程式の解は，方程式に代入して式が成り立つ値である。</u>

x，yについての連立方程式 $\begin{cases} ax+4y=2b \\ bx-ay=-7 \end{cases}$ の解が$x=-1$，$y=2$であるから，それぞれの方程式

に$x=-1$，$y=2$を代入して，$\begin{cases} a\times(-1)+4\times2=2b \\ b\times(-1)-a\times2=-7 \end{cases}$ 整理して $\begin{cases} a+2b=8\cdots① \\ 2a+b=7\cdots② \end{cases}$ ①，②をa，b

についての連立方程式として解く。①×2－②より，$4b-b=16-7$ $\underline{b=3}$ これを①に代入

して，$a+2\times3=8$ $\underline{a=2}$

(8) <u>式を展開して整理して，$x^2+ax+b=0$ の形に直してから左辺を因数分解する。</u>

$2(x-3)^2=x^2+46$ $2(x^2-6x+9)-x^2-46=0$ $x^2-12x-28=0$ $(x+2)(x-14)=0$

$\underline{x=-2,\ 14}$

(9) $(2x+1)(x-1)-(x-2)(x+2)-5=0$ $(2x^2-2x+x-1)-(x^2-4)-5=0$ $x^2-x-2=0$

$(x+1)(x-2)=0$ $\underline{x=-1,\ 2}$

(10) 2次方程式$x^2+0.3(2x-3)=\dfrac{4}{5}x(x+1)$ 両辺を10倍して，$10x^2+3(2x-3)=8x(x+1)$ 整

理して，$2x^2-2x-9=0$ 2次方程式の解の公式から

$x=\dfrac{-(-2)\pm\sqrt{(-2)^2-4\times2\times(-9)}}{2\times2}=\dfrac{2\pm\sqrt{76}}{4}=\dfrac{2\pm2\sqrt{19}}{4}=\underline{\dfrac{1\pm\sqrt{19}}{2}}$

(11) 乗法公式$(a-b)^2=a^2-2ab+b^2$，$(a+b)(a-b)=a^2-b^2$，$(x+a)(x+b)=x^2+(a+b)x+ab$

より，$(x-1)^2+(x+1)(x-1)-(2x+1)(2x-3)=0$ $x^2-2x+1+x^2-1-4x^2+4x+3=0$

$-2x^2+2x+3=0$ 両辺に-1をかけて，$2x^2-2x-3=0$ 解の公式を用いて，

$x=\dfrac{-(-2)\pm\sqrt{(-2)^2-4\times2\times(-3)}}{2\times2}=\underline{\dfrac{1\pm\sqrt{7}}{2}}$

(12) 乗法公式$(a+b)(a-b)=a^2-b^2$より，$(x+1)(x-1)=x^2-1^2=x^2-1$，分配法則を使って，

$(x-2)(2x+3)=x(2x+3)-2(2x+3)=2x^2-x-6$だから，2次方程式$\dfrac{(x+1)(x-1)}{4}-$

$\dfrac{(x-2)(2x+3)}{2}=1$は，$\dfrac{x^2-1}{4}-\dfrac{2x^2-x-6}{2}=1$ 両辺を4倍して，$(x^2-1)-2(2x^2-x-6)=4$

整理して，$3x^2-2x-7=0\cdots\text{①}$ 2次方程式$ax^2+bx+c=0$の解は，$x=\dfrac{-b\pm\sqrt{b^2-4ac}}{2a}$で求めら

れるから，$x=\dfrac{-(-2)\pm\sqrt{(-2)^2-4\times3\times(-7)}}{2\times3}=\underline{\dfrac{1\pm\sqrt{22}}{3}}$

(13) $\left(x-\dfrac{1}{4}\right)^2=x^2-\dfrac{1}{2}x+\dfrac{1}{16}$より，二次方程式$2\left(x-\dfrac{1}{4}\right)^2-3=x^2+\dfrac{1}{8}$は，$2\left(x^2-\dfrac{1}{2}x+\dfrac{1}{16}\right)-3=$

$x^2+\dfrac{1}{8}$ 整理して，$x^2-x-3=0\cdots\text{①}$ 二次方程式$ax^2+bx+c=0$の解は，$x=\dfrac{-b\pm\sqrt{b^2-4ac}}{2a}$

で求められるから，$x=\dfrac{-(-1)\pm\sqrt{(-1)^2-4\times1\times(-3)}}{2\times1}=\underline{\dfrac{1\pm\sqrt{13}}{2}}$

(14) $x=-3$を$x^2+(a-2)x-(a-4)^2+7=0$に代入して式を整理すると，$9-3a+6-(a^2-8a+16)$
$+7=0$ $-a^2+5a+6=0$ $a^2-5a-6=0$ $(a+1)(a-6)=0$ よって，$a=\underline{-1,\ 6}$

(15) 二次方程式の2つの整数解をp，$q(p<q)$とすると，$(x-p)(x-q)=0$，$x^2-(p+q)x+pq=$
0 $x^2+5ax+84=0$を比較すれば$pq=84$，$p+q$の絶対値は5の倍数だから，$(p,\ q)=(1,\ 84)$，
$(-84,\ -1)$，$(4,\ 21)$，$(-21,\ -4)$，$(6,\ 14)$，$(-14,\ -6)$ このときのaの値は順に
$a=-17,\ 17,\ -5,\ 5,\ -4,\ 4$ 整数という条件をすべて満たすので$\underline{6個}$。

1章　数と式
数と式の応用・規則性

1 右図のように，段と列を決めてカードを並べる。まず，1段目に，1列目から順に $\boxed{1}$，$\boxed{3}$，$\boxed{5}$，…と奇数のカードを並べる。次に1つ下のカードよりより1大きい数のカードを，2列目は2段目まで，3列目は3段目まで，…と規則的に並べていく。このとき，次の各問いに答えなさい。　　　　（徳島県）

5段目					13
4段目				10	12
3段目			7	9	11
2段目		4	6	8	10
1段目	1	3	5	7	9

1列目 2列目 3列目 4列目 5列目 …

(1)　7列目の3段目に置かれたカードの数を答えなさい。

(2)　$\boxed{43}$ のカードは何枚置かれているか答えなさい。

(3)　n列目の1段目から3段目までに並べられている3枚のカードの数の和が210であるとき，n 列目のカードの中で一番大きい数は何か答えなさい。

解答・解説

(1)　7列目の1段目の数は1から始まる奇数の7番目だから，1，3，5，7，9，11，13と数えて13　よって，7列目の3段目に置かれたカードの数は，13＋2＝<u>15</u>

（別解）　$\boxed{\text{1から始まる奇数の列の}n\text{番目の数は}2n-1\text{である。}}$　7列目の1段目の数は，2×7－1で求められるので，13　よって，その3段目は，13＋2＝15

(2)　各列の1番上になる数は，1，4，7，10，13，…　この数の列は，1，1＋3，1＋3×2，1＋3×3，1＋3×4，…となっている。よって，x番目の数は，1＋3×$(x-1)$＝$3x-2$　これが43となるのは，$3x-2=43$　$3x=45$　$x=15$　よって，15列目から置かれている。43が1段目にくるのが何列目かを求めると，$2n-1=43$から，$n=22$　22列目である。$\boxed{\text{自然数}m\text{から自然数}n\text{までの自然数の個数は，}n-(m-1)\text{で求められる。（ただし，}m<n\text{である。）}}$　よって，15列目から22列目まで1枚ずつ置かれているので，22－$(15-1)$＝<u>8（枚）</u>

（別解1）　1，4，7，10，13，…の数の列は3ずつ大きくなっているので，3の倍数をもとにして考えることができる。3－2，3×2－2，3×3－2，3×4－2，3×5－2，…と考えると，x番目は，$3x-2$

（別解2）　1段目の数をもとにして，一番上の段の数を表すこともできる。$(2×1-1)+0$，$(2×2-1)+1$，$(2×3-1)+2$，$(2×4-1)+3$，$(2×5-1)+4$，…と考えると，x列目は，$(2x-1)$

$+(x-1)=3x-2$

(3) n列目の1段目の数は,$2n-1$　　2段目,3段目の数はそれぞれ,$2n-1+1=2n$,$2n-1+2=$ $2n+1$　　よって,$(2n-1)+2n+(2n+1)=210$　　$6n=210$　　$n=35$　　35列目である。35列目の1段目の数は,$2\times35-1=69$　　n列目はn段まで数が並び,n段目の数は1段目の数より$(n-1)$大きいから,35列目の一番上の数は,$69+(35-1)=\underline{103}$

＊(2)で求めた$3x-2$に$x=35$を代入してもよい。

2　次のように数が規則的に並んでいる。

$$5,\ \frac{26}{5},\ \frac{27}{5},\ \frac{28}{5},\ \frac{29}{5},\ 6,\ \frac{31}{5},\ \frac{32}{5},\ \frac{33}{5},\ \frac{34}{5},\ 7,\ \frac{36}{5},\ \frac{37}{5},\ \cdots$$

このとき,次の各問いに答えなさい。　　　　　　　　　　　　　　　　　　　　　　（石川県）

(1) 5と6の間には,$\dfrac{26}{5}$,$\dfrac{27}{5}$,$\dfrac{28}{5}$,$\dfrac{29}{5}$が並んでおり,その和は22である。同じように考えて,7と8の間に並ぶ数の和を求めなさい。

(2) 1番目の数を5,2番目の数を$\dfrac{26}{5}$,3番目の数を$\dfrac{27}{5}$,…としたとき,83番目の数を求めなさい。

(3) 5と6の間に並んでいる数は4個あり,5と7の間に並んでいる数は9個ある。5と自然数nの間に並んでいる数は何個あるか。nを使った式で表しなさい。ただし,$n>5$とする。

解答・解説

(1) 7と8の間に並ぶ数は,$\dfrac{36}{5}$,$\dfrac{37}{5}$,$\dfrac{38}{5}$,$\dfrac{39}{5}$で,それぞれ,5と6の間に並ぶ数$\dfrac{26}{5}$,$\dfrac{27}{5}$,$\dfrac{28}{5}$,

$\dfrac{29}{5}$よりも2大きい。よって,その和は,$22+2\times4=\underline{30}$

(2) 並んでいる数を並んだ順に5個ずつグループとしてまとめると,$83\div5=16$あまり3なので,83番目の数は17番目のグループの3番目の数である。各グループの最初の数は,1番目のグループは5,2番目のグループは$5+1=6$,3番目のグループは$5+2=7$,4番目のグループは$5+3=8$,…なので,17番目のグループの最初の数は,$5+16=21$　　よって,その3番目の数は,$21+$

$\dfrac{2}{5}=\dfrac{107}{5}$

(3) 5と6の間に並んでいる数は4個あり，5と7の間に並んでいる数は9個ある。5と自然数nの間に並んでいる数の個数を順番に並べると，4，9＝4＋5，14＝4＋5×2，19＝4＋5×3，…となる。5と6の間…4，5と7の間…4＋5×1，5と8の間…4＋5×2，5と9の間…4＋5×3，…となっているので，5とnの間に並んでいる数の個数は，$4+5×(n-6)=\underline{5n-26}$

（別解）5とnまでの間にある自然数の個数は，5と6の間には0，5と7の間には1，5と8の間には2，…なので，$(n-5)-1=n-6$　その間にある分数の個数は，$4×(n-5)=4n-20$　よって，$(n-6)+(4n-20)=5n-26$

3 図1のような，1辺の長さが1cmの立方体があり，向かい合う面には同じ数が書かれている。図2のような，縦$a$cm，横$b$cm（a，bは2以上の整数）の長方形の紙があり，立方体をそのA地点に置き，矢印の方向に長方形の辺に沿って，B地点まで転がして移動させる。ただし，立方体をA地点に置くときには，図3のような向きで置く。立方体を転がすたびに，長方形の紙に接した立方体の面に書かれている数を長方形の紙に記録していく。A地点にはあらかじめ1が書かれている。例えば，$a=3$，$b=4$のとき，図4のように数が記録される。このとき，次の各問いに答えなさい。

（栃木県）

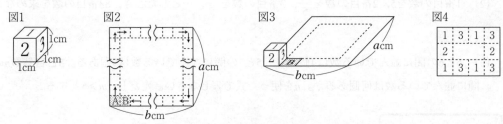

図1　　　図2　　　　　図3　　　　　　　　　　図4

(1) $a=2$，$b=3$のとき，長方形の紙に記録される数を右図に書きなさい。

(2) $a=99$，$b=101$のとき，長方形の紙には2が何回記録されますか。

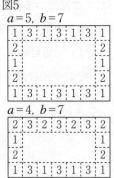

(3) 長方形の紙に記録された数の和について考える。ただし，A地点の1も加えるものとする。このとき，次の各問いに答えなさい。

① $a=2x+1$（xは自然数），$b=20$のとき，和は124であった。このとき，xの方程式を作り，xの値を求めなさい。ただし，途中の計算も書きなさい。

② 図5のように，$a=5$，$b=7$のときの和と，$a=4$，$b=7$のときの和は等しい。このように，1つのbの値に対して，aの値が異なっても，和が等しくなる場合がある。bが7でない奇数のとき，次の文の　ア　，　イ　にあてはまる数を求めなさい。

$a=5$，$b=$　ア　のときの和と，$a=$　イ　，$b=$　ア　のときの和は等しい。

図5

$a=5$，$b=7$

$a=4$，$b=7$

解答・解説

(1) 縦に1回転がしたときには，図6の状態になり，横に2回転がしたときには，やはり上面が2となり，その後，縦に1回転がしたときには，

図6

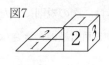

図7

図8

2	3	2
1	3	1

図7の状態になるので，$a=2$，$b=3$のときに記録した長方形の紙は図8のようになる。

(2) $a=99$，$b=101$のとき，aは奇数なので，左上隅の数は1となり，図9の状態になって横に転がる。bも奇数なので，右上隅の数は1となって下に転がる。そして，右下隅の数も1となり，その後横に転がる。よって，長方形の紙には，図10のように記録される。したがって，縦の列には1列に2が，$(99-1)÷2=49$あり，それの2列分なので，$49×2=\underline{98}$(回)記録される。

図9

図10

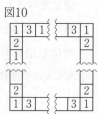

(3) 一般的に，m，nを整数として，偶数は$2m$，奇数は$2n+1$と表される。

① $a=2x+1=(x+1)+x$　aは奇数なので，左の列には1が$(x+1)$回，2がx回記録される。また，20は偶数だから右の列には，3が$(x+1)$回，2がx回記録される。横の列については，上の列は両端を除いて，1と3が9回ずつ記録され，下の列でも1と3が9回ずつ記録される。よって，$(x+1)+2x+3(x+1)+2x+(1+3)×9×2=124$　$8x+76=124$　$8x=48$　$\underline{x=6}$

② $a=5$のとき，$b=2y+1=(y+1)+y$とすると，縦の列の数の和は，上端，下端を除くと10　横の列は，上の列，下の列ともに，1が$(y+1)$回，3がy回記録されるので，数の和は，$2\{(y+1)+3y\}=8y+2$　よって，その合計は$8y+12…$(ア)　これと等しく，aの値が異なる場合，aの値は偶数だから，$a=2z$とすると，縦の列の数の和は，上端，下端を除いて，$2\{(z-1)+2(z-1)\}=6z-6$　横の列は，aが偶数のときなので，上の列は，2，3，2，3，…2と並ぶから，その数の和は，$2(y+1)+3y=5y+2$であり，下の列はaが奇数の場合と同じだから，数の和は，$(y+1)+3y=4y+1$　よって，それらの合計は，$6z-6+5y+2+4y+1=6z+9y-3…$(イ)　(ア)と(イ)が等しいとき，$6z+9y-3=8y+12$　$y=15-6z$　y，zは自然数なので，この式を成り立たせるy，zの値は，$z=1$のとき，$y=9$　または，$z=2$のとき，$y=3$　ところで，$z=2$，$y=3$のときには，$a=4$，$b=7$となるのでbの値が例と同じになるから不適当である。よって，$z=1$，$y=9$　つまり，$a=2$，$b=19$である。したがって，ア$=\underline{19}$，イ$=\underline{2}$

4 長方形の画用紙の4隅を画びょうでとめて，掲示板に掲示する。1枚だけを掲示するときは，図1のように4個の画びょうで4隅をとめて掲示するが，2枚以上を掲示するときは，次の規則にしたがって掲示する。ただし，掲示する画用紙の大きさはすべて同じである。

図1

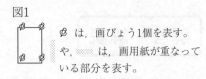

◎ は，画びょう1個を表す。
や，▨ は，画用紙が重なっている部分を表す。

【規則】

・掲示する画用紙の向きはすべて同じにし，横の方向と縦の方向以外には並べないようにする。

・横に並べるときは，図2のように左右のとなり合う画用紙を少しの幅だけ重ねて画びょうでとめる。

・縦に並べるときは，図3のように上下のとなり合う画用紙を少しの幅だけ重ねて画びょうでとめる。

・横にも縦にも並べるときは，図4のように，縦にm段，横にn列で全体が長方形の形になるように並べ，左右や上下のとなり合う画用紙をどちらも少しの幅だけ重ねて画びょうでとめる。

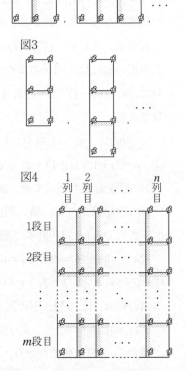

このとき，次の各問いに答えなさい。　　　　　　（愛媛県）

(1)　6枚の画用紙を掲示するとき，

① 横に6枚並べて掲示する場合，使用する画びょうの個数を求めなさい。

② 縦に2段，横に3列で並べて掲示する場合，使用する画びょうの個数を求めなさい。

(2)　12枚の画用紙を掲示するとき，使用する画びょうの個数が最も少なくなるような並べ方で掲示すると，使用する画びょうは何個になるかを求めなさい。

(3)　何枚かの画用紙を上の規則にしたがって掲示したとき，画用紙をとめるのに使用した画びょうの個数が35個であった。このとき，掲示した画用紙は何枚であったかを求めなさい。

(4)　図4のように，画用紙を縦にm段，横にn列で並べて掲示するときに使用する画びょうの個数は，このときと同じ枚数の画用紙を重ねずに並べ，すべての画用紙を1枚につき4個の画びょうでとめて掲示する場合に必要な画びょうの個数より何個少なくなるか。その個数をm，nを使って表しなさい。

解答・解説

(1)

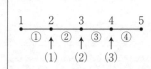

区切りの点の個数をa，点によって区切られる部分の個数をbとするとき，

・両端の点を入れると，$a=b+1$

・両端の点を入れないと，$a=b-1$

① 横に6枚並べて掲示する場合，縦に並ぶ画びょうの個数は，1列について，$1+1=2$　横に並ぶ画びょうの個数は，1列について，$6+1=7$　よって，$2×7=\underline{14}$(個)

② 縦に2段並べて掲示する場合，縦に並ぶ画びょうの個数は，1列について，$2+1=3$　横に3列並べて掲示する場合，横に並ぶ画びょうの個数は，1列について，$3+1=4$　よって，$3×4=\underline{12}$(個)

(2) 12枚の画用紙を並べて掲示するとき，使用する画びょうの個数で並べ方を整理すると，縦または横に1列に12枚を並べる方法…(ア)　縦に2段，横に6列，または，縦に6段，横に2列に12枚を並べる方法…(イ)　縦に3段，横に4列，または，縦に4段，横に3列に12枚を並べる方法…(ウ)がある。

(ア)の場合に使用する画びょうの個数は，$(1+1)×(12+1)=26$(個)

(イ)の場合に使用する画びょうの個数は，$(2+1)×(6+1)=21$(個)

(ウ)の場合に使用する画びょうの個数は，$(3+1)×(4+1)=20$(個)

よって，最も少なくなるような並べ方で掲示したときの使用する画びょうの個数は$\underline{20}$個である。

(3) $35=5×7=(4+1)(6+1)$である。よって，縦に4段，横に6列，または，縦に6段，横に4列で並べて掲示するときに，画びょうを35個使用する。よって，そのときに掲示した画用紙は$4×6=\underline{24}$枚である。

(4) 縦にm段，横にn列で並べて掲示するときに使用する画びょうの個数は，$(m+1)(n+1)$個と表すことができる。また，すべての画用紙を1枚につき4個の画びょうでとめて掲示する場合に必要な画びょうの個数は，画用紙の枚数がmnだから，$4mn$個　よって，$4mn-(m+1)(n+1)$
$=4mn-(mn+m+n+1)=\underline{3mn-m-n-1}$(個)

5 写真のような,「鱗文様」と呼ばれる日本の伝統文様がある。図1の三角形A △ と三角形
B ▽ は合同な正三角形であり,この「鱗文様」は,図2のように,三角形Aと三角形Bをしき
つめてつくったものとみることができる。あとの(1),(2)の問いに答えなさい。　　(秋田県)

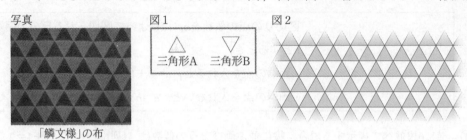

写真

「鱗文様」の布

図1

三角形A　三角形B

図2

(1)　下の図3のように,1段目に三角形Aが1個あるものを1番目の図形とし,2番目の図形以降
　　では,三角形Aと三角形Bをすき間なく規則的に並べて,「鱗文様」の正三角形をつくってい
　　く。m番目の図形のm段目には,三角形Aがm個ある。

図3

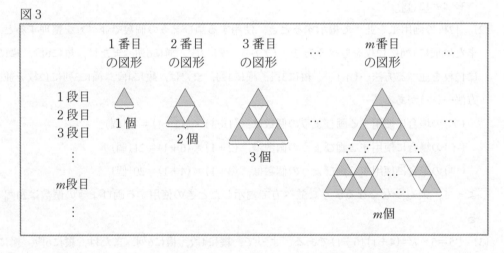

①　次の表は,1番目の図形,2番目の図形,3番目の図形,…にある三角形Aの個数,三角
　　形Bの個数をまとめたものの一部である。ア,イにあてはまる数を書きなさい。

表

図形の番号　　（番目）	1	2	3	4	5	6	7	…
三角形Aの個数　（個）	1	3	6				ア	…
三角形Bの個数　（個）	0	1	3				イ	…

②　m番目の図形に,三角形A,三角形Bを加えて,(m+1)番目の図形をつくる。加えた三
　　角形Aの個数が16個,三角形Bの個数が15個のとき,mの値を求めなさい。

③　m番目の図形にある三角形Aの個数の求め方を,次のように説明した。[説明]が正しく
　　なるように,ウ,エにあてはまる式を書きなさい。

[説明]

右の図は，図3のm番目の図形の右側に，この図形を上下逆さまにした図形を置いたものです。

右の図で，三角形Aは，1段目に$(1+m)$個，2段目に$\{2+(m-1)\}$個あります。同様にして，三角形Aは，m段目に$(m+1)$個あるので，三角形Aの個数は全部で　ウ　個となります。

このことから，図3のm番目の図形にある三角形Aの個数は　エ　個となります。

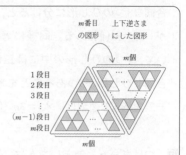

(2)　三角形Aと三角形Bをすき間なく規則的に並べて，「鱗文様」の正六角形をつくっていく。図4のように，正六角形の辺の1つに，三角形Aが，1個並ぶ図形を1番目の正六角形，2個並ぶ図形を2番目の正六角形，3個並ぶ図形を3番目の正六角形，…とする。n番目の正六角形にある三角形Aの個数を，nを用いた式で表しなさい。

図4

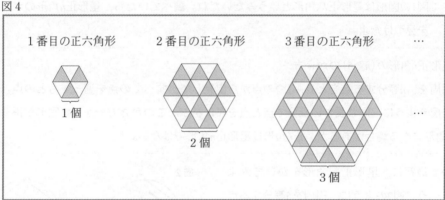

1番目の正六角形　　　2番目の正六角形　　　　3番目の正六角形　　…

1個　　　　　　　　2個　　　　　　　　　　3個

解答・解説

(1)　①　m番目の図形のm段目には，三角形Aがm個あるから，7番目の図形には，三角形Aが1+2+3+4+5+6+7=<u>28</u>(個)…ア　ある。また，m番目の図形のm段目には，三角形Bが$(m-1)$個あるから，7番目の図形には，三角形Bが0+1+2+3+4+5+6=<u>21</u>(個)…イ　ある。

②　m番目の図形に，$(m+1)$段目を加えて，$(m+1)$番目の図形をつくる。加えた$(m+1)$段目には，三角形Aが$(m+1)$個，三角形Bがm個あるから，$\begin{cases} m+1=16 \\ m=15 \end{cases}$より，$m=\underline{15}$

③　三角形Aは各段に$(m+1)$個ずつm段あるから，三角形Aの個数は全部で$(m+1)$個×m段=<u>$m(m+1)$</u>個…ウ　となる。このことから，m番目の図形にある三角形Aの個数は，$m(m+1)$個の半分の$\underline{\dfrac{m(m+1)}{2}}$個…エ　となる。

(2) 例えば，3番目の正六角形を，右図の太線で示したように，合同な3つのひし形に分けると，1つのひし形の中には三角形Aが$3 \times 3 = 3^2$（個）ある。同様に考えると，n番目の正六角形について，1つのひし形の中には三角形Aが$n \times n = n^2$（個）あるから，合同なひし形が3つあることを考えると，n番目の正六角形にある三角形Aの個数は$n^2 \times 3 = \underline{3n^2}$（個）である。

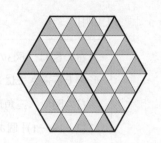

6　つばささんとあおいさんは，写真のような折り紙を折ったときにできた星形の模様を見て，図1の図形に興味をもった。次の◻︎は，2人が図1の図形について調べ，話し合いをしている場面である。

写真

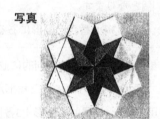

図1

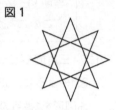

つばさ：図1の図形は星形正八角形というみたいだね。調べていたら，星形正n角形のかき方を見つけたよ。

＜星形正n角形の（$n \geqq 5$）のかき方＞
　円周を，n等分する点をとり，1つの点から出発して，すべての点を通ってもとの点に戻るように，同じ長さの線分で点と点を順に結ぶ。このかき方でかいた図形が正n角形になる場合があるが，正n角形は星形正n角形ではない。

あおい：最初に，星形正五角形をかいてみよう。図2のように，円周を5等分する点をとり，1つの点から出発して隣り合う点を順に結ぶと，正五角形になるから，星形正五角形ではないね。また，図3のように，1つの点から点を2つ目ごとに結んでみよう。すべての点を通ってもとの点に戻るから，この図形は星形正五角形だね。

つばさ：1つの点から点を3つ目ごとに結んでも，星形正五角形がかけるね。4つ目ごとに結ぶと，正五角形になるから，星形正五角形ではないね。

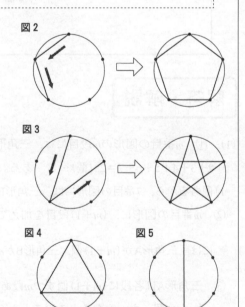

あおい：次は，星形正六角形をかいてみよう。円周を6等分する点を，1つの点から2つ目ごとに結ぶと，もとの点に戻ったときに図4のようになって，すべての点を通っていないからかけないね。3つ目ごとに結ぶと図5のようになって，4つ目ごとに結ぶと図4のようになるから，星形正六角形はかけないね。

つばさ：星形正七角形は円周を7等分する点を，1つの点から2つ目ごとに結んでも，3つ目ごとに結んでもかけるね。この2つは形が異なる図形だね。

あおい：点を4つ目ごとに結ぶと，3つ目ごとに結んだときと同じ形の図形がかけるね。5つ目ごとに結ぶと……

つばさ：点を2つ目ごとに結んだときと同じ形の図形がかけるはずだよ。

あおい：そうだね。同じ形の図形は1種類として数えると，円周を7等分する点をとった場合，星形正七角形は2種類かけるね。

2人はその他にも星形正 n 角形をかき，その一部を次の表にまとめた。後の問いに答えなさい。

表 星形正 n 角形

点の結び方	円周を5等分	円周を6等分	円周を7等分	円周を8等分	円周を9等分
2つ目ごと	*1 	×	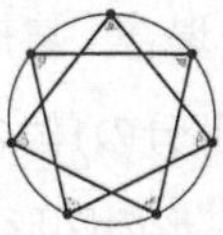	×	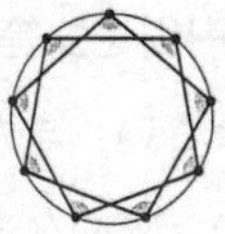
3つ目ごと	*1と同じ	×	*2 		×
4つ目ごと	×	×	*2と同じ	×	

※円周を n 等分する点を結んで星形正 n 角形がかけないとき，×としている。

(兵庫県)

(1) 次のア～ウのうち，円周を n 等分する点をとり，その点を2つ目ごとに結んで星形正 n 角形をかくことができる場合がどれか，1つ選んでその符号を書きなさい。

ア 円周を10等分する点をとる	イ 円周を11等分する点をとる	ウ 円周を12等分する点をとる
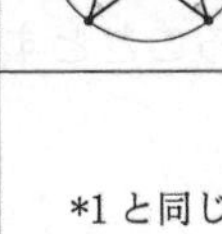	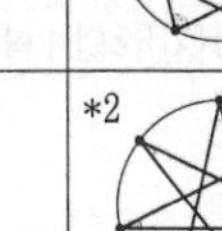	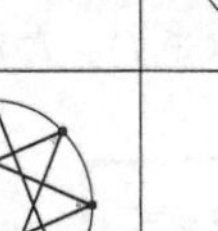

(2) 円周を7等分する点を，2つ目ごとに結んでできる星形正七角形の先端部分の7個の角の和の求め方を，つばささんは次のように説明した。 ① と ② にあてはまる数をそれぞれ求めなさい。

図6のように，先端部分の1個の角の大きさをx度として，先端部分の7個の角の和$7x$度を求めます。円周角の大きさがx度の弧に対する中心角の大きさは$2x$度で，おうぎ形の弧の長さは中心角の大きさに比例するので，図7から，

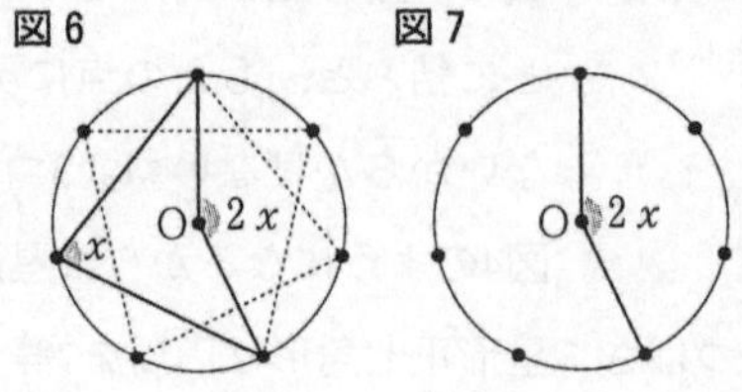

$$\boxed{①}:7=2x:360$$

比例式の性質を用いて$7x$を求めると，

$$7\times2x=\boxed{①}\times360$$
$$7x=\boxed{②}$$

したがって，先端部分の7個の角の和は $\boxed{②}$ 度です。

図6 図7

図6，図7の点Oは円の中心

(3) 円周をn等分する点を，2つ目ごとに結んでできる星形正n角形の先端部分のn個の角の和は何度か，nを用いて表しなさい。ただし，nは5以上の整数で，星形正n角形がかけないnは除くものとする。

(4) 円周を24等分する点をとった場合，星形正二十四角形は何種類かくことができるか，求めなさい。また，それらの先端部分の1個の角について，その大きさが最も小さいものは何度か，求めなさい。ただし，同じ形の図形は1種類として数えることとする。

解答・解説

(1) 2つ目ごとに結んで星形正n角形をかくことができるのは，2と11は公約数を1以外に持たないことから<u>イ</u>である。ア，ウは，10や12は2で割り切ることができるため，星形正n角形はかけない。

(2) ① 円周を7等分したうちの3個分に対する弧の中心角が$2x°$なので，<u>3</u>$:7=2x:360$が成立する。

② ①の比例式を計算していくと，$7\times2x=3\times360$　$14x=1080$　$7x=\underline{540}$ となる。

(3) (2)と同様に考えると，$(n-4):n=2x:360$が成り立つ。これを解いていくと，$2nx=360(n-4)$　$nx=180(n-4)$　したがって，求める角度は，$\underline{180(n-4)}°$

(4) 24と公約数を1以外に持たず，かつ，11以下の整数を考えると，$n=5$，7，11の3種類考えることができるので，星形正二十四角形は<u>3種類</u>かける。この中で，先端部分の1個の角が最も小さいのは，$n=11$のときであり，(2)，(3)と同様に考えて計算すると，1つの角の大きさを$x°$とすれば，$(24-11\times2):24=2x:360$　これを解いていくと，$48x=720$　$x=\underline{15°}$

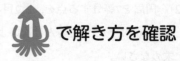

さらに詳しい解説は ▶▶▶ イカの巻 ① で解き方を確認！

1章 数と式
数と式の応用・数の性質，規則性

1 自然数に関係した問題

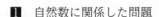

＊次の各問いに答えなさい。

(1) $2<\sqrt{2n-1}<3$ となるような自然数 n の値をすべて求めなさい。 （神奈川・湘南）

(2) $m\leqq(\sqrt{7}+2\sqrt{2})^2<n$ となる連続する整数 m, n がある。このような m, n の値を求めなさい。 （神奈川・柏陽）

(3) $\sqrt{\dfrac{3}{10}n}$ が1桁の自然数となるような，自然数 n は何個あるか求めなさい。 （神奈川・小田原）

(4) 1から6までの目の出る大小1つずつのさいころを同時に1回投げる。大きいさいころの出た目の数を a，小さいさいころの出た目の数を b とするとき，$\sqrt{10a-b}$ が自然数になる確率を求めなさい。 （東京・新宿）

(5) 1から25までの自然数の積を計算したとき，末尾に0が何個並びますか。
例えば，2035000には，末尾に0が3個並んでいます。 （東京・国立）

解答・解説

(1) $2=\sqrt{4}$，$3=\sqrt{9}$ なので，$2<\sqrt{2n-1}<3$ のとき，$4<2n-1<9$ このことから，$5<2n<10$ がいえる。よって，$\dfrac{5}{2}<n<5$ なので，求める自然数は，<u>3, 4</u>

(2) $(\sqrt{7}+2\sqrt{2})^2=7+4\sqrt{14}+8=15+4\sqrt{14}=15+\sqrt{4^2\times14}=15+\sqrt{224}$ ところで，$15^2=225$ なので，$\sqrt{225}=15$ よって，$14<\sqrt{224}<15$ だから，$29<15+\sqrt{224}<30$ したがって，$m\leqq(\sqrt{7}+2\sqrt{2})^2<n$ となるとき，<u>$m=29$, $n=30$</u>

(3) $\sqrt{\dfrac{3}{10}n}$ が自然数となるとき，$n=3\times10\times a^2$（a は自然数）と表せる。このとき，$\sqrt{\dfrac{3}{10}n}=\sqrt{3^2\times}$ $\sqrt{a^2}=3a$ $3a$ が1桁の自然数になるには，$a=1$, 2, 3 よって，<u>3個</u>ある。

(4) 2個のさいころの目の出方は，$6^2=36$（通り） $\sqrt{10a-b}$ が自然数になる目の出方は，(a, b) $=(1, 1)$，$(1, 6)$，$(2, 4)$，$(3, 5)$，$(4, 4)$，$(5, 1)$ よって，その確率は，$\dfrac{6}{36}=\dfrac{1}{6}$

(5)　$2 \times 5 = 10$なので，1から25までの自然数の積の中に，2×5の積がいくつ含まれるかを考えると，5，$10 = 2 \times 5$，$15 = 3 \times 5$，$20 = 4 \times 5$，$25 = 5 \times 5$　　5が6個ある。2については多数あるので，末尾に0が6個並ぶ。

②　数の性質に関する問題

　先生が数学の授業で次の【課題】を出した。この【課題】について考えている【太郎さんと花子さんの会話】を読んで，あとの各問に答えよ。　　　　　　　　　　　　　　　　　　　　　　　　（東京・西）

【課題】

　3以上の自然数Nを，2つの自然数x，yの和で，$N = x + y$と表す。ただし，$x > y$とする。さらに，xとyの積xyを考える。

　このとき，積xyが2つの自然数m，nの平方の差で，$xy = m^2 - n^2$と表すことができるのはNがどのような場合か考えよ。

【太郎さんと花子さんの会話】

太郎：まずはNに具体的な数を当てはめて考えてみよう。N＝8としたらどうかな。

花子：8は7＋1か6＋2か5＋3だから，N＝8のときxとyの積xyは3組あるね。

太郎：$7 \times 1 = 4^2 - 3^2$，$6 \times 2 = 4^2 - 2^2$，$5 \times 3 = 4^2 - 1^2$だから，N＝8とすると積xyは，必ず自然数の平方の差で表すことができるね。N＝7とするとどうかな。

花子：(1)積xyは，必ずしも自然数の平方の差で表せるとは限らないね。

太郎：Nとしてもっと大きな数でいくつか考えてみようか。N＝2020やN＝2021の場合はどうかな。

花子：大きな数だからすぐには分からないけど，積xyを自然数の平方の差で必ず表すためにはNに何か条件が必要だと思う。

太郎：そうか，分かった。(2)Nが偶数（ぐうすう）のときには，積xyは必ず自然数の平方の差で表すことができるよ。

花子：$N = x + y$だから，2つの数x，yがともに偶数ならNは偶数だね。

太郎：そうだね。ちなみに，2つの数x，yについて【表】で示される関係があるよ。ア〜オには偶数か奇数のどちらかが必ず入るよ。

【表】

	x，yがともに偶数	x，yがともに奇数	x，yどちらかが偶数でもう一方が奇数
$x + y$	偶数	ア	イ
$x - y$	ウ	エ	オ

花子：なるほどね。じゃあ，N＝2021の場合は，積xyは自然数の平方の差で必ずしも表せるとは限らないということかな。

太郎：そうだね。例えば，2021$=x+y$として，$x=2019$，$y=2$のときは，積xyは自然数の平方の差で表せないけど，$_{(3)}\underline{x=1984,\ y=37\ のときは，積\ xy\ は自然数の平方の差で表す}$ $\underline{ことができるよ。}$

[問1] $_{(1)}\underline{積\ xy\ は，必ずしも自然数の平方の差で表せるとは限らないね。}$とあるが，N$=7$の場合，自然数の平方の差で表すことができる$(x,\ y)$の組は1組である。このとき$x$と$y$の積$xy$を求めよ。

[問2] $_{(2)}\underline{N\ が偶数のときには，積\ xy\ は必ず自然数の平方の差で表すことができるよ。}$が正しい理由を文字N，$x$，$y$，$m$，$n$を用いて説明せよ。

ただし，【表】のア〜オに偶数か奇数を当てはめた結果については証明せずに用いてよい。

[問3] $_{(3)}\underline{x=1984,\ y=37\ のときは，積\ xy\ は自然数の平方の差で表すことができるよ。}$とあるが，$1984\times37=m^2-n^2$を満たす自然数$(m,\ n)$の組は何組あるか。

解答・解説

[問1] 7は6$+$1か5$+$2か4$+$3だから，N$=7$のときxとyの積xyは，$6\times1=6$か$5\times2=10$か$4\times3=12$の3組ある。このうち，自然数の平方の差で表すことができる$(x,\ y)$の組は，$4\times3=12=4^2-2^2$となる$(4,\ 3)$の1組で，xとyの積xyは$\underline{12}$である。

[問2]（説明）（例）N$=x+y$について，$xy=m^2-n^2$より $xy=(m+n)(m-n)$ x，y，m，nは自然数で，$xy>0$，$m+n>0$なので $m-n>0$となる。また，$m+n>m-n$である。$x>y$なので，$x=m+n\cdots$① $y=m-n\cdots$② とすると ①$+$②より $m=\dfrac{x+y}{2}$ ①$-$②より $n=\dfrac{x-y}{2}$ ここで，m，nが自然数となるには $x+y$と$x-y$がともに偶数とならなければならない。$x+y$と$x-y$がともに偶数となるのは【表】よりxとyがどちらとも偶数か，どちらとも奇数の場合である。このとき，N$=x+y$より，Nは偶数となる。

[問3] ［問2］の結果より，$x>y$である自然数x，yについて，積xyが2つの自然数m，nの平方の差で表すことができるのは，xとyがどちらとも偶数か，どちらとも奇数の場合であるが，$1984\times37=2^6\times31\times37$より，$xy=1984\times37$を満たす$x$，$y$はどちらとも奇数であることはない。以上より，$1984\times37=m^2-n^2$を満たす自然数$(m,\ n)$の組の数は，$1984\times37=xy$を満たす$x>y$である偶数$(x,\ y)$の組の数に等しく，$xy=(2^5\times31\times37)\times(2)$，$(2^4\times31\times37)\times(2^2)$，$(2^3\times31\times37)\times(2^3)$，$(2^2\times31\times37)\times(2^4)$，$(2\times31\times37)\times(2^5)$，$(2^5\times37)\times(2\times31)$，$(2^4\times37)\times(2^2\times31)$，$(2^3\times37)\times(2^3\times31)$，$(2^5\times31)\times(2\times37)$，$(2^4\times31)\times(2^2\times37)$の$\underline{10組}$ある。

3 数の性質に関する問題

Mさんが，自由研究で自然数の性質について図書館で調べたところ，本の中に，次のような操作で，自然数がどのように変わっていくかが書かれていた。

┌─【本の内容】─────────────────────────────┐

操作

ある自然数aが

① 偶数ならaを2で割る。

② 奇数ならaを3倍して1を加える。

自然数aに操作を行い，得られた数をbとし，bに対して操作を行ってcを得ることを自然数aに2回の操作を行うとし，3回，4回，5回，…の操作は同様とする。

例えば，7に3回の操作を行うと　7→22→11→34　となる。

自然数aが10000以下のとき，自然数aに操作を繰り返し行うと必ず1になることは分かっている。

└──────────────────────────────────┘

Mさんは自然数aが初めて1になるまでの操作の回数に興味を持った。そこで，自然数aに操作を繰り返し行い，初めて1になるまでの操作の回数を$N(a)$とし，$N(1)=0$とした。

例えば，10に操作を繰り返し行うと，6回の操作で初めて1になるので，$N(10)=6$である。次の各問に答えよ。　　　　　　　　　　　　　　　　　　　　　　　　　　　（東京・西）

〔問1〕　$N(6)$を求めよ。

〔問2〕　$N(168)-N(8\times d)=3$を満たす自然数dを求めよ。

ただし，答えだけでなく，答えを求める過程が分かるように，途中の式や計算なども書け。

Mさんは，操作の回数だけでなく，1になるまでの自然数の変化にも着目してみた。下の表は2020に操作を繰り返し行い，2020が1になるまでに現れたすべての自然数を2020も含めて左から小さい順に並べたとき，最初からx番目の自然数をyとして，xとyの関係を表したものである。ただし，e, f, gにはそれぞれある自然数があてはまり，表の中の…の部分は自然数が省略されている。

x	1	2	3	4	…	$e-2$	$e-1$	e	$e+1$	…	$N(2020)$	$N(2020)+1$
y	1	2	4	5	…	172	f	g	344	…	2020	2752

表のyの値の中央値は233.5で，fは2020から37回操作を行ったときに現れる自然数で，2020から38回操作を行ったときに現れる自然数は98であり，$N(2020)=53+N(160)$が成り立つ。

〔問3〕　このとき自然数の組(e, g)を求めよ。

解答・解説

〔問1〕 $6 \to 3 (= 6 \div 2) \to 10 (= 3 \times 3 + 1)$ より, $N(6) = 2 + N(10) = 2 + 6 = \underline{8}$

〔問2〕 (途中の式や計算) (例)$8 = 2^3 = 2 \times 2 \times 2$ で $2 \times 2 \times 2 \to 2 \times 2 \to 2 \to 1$ なので, $N(8) = N(2^3) = 3 \cdots$① となる。また $8 \times d \to 4 \times d \to 2 \times d \to \cdots \to 1$ なので $N(8 \times d) = N(8) + N(d) \cdots$②となる。①②より $N(8 \times d) = 3 + N(d)$ ①②と同様にして, $N(168) = N(2^3 \times 21) = N(2^3) + N(21) = 3 + N(21)$ ここで, $21 \to 64 \to \cdots 1$ となるので $N(21) = 1 + N(64) = 1 + N(2^6)$ ここで①と同様にして, $N(2^6) = 6$ となる。したがって, $N(21) = 1 + 6 = 7$ ゆえに, $N(168) = 3 + 7 = 10$ したがって, $N(168) - N(8 \times d) = 3$ は $10 - (3 + N(d)) = 3$ となるので, $N(d) = 4$ …③ ここで自然数の変化を1から逆にたどっていくと, $1 \leftarrow 2 \leftarrow 4 \leftarrow 8 \leftarrow 16$ または $1 \leftarrow 2 \leftarrow 4 \leftarrow 1 \leftarrow 2$ となり, 初めて1になるまでの操作の回数を$N(a)$としたので, ③を満たす自然数dは1個しかなく, $\underline{d = 16}$である。

〔問3〕 2020から37回操作を行ったときに現れる自然数がfで, 2020から38回操作を行ったときに現れる自然数が98だから, 自然数の変化を98から逆にたどると, $98 \leftarrow 196$となり, $f = 196$である。〔問2〕の内容より, $N(160) = N(8 \times 20) = 3 + N(20)$ ここで, $20 \to 10 (= 20 \div 2)$より, $N(20) = 1 + N(10) = 1 + 6 = 7$ となるので $N(160) = 3 + N(20) = 3 + 7 = 10$ ゆえに, $N(2020) = 53 + N(160) = 53 + 10 = 63$ $N(2020) + 1 = 63 + 1 = 64$ である。よって, 問題の表のyの値の中央値は, $x = 32$と$x = 33$のときのyの値の平均値である。$e - 2 = 32$とすると, 中央値$= \dfrac{172 + f}{2}$

$= \dfrac{172 + 196}{2} = 184$となり, 問題の条件に合わない。$e = 32$とすると, 中央値$= \dfrac{g + 344}{2} = 233.5$より, $g = 123$となり, $f > g$で, 問題の条件に合わない。以上より, $e - 1 = 32$ つまり, $\underline{e = 32 + 1}$

$\underline{= 33}$であり, gの値は, 中央値$= \dfrac{f + g}{2} = \dfrac{196 + g}{2} = 233.5$より, $\underline{g = 271}$である。

さらに詳しい解説は ▶▶▶ イカの巻 で解き方を確認！

4 数の性質に関する問題

　右の図1で，四角形ABCDはAB＝104cm，AD＝156cmの長方形である。

　四角形ABCDの内部に，辺ADに平行で辺ADと長さが等しい線分を，となり合う辺と線分，となり合う線分と線分のそれぞれの間隔（かんかく）が8cmになるように12本引き，辺ABに平行で辺ABと長さが等しい線分を，となり合う辺と線分，となり合う線分と線分のそれぞれの間隔が6cmになるように25本引く。

　次の各問に答えよ。　　　　　　　　（東京・立川）

図1

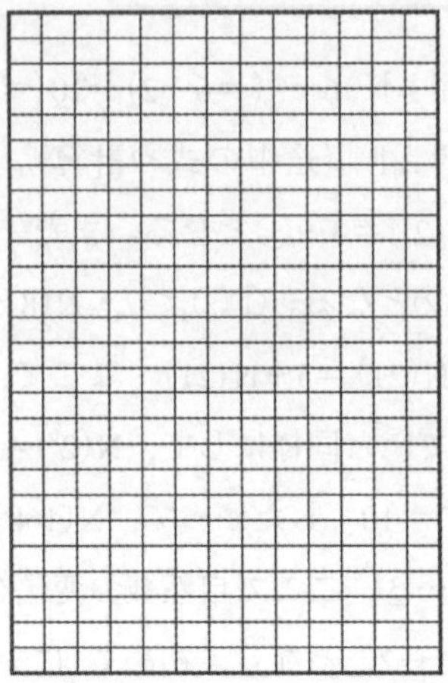

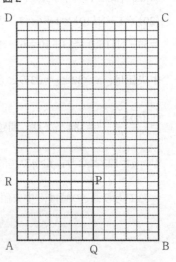

[問1]　図1において，頂点Aと頂点Cを結んだ場合を考える。線分ACが，辺ADに平行な線分または辺ABに平行な線分と交わるときにできる交点は何個あるか。

　　　ただし，辺ADに平行な線分と辺ABに平行な線分の交点および頂点A，頂点Cは除くものとする。

[問2]　右の図2は，図1において，辺ADに平行な線分と辺ABに平行な線分との交点のうちの1つをPとし，点Pを通り辺ADに平行に引いた線分と辺ABとの交点をQ，点Pを通り辺ABに平行に引いた線分と辺ADとの交点をRとした場合を表している。

図2

　　　ただし，点Pは辺AB上にも辺AD上にもないものとする。

　　　四角形AQPRにおいて，PR＝2PQとなるもののうち，面積が最大になる場合の面積は何cm^{2}か。

[問3]　底面が縦6cm，横8cmの長方形で，高さが9cmの直方体のブロックを十分な数だけ用意し，(1)，(2)の手順に従って直方体S，直方体Tを作る場合を考える。

(1)　ブロックの底面を図1の直線でできたマスに合わせて置き，ブロック同士の側面がぴったり重なるように隙間（すきま）なく並べて，底面が四角形ABCDの内部に収まるような高さが9cmの直方体Sを作る。

(2)　(1)で作った直方体Sを何個も作り，直方体Sの高さを変えずに隙間なく2段，3段，4段，……と何段か縦に積み上げて直方体Tを作る。

　　　この直方体Tが立方体になるとき，使われるブロックは全部で何個か。

　　　ただし，答えだけでなく，答えを求める過程が分かるように，途中の式や計算なども書け。

解答・解説

〔問1〕 辺ADに平行な線分は12本あるから，線分ACが，辺ADに平行な線分と交わるときにできる交点の個数は12個…① また，辺ABに平行な線分は25本あるから，線分ACが，辺ABに平行な線分と交わるときにできる交点の個数は25個…② ここで，線分ACの傾きは $\dfrac{AD}{AB} = \dfrac{156}{104} = \dfrac{3}{2} = \dfrac{12}{8}$ だから，線分ACは，点Aから右に1マス，上に2マスごとに，辺ADに平行な線分と辺ABに平行な線分の交点を通る。よって，$(104-8)÷8=12$ より，①の12個の交点のうち12個は辺ADに平行な線分と辺ABに平行な線分の交点を通り，$(156-6)÷12=12$ あまり6より，②の25個の交点のうち12個は辺ADに平行な線分と辺ABに平行な線分の交点を通るから，線分ABが，辺ADに平行な線分または辺ABに平行な線分と交わるときにできる交点は，$(12-12)+(25-12)=\underline{13}$（個）ある。

〔問2〕 四角形AQPRの縦の長さが，四角形ABCDの縦の長さ156に等しくなった場合を考えると，四角形AQPRの横の長さは $156×2=312$ となり，四角形ABCDからはみ出してしまうから，四角形AQPRにおいて，$PR=2PQ$ となるもののうち，面積が最大になるのは，PRが最大になる場合である。PQは6の倍数である。これより，PRは，$PR=2PQ$ より $12（=2×6）$ の倍数であり，かつ8の倍数だから，12と8の公倍数，つまり12と8の最小公倍数である24の倍数である。このようなPRで最大になるのは，$PR=24×4=96$ であり，このとき，$PQ=PR÷2=96÷2=48$ だから，四角形AQPRの面積が最大になる場合の面積は，$PQ×PR=48×96=\underline{4608}$（cm²）である。

〔問3〕 （途中の式や計算）（例）立方体を作るから底面が正方形である。横の長さは8の倍数，縦の長さは6の倍数だから，底面の1辺の長さは，6と8の公倍数になる。$AB=104$，$AD=156$ で，底面が図1の四角形ABCDより大きくならないことから，1辺の長さは24，48，72，96のいずれかである。立方体の高さは9の倍数だから，立方体の1辺の長さは72だけである。よって，使われるブロックの個数は 横は，$72÷8$ より9個 縦は，$72÷6$ より12個 高さ $72÷9$ より8個 だから $9×12×8=\underline{864}$（個）

さらに詳しい解説は ▶▶▶ イカの巻 ³ で解き方を確認！

5 規則性を見つける問題

(1) 1目盛りが縦，横ともに1cmの等しい間隔で線が引かれている1辺の長さが$n$cmの正方形の方眼紙がある。この方眼紙に書かれている1辺が1cmの正方形をます目ということにする。

この方眼紙に下の手順にしたがって，すべてのます目に自然数を1つずつ書くことにする。ただし，nは2以上の自然数とする。

【手順】

① 方眼紙の1番上の横の列の，1番左のます目から1番右のます目まで，1から小さい順に自然数を書く。

② 上から2番目の横の列の，1番左のます目から1番右のます目まで，ひとつ上の横の列の1番右に書かれた自然数の，次の自然数から小さい順に自然数を書く。

③ nが3以上の場合は，書き終わった横の列の次の横の列から，1番下の横の列まで，②と同様に自然数を書く。

【例】

右の表は，$n=2$，$n=3$のときの図をそれぞれ示したものである。このような方法で，ます目に自然数を書くとき，次の各問いに答えなさい。　　　　　（神奈川・多摩）

nの値	2		3		
図	1 2		1 2 3		
	3 4		4 5 6		
			7 8 9		

（ア） 上から5番目の横の列の，左から4番目のます目に書かれた自然数が48のとき，nの値を求めなさい。

（イ） 下から6番目の横の列の，左から2番目のます目に書かれた自然数が93のとき，nの値を求めなさい。

(2) m，nを自然数とし，原点O$(0, 0)$と点A$(m, 0)$，点B(m, n)，点C$(0, n)$を頂点とする長方形OABCを作る。ただし，$m \geqq n$とする。

x座標，y座標がともに整数である点のうち，長方形ABCDの周上にある点に●印，長方形ABCDの内部にある点に○印をつけ，それぞれ黒点，白点と呼ぶことにする。

例えば，右の図1は，点Oを原点とし，$m=4$，$n=3$の場合を表している。$m=4$，$n=3$ の場合は，黒点の個数は14個，白点の個数は6個である。

座標軸の1目盛りを1cmとして，次の各問いに答えなさい。

（東京・国分寺）

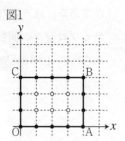

図1

［問1］ $m=30$，$n=20$のとき，白点の個数は何個ですか。

［問2］ 長方形OABCの横の長さと縦の長さの差が8cmで，黒点の個数が180個のとき，長方形OABCの面積は何cm²ですか。

ただし，答えだけでなく，答えを求める過程がわかるように，途中の式や計算なども書きなさい。

[問3] $m＝5$，$n＝5$のとき，原点Oを中心とする円をかいた場合を考 図2
える。

例えば，右の図2は，点Oを原点とし，点(3，1)を通る，半径が
$\sqrt{10}$ cmの円をかいた場合で，円の内部には4個の白点があることを
表している。

円の内部にある白点の個数が10個未満であるような円のうち，最も
大きな円の半径は何cmかを求めなさい。ただし，円の内部とは，円
周上は含まないものとする。

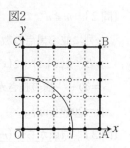

解答・解説

(1) （ア）左から4番目の数が48なので，その横の列の1番左のます目の数は45　<u>48－4＝44と
しないように気をつけよう。1番目の数は4番目の数より4－1＝3小さい。</u>　よって，その上
の，上から4番目の横の列の1番右のます目の数は44である。4列同じ数ずつます目が並んでい
るのだから，一列のます目の数は，44÷4＝11　よって，<u>$n＝11$</u>

（別解）1番左に並ぶ数に着目すると，$n＝2$のとき，1，1＋2　$n＝3$のとき，1，1＋3，1＋3
×2　$n＝4$のとき，1，1＋4，1＋4×2，1＋4×3　よって，$n$cmの正方形では，1，1＋n，
1＋2n，1＋3n，1＋4n…となる。よって，1＋4$n＝45$から，$n＝11$

（イ）下から6番目の横の列の，1番左のます目の数は92　よって，下から7番目の横の列の
一番右のます目の数は91　横の列には同じ数ずつます目が並んでいるので，1つの横の列
のます目の数は91の約数である。91＝7×13だから，$n＝7$，13　$n＝7$とすると，下から7番
目の横の列は1番上の横の列となり91にはならない。よって，<u>$n＝13$</u>

（別解）1辺$n$cmの正方形の下から6番目の横の列は，$\{n－(6－1)\}＝(n－5)$と計算して，上か
ら$(n－5)$番目である。1番左の列の数は，1，1＋n，1＋2n，…と並ぶので，上から$(n－5)$番
目の横の列の1番左の数は，$1＋\{(n－5)－1\}n$　これが92となるのだから，$1＋\{(n－5)－1\}$
$n＝92$　$n^2－6n－91＝0$　$(n＋7)(n－13)＝0$　よって，$n＝13$

(2) ［問1］$m＝30$のとき，横に点が31個並ぶ。$n＝20$のとき，31個並んだ点が21列あるので，
黒点と白点を合わせた数は，31×21＝651　黒点の数は，31×2＋21×2から，4隅の重なる部
分をひいて，62＋42－4＝100　よって，白点の数は，651－100＝<u>551（個）</u>

（別解）$m＝30$のとき，白点は横1列に29個並ぶ。$n＝20$のときにはそれが19列並ぶことになる
ので，白点の数は，29×19＝551

〔問2〕 $m \geqq n$なので，長方形OABCの横の長さをxとすると，縦の長さは$x-8$　そのとき，横一列に並ぶ黒点の数は，$x+1$，縦一列に並ぶ黒点の数は，$x-8+1=x-7$　4隅の重なりをひくと，$2(x+1)+2(x-7)-4=4x-16$　これが180となるのだから，$4x-16=180$　$4x=196$　$x=49$　横の長さが49，縦の長さが41となるので，そのときの長方形OABCの面積は，$49 \times 41 = \underline{2009}\,(\text{cm}^2)$

〔問3〕 原点から点$(m,\ n)$までの距離は，$\underline{\sqrt{m^2+n^2}}$で求められる。

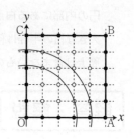

原点から$(2,\ 3)$または$(3,\ 2)$までの距離は$\sqrt{2^2+3^2}=\sqrt{13}$であり，点Oを中心として半径$\sqrt{13}$の円をかくと，円の内部には6個の白点がある。原点から$(1,\ 4)$または$(4,\ 1)$までの距離は$\sqrt{1^2+4^2}=\sqrt{17}$　点Oを中心として半径$\sqrt{17}$の円をかくと，点Oから$(3,\ 3)$までの距離は$\sqrt{3^2+3^2}=\sqrt{18}$なので，$(3,\ 3)$の点は円の内部に入らないから，円の内部には8個の白点がある。点Oを中心とする円の半径が$\sqrt{18}$になると，$(1,\ 4)$，$(4,\ 1)$の点が円の内部に入ってしまい，白点が10個となる。よって，円の内部にある白点の個数が10個未満であるような円のうち，最も大きな円の半径は$\underline{\sqrt{17}\ \text{cm}}$

6 規則性に関する問題

右の図1は，1個の白い球を置き，置いた球の個数に等しい1番目の奇数1を白い球に書いた場合を表している。

図1
①

右の図2は，図1において，1と書かれた球の上側と右側，右斜め上側に，縦の球の個数と横の球の個数が等しくなるように白い球を並べ，並べた個数に等しい2番目の奇数3を白い球に書いた場合を表している。

図2
③ ③
① ③

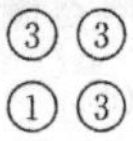

右の図3は，図2において，3と書かれた球の上側と右側，右斜め上側に，縦の球の個数と横の球の個数が等しくなるように白い球を並べ，並べた個数に等しい3番目の奇数5を白い球に書いた場合を表している。

図3
⑤ ⑤ ⑤
③ ③ ⑤
① ③ ⑤

右の図4は，図3において，5と書かれた球の上側と右側，右斜め上側に，縦の球の個数と横の球の個数が等しくなるように白い球を並べ，並べた個数に等しい4番目の奇数7を白い球に書き，この操作を，同様の規則によって，1から数えてn番目の奇数が書かれた球が現れるまで繰り返し，n番目の奇数をxとした場合を表している。

図4
x x x x … x
⋮ ⋮ ⋮ ⋮ ⋱ ⋮
⑦ ⑦ ⑦ ⑦ … x
⑤ ⑤ ⑤ ⑦ … x
③ ③ ⑤ ⑦ … x
① ③ ⑤ ⑦ … x

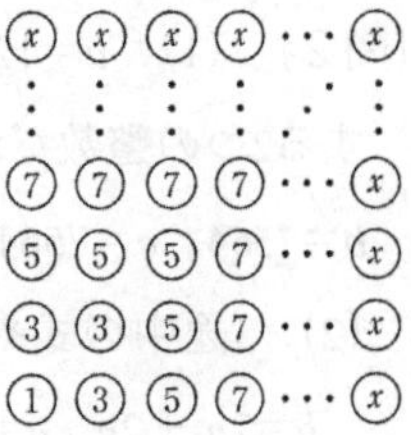

次の各問に答えよ。　　　　　　　　　　　　　　　　（東京・八王子東）

［問1］　並べた球の総数が784個となるとき，xの値を求めよ。

［問2］　右の図5は，図4において，xと書かれた球以外の球を，何も書かれていない白い球に交換し，何も書かれていない白い球全体を点線で囲んだ場合を表している。

図5
x x x x … x x
○ ○ ○ ○ … ○ x
⋮ ⋮ ⋮ ⋮ ⋱ ⋮ ⋮
○ ○ ○ ○ … ○ x
○ ○ ○ ○ … ○ x
○ ○ ○ ○ … ○ x
○ ○ ○ ○ … ○ x

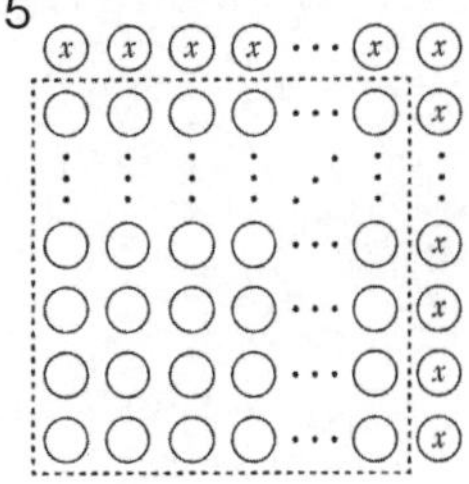

ここで，

$$x = 3^2 = 9$$

とした場合を考える。$9 = 4 + 5$であり，何も書かれていない白い球の個数は4^2個，球の総数は5^2個であるから，　$3^2 + 4^2 = 5^2$　が成り立つことがわかる。

また，　$x = 5^2 = 25$　とした場合を考える。$25 = 12 + 13$であり，何も書かれていない白い球の個数は12^2個，球の総数は13^2個であるから，　$5^2 + 12^2 = 13^2$　が成り立つことがわかる。

さらに，　$x = 7^2 = 49$　とした場合を考える。$49 = 24 + 25$であり，何も書かれていない白い球の個数は24^2個，球の総数は25^2個であるから，　$7^2 + 24^2 = 25^2$　が成り立つことがわかる。

そこで，次の性質Pについて考える。

――― 性質P ―――

$$a^2 + b^2 = c^2$$

ただし，aは3以上の奇数，bとcは3より大きい連続する2つの整数

次の(1)，(2)に答えよ。

(1)　$a=123$のとき，性質Pを満たすb，cの値をそれぞれ求めよ。

(2)　$a=2n+1$（ただし，nは正の整数）のとき，性質Pを満たすb，cをnを用いた式で表し，等式$a^2+b^2=c^2$が成り立つことを示せ。

ただし，解答欄には，答えだけでなく，答えを求める過程が分かるように，途中の式や計算なども書け。①

解答・解説

〔問1〕　xは1から数えてn番目の奇数であり，n番目の偶数$2n$より1小さい数であることから，$x=2n-1\cdots$①　n番目までに並べた球の総数は$n\times n=n^2$（個）であり，それが784個となるとき，$n^2=784$　nは自然数だから，$n=28$　よって，このときのxの値は①より，$x=2\times28-1=\underline{55}$

〔問2〕　(1)　$a=123$のとき，$a^2+b^2=c^2$より，$123^2+b^2=c^2\cdots$①　また，bとcは3より大きい連続する2つの整数だから，$c=b+1\cdots$②　②を①に代入して，$123^2+b^2=(b+1)^2$　これを解いて，$b=\underline{7564}$　$c=7564+1=\underline{7565}$

(2)　（途中の式や計算）（例）$a^2=(2n+1)^2=4n^2+4n+1=(2n^2+2n)+(2n^2+2n+1)$　そこで，$b=2n^2+2n$　$c=2n^2+2n+1$　とおくと，$c+b=a^2$　$c-b=1$　したがって，$c^2-b^2=(c+b)(c-b)=a^2\times1=a^2$　ゆえに，$a^2+b^2=c^2$　が成り立つ。

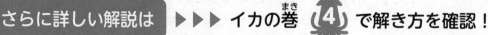
さらに詳しい解説は ▶▶▶ イカの巻 ④ で解き方を確認！

1章　数と式
数と式の応用・方程式の応用

1 方程式の応用問題

＊　独自問題実施校では，関数・グラフや図形，その他の問題などで方程式の考え方を問うことはあっても，典型的な形での方程式の応用問題はあまり出題されていない。数少ない出題例の中から5問を研究してみよう。

(1)　おとなと子どもを合わせて15人のグループが1人について1台の自転車を借りてサイクリングに出かけた。自転車のレンタル料金は，4時間までの基本料金が，おとな用1台につき500円，子ども用1台につき300円である。4時間を超えると，1時間ごとにおとな用1台につき100円，子ども用1台につき50円の追加料金がかかる。このグループの全員が午前10時に自転車を借りて出発し，その日の午後5時に自転車を返したところ，支払ったレンタル料金は，総額で9,900円だった。このとき，おとな，子どもの人数をそれぞれ求めなさい。

　　ただし，おとなをx人，子どもをy人として，x，yについての連立方程式を作り，答えを求めるまでの過程も書きなさい。
（岡山・岡山朝日）

(2)　開閉のできる，1つの給水口Aと5つの排水口B，C，D，E，Fがある。給水口Aが開いている状態では，毎分一定量の水がタンクに流れ込み，排水口が開いている状態ではBからFのどの排水口もタンクから毎分流れ出る水の量は等しく，さらに，どの排水口からも毎分一定量の水が流れ出る仕組みになっている。

　　いま，このタンクを空にして5つの排水口のうちBだけを開いた状態から，給水口Aを開くとタンクの水は増え始めた。そして，貯水量が35トンになったところで2つ目の排水口Cも開いたがタンクの水は増え続け，排水口Cを開いてから10分後には貯水量が70トンになった。そこで，BからFのすべての排水口を開いたところ，タンクの水は減り始め，すべての排水口を開いてから9分後には貯水量が34トンになった。

　　また，給水口Aが開いた状態でこのタンクが満水になったとき，4つの排水口B，C，D，Eを開いたところ，その40分後に貯水量は15トンになった。

　　このとき，このタンクの満水時の貯水量は何トンか求めなさい。ただし，解答を導くまでの途中経過も書きなさい。
（神奈川・柏陽）

(3)　右図のように，円Oの周上に点Aがある。2点P，Qは点Aを同時に出発し，円周上を動く。点Pは毎秒4cmの速さで動き，点Qは一定の速さで，点Pより速く動く。

　　点Pが時計回りに動き，点Qが反時計回りに動くとき，2点P，Qが

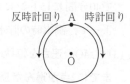

反時計回り　A　時計回り

出発してから12秒後に2点P，Qが出発後初めて一致する。

また，2点P，Qがともに時計回りに動くとき，2点P，Qが出発してから1分後に2点P，Qは初めて一致する。

点Qの速さは毎秒何cmかを求めなさい。 （神奈川・横須賀）

(4) 消費税8％の商品Aを税込み価格 (a) 円で，消費税10％の商品Bを税込み価格 (b) 円で，それぞれ現金で購入するときに支払う消費税額を計算すると，合計60円であった。

商品AとBを，キャッシュレス決済（現金を使わない支払い方法）で購入するとき，それぞれの税込み価格に対して5％分の金額が，支払い時に値引きされるお店で支払う金額を計算すると，合計722円であった。

(a) ，(b) にあてはまる数を求めよ。 （東京・新宿）

(5) 濃度a％の食塩水Aと濃度b％の食塩水Bがある。

食塩水Aを400gと食塩水Bを600g混ぜ合わせると，濃度10％の食塩水になり，食塩水Aを800gと食塩水Bを200g混ぜ合わせると，濃度8％の食塩水になった。

このときa，bの値を求めよ。 （東京・国分寺）

解答・解説

(1) おとなと子どもを合わせて15人でサイクリングをしたのだから，$x+y=15\cdots$① おとなのレンタル料金は，10時から午後2時までが基本料金で，その後の3時間は1時間につき100円の追加料金がかかるから，1人1台について，$500+100\times3=800$（円） 子どものレンタル料金は，同様に考えて，1人1台について，$300+50\times3=450$（円） よって，レンタル料金の総額から方程式を作ると，$800x+450y=9900\cdots$② ①×800－②から，$350y=2100$ $y=6$ ①に代入して，$x=9$ よって，おとなが9人，子どもが6人

(2) 給水口Aからは1分間にxトンの水が給水され，排水口B，C，D，E，Fについては，1本の排水口から1分間にyトンの水が排水されるとする。

給水口Aと排水口B，Cが開いた状態で，10分間に35トンの水が70トンに増えたことから，$10x-10\times2y=70-35$ $10x-20y=35$ $2x-4y=7\cdots$①

給水口Aと5つの排水口すべてが開いた状態で，9分間に70トンの水が34トンに減ったことから，$9x-9\times5y=34-70$ $9x-45y=-36$ $x-5y=-4\cdots$②

①×5－②×4から，$6x=51$ $x=8.5$ ①－②×2から，$6y=15$ $y=2.5$

このタンクの満水時の貯水量をzトンとすると，給水口Aと排水口B，C，D，Eを開いた状態で40分間に15トンに減ったのだから，$40\times8.5-40\times4\times2.5=15-z$ $z=15-340+400=75$ よって，満水時の貯水量は75トン

(3) 点Qの速さを毎秒$x$cmとする。2点P，Qが時計回りと反時計回りに動くとき，初めて出会うまでに2点が進んだ長さの和は円Oの周の長さとなる。初めて出会うまでに12秒かかるのだか

ら，円Oの周の長さは，$4 \times 12 + 12x = 48 + 12x(cm)\cdots$①

同じ方向に動き出して初めて出会うまでには，速く動く点が他の点よりも1周多く動いていることになる。　よって，点Qの動いた長さは点Pが動いた長さよりも円Oの周の長さだけ大きい。同時に出発して60秒後に初めて出会うのだから，円Oの周の長さは，$60x - 4 \times 60 = 60x - 240(cm)\cdots$②　①＝②なので，$48 + 12x = 60x - 240$　$48x = 288$　$x = 6$　したがって，点Qの速さは<u>毎秒6cm</u>

(4)　商品Aの税込み価格をa円，商品Bの税込み価格をb円とする。現金で購入するときの消費税額より，$\dfrac{8}{100+8}a + \dfrac{10}{100+10}b = 60$　$\dfrac{8}{108}a + \dfrac{10}{110}b = 60$　$\dfrac{2}{27}a + \dfrac{1}{11}b = 60\cdots$①　キャッシュレス決済で購入するときの金額より，$\left(1 - \dfrac{5}{100}\right)a + \left(1 - \dfrac{5}{100}\right)b = 722$　$\dfrac{19}{20}a + \dfrac{19}{20}b = 722$　$a + b = 760\cdots$②　①，②を連立方程式として解く。①より，$b = 660 - \dfrac{22}{27}a\cdots$①'　①'を②に代入して，$a + 660 - \dfrac{22}{27}a = 760$　$\dfrac{5}{27}a = 100$　$a = 540$　$a = 540$を②に代入して，$540 + b = 760$　$b = 220$　よって，<u>$a = 540, \ b = 220$</u>

(5)　(食塩の量)＝(食塩水の量)$\times \dfrac{(濃度\%)}{100}$　食塩水Aを400gと食塩水Bを600g混ぜ合わせると，濃度10%の食塩水1000gになったから，食塩の量の関係より$400 \times \dfrac{a}{100} + 600 \times \dfrac{b}{100} = 1000 \times \dfrac{10}{100}$　整理して，$2a + 3b = 50\cdots$①　同様にして，食塩水Aを800gと食塩水Bを200g混ぜ合わせると，濃度8%の食塩水1000gになったから，$800 \times \dfrac{a}{100} + 200 \times \dfrac{b}{100} = 1000 \times \dfrac{8}{100}$　整理して，$4a + b = 40\cdots$②　①×2−②より，$6b - b = 100 - 40$　<u>$b = 12$</u>　これを②に代入して，$4a + 12 = 40$　<u>$a = 7$</u>

2 方程式の応用の問題

そうたさんとゆうなさんが，下の＜ルール＞にしたがい，1枚の重さ5gのメダルA，1枚の重さ4gのメダルBをもらえるじゃんけんゲームを行った。

＜ルール＞

(1) じゃんけんの回数

○30回とする。

○あいこになった場合は，勝ち負けを決めず，1回と数える。

(2) 1回のじゃんけんでもらえるメダルの枚数

○勝った場合は，メダルAを2枚，負けた場合は，メダルBを1枚もらえる。

○あいこになった場合は，2人ともメダルAを1枚，メダルBを1枚もらえる。

ゲームの結果，あいこになった回数は8回であった。

また，そうたさんが，自分のもらったすべてのメダルの重さをはかったところ，232gであった。このとき，そうたさんとゆうなさんがじゃんけんで勝った回数をそれぞれ求めなさい。

求める過程も書きなさい。

(福島県)

解答・解説

(求める過程)　(例)そうたさんが勝った回数をx回，ゆうなさんが勝った回数をy回とする。そうたさんの負けた回数はy回と表される。そうたさんの勝った回数はx回，負けた回数はy回，あいこの回数は8回であるから，$x+y+8=30$　これを整理して，$x+y=22$…①　そうたさんがもらったメダルAの枚数は$(2x+8)$枚，メダルBの枚数は$(y+8)$枚と表される。そうたさんがもらったすべてのメダルの重さが232gであるから，$5\times(2x+8)+4\times(y+8)=232$　これを整理して，$5x+2y=80$…②　①，②を連立方程式として解いて，$x=12$，$y=10$　これらは問題に適している。

よって，そうたさん12回，ゆうなさん10回。

③ 方程式の応用の問題

A組，B組，C組，D組，E組，F組，G組，H組の8クラスが，種目1，種目2，種目3の3種目でクラス対抗戦を行う。全クラスが，3種目全てに参加し，3種目それぞれで優勝クラスを決める。各生徒は，3種目のうちいずれか1種目に出場することができる。

次の各問に答えよ。

(東京・西)

[問1] 種目1，種目2は，8クラスが抽選で右の図1の①，②，③，④，⑤，⑥，⑦，⑧のいずれかの箇所に入り，①と②，③と④，⑤と⑥，⑦と⑧の4試合を1回戦，1回戦で勝った4クラスが行う2試合を準決勝，準決勝で勝った2クラスが行う1試合を決勝とし，決勝で勝ったクラスが優勝となる勝ち残り式トーナメントで試合を行い，優勝を決める。

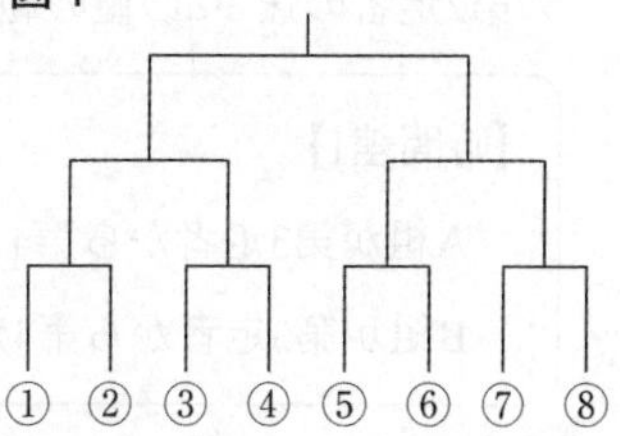

次の(1)，(2)に答えよ。

図1

(1) 右の図2は，図1において，A組が①，B組が④，C組が⑤，D組が⑧の箇所に入った場合を表している。

図2において，1回戦の試合の組み合わせは全部で何通りあるか。

図2

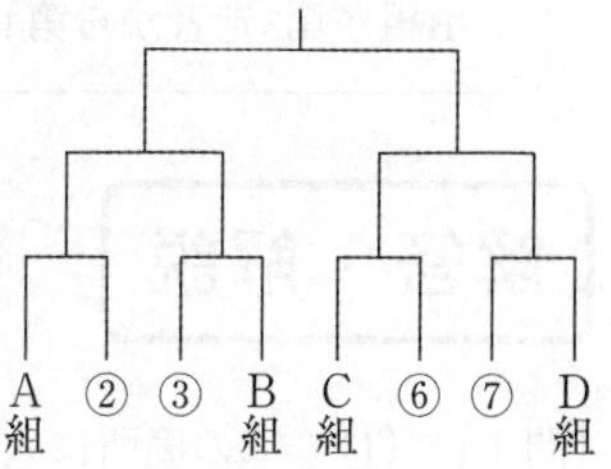

(2) 種目1，種目2の試合は，それぞれ1会場で1試合ずつ行い，最初の試合は同時に始めるものとする。

種目1と種目2の試合が，次の【条件】を満たすとき，種目1の1試合の試合時間は何分か。

ただし，答えだけでなく，答えを求める過程が分かるように，途中の式や計算なども書け。

【条件】

[1] （種目1の1試合の試合時間）：（種目2の1試合の試合時間）＝2：3である。

[2] 種目1，種目2とも，試合と試合の間を5分あけ，最初の試合が始まってから決勝までの全ての試合を続けて行う。

[3] 種目2の5試合目が終了するとき，同時に種目1の決勝が終了する。

[問2] 種目3では，各クラス4人が1周200mのトラックを，走る順番ごとに決められた周回数を走り，次の人にタスキを渡す駅伝を行い，優勝を決める。

右の表1は，第1走者，第2走者，第3走者が走る周回数を表している。

B組が，種目3に出場する各クラスの選手の速さや走る順番を分析したところ，A組が優勝候補であった。

右の表2は，B組がA組に勝つ方法を考えるために，A組，B組の第1走者，第2走者，第3走者の速さをまとめたもので，aには，B組の第2走者の速さがあて

表1

	第1走者	第2走者	第3走者
周回数（周）	10	6	9

表2

	第1走者	第2走者	第3走者
A組（m/min）	250	240	250
B組（m/min）	240	a	240

はまる。

A組，B組の第4走者の速さを調べると，B組の第4走者が不調のときでも，第3走者から第4走者に【時間差1】でタスキを渡せば，B組は逃げ切ってA組に勝て，B組の第4走者が好調なときは，第3走者から第4走者に【時間差2】でタスキを渡せば，B組は逆転でA組に勝てる。

B組の第3走者が，【時間差1】から【時間差2】までの時間差で第4走者にタスキを渡すためのB組の第2走者の速さaの値の範囲を，不等号を使って $\boxed{} \leqq a \leqq \boxed{}$ で表せ。

【時間差1】

　A組が第3走者から第4走者にタスキを渡すより12秒早く
　B組が第3走者から第4走者にタスキを渡す。

【時間差2】

　A組が第3走者から第4走者にタスキを渡すより18秒遅く
　B組が第3走者から第4走者にタスキを渡す。

解答・解説

［問1］ (1) ②の箇所に入るのはE組，F組，G組，H組の4通りが考えられ，そのそれぞれに対して，③の箇所に入るのは，E組，F組，G組，H組のうち②の箇所に入った組以外の3通りが考えられ，そのそれぞれに対して，⑥の箇所に入るのは，E組，F組，G組，H組のうち②と③の箇所に入った組以外の2通りが考えられ，そのそれぞれに対して，⑦の箇所に入るのは，E組，F組，G組，H組のうち②と③と⑥の箇所に入った組以外の残った1通りが考えられるから，1回戦の試合の組み合わせは全部で$4 \times 3 \times 2 \times 1 = \underline{\textbf{24（通り）}}$。

(2) （途中の式や計算）（例）種目1の試合時間をx分，種目2の試合時間をy分とする。条件[1]より，$x:y=2:3$　よって，$3x=2y\cdots$①　条件[2]より，種目1の決勝が終了するまでかかる時間は，$7x+5 \times 6=7x+30\cdots$②　種目2の5試合が終了するまでかかる時間は，$5y+5 \times 4=5y+20\cdots$③　条件[3]，②，③より，$7x+30=5y+20\cdots$④　①，④より，$x=20$　したがって，種目1の試合時間は$\underline{\textbf{20分}}$

［問2］ A組の第1走者がスタートして，第3走者から第4走者にタスキを渡すまでにかかる時間は$\dfrac{200 \times 10}{250}+\dfrac{200 \times 6}{240}+\dfrac{200 \times 9}{250}=20\dfrac{1}{5}$（分）$\cdots$①　B組の第1走者がスタートして，第3走者から第4走者にタスキを渡すまでにかかる時間は$\dfrac{200 \times 10}{240}+\dfrac{200 \times 6}{a}+\dfrac{200 \times 9}{240}=15\dfrac{5}{6}+\dfrac{1200}{a}$（分）$\cdots$②　①，②より，B組の第3走者が，【時間差1】の時間差で第4走者にタスキを渡すため

のB組の第2走者の速さaの値の範囲は，$15\dfrac{5}{6}+\dfrac{1200}{a}\geqq 20\dfrac{1}{5}-\dfrac{12}{60}$　$15\dfrac{5}{6}+\dfrac{1200}{a}\geqq 20$　これより，$\dfrac{1200}{a}\geqq 20-15\dfrac{5}{6}$　$\dfrac{1200}{a}\geqq 4\dfrac{1}{6}$　これは，1200mを$a\,(\text{m/min})$で走って$4\dfrac{1}{6}=\dfrac{25}{6}$（分）以上かかるという意味であり，$a\leqq\left(1200\div\dfrac{25}{6}\right)$　$a\leqq 288\cdots$③　同様にして，B組の第3走者が，【時間差2】の時間差で第4走者にタスキを渡すためのB組の第2走者の速さaの値の範囲は，$15\dfrac{5}{6}+\dfrac{1200}{a}\leqq 20\dfrac{1}{5}+\dfrac{18}{60}$　$15\dfrac{5}{6}+\dfrac{1200}{a}\leqq 20\dfrac{1}{2}$　これより，$\dfrac{1200}{a}\leqq 20\dfrac{1}{2}-15\dfrac{5}{6}$　$\dfrac{1200}{a}\leqq 4\dfrac{2}{3}$　これは，1200mを$a\,(\text{m/min})$で走って$4\dfrac{2}{3}=\dfrac{14}{3}$（分）以内という意味であり，$a\geqq\left(1200\div\dfrac{14}{3}\right)$　$a\geqq\dfrac{1800}{7}\cdots$④　③，④より，B組の第3走者が，【時間差1】から【時間差2】までの時間差で第4走者にタスキを渡すためのB組の第2走者の速さaの値の範囲は，$\dfrac{1800}{7}\leqq a\leqq 288$

さらに詳しい解説は　▶▶▶　イカの巻 で解き方を確認！

2章 図形
三平方の定理の証明, 多角形の作図など

ここでは三平方の定理の証明をすることで, 図形の様々な性質を復習してみよう。

1 右図は, ∠BAC＝90°の直角三角形ABCの頂点Aから対辺BCに垂線AHを引いたものである。BC＝a, CA＝b, AB＝cとするとき, a^2＝b^2+c^2となることを証明しなさい。

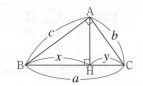

解答・解説

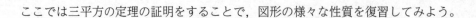

直角三角形の直角の頂点から対辺に垂線を引くと, できる2つの三角形はもとの直角三角形と相似である。 △HBAと△ABCにおいて, ∠AHB＝∠CAB＝90°, ∠HBA＝∠ABC 2組の角がそれぞれ等しいので, △HBA∽△ABC よって, HB：AB＝BA：BC HB＝xとすると, $x：c＝c：a$ $ax=c^2$…① 同様にして, △HCA∽△ACB HC：AC＝CA：CB HC＝yとすると, $y：b＝b：a$ $ay=b^2$…② ①と②の両辺をそれぞれ加えると, $ax+ay=b^2+c^2$ $a(x+y)=b^2+c^2$…③ ところで, HB＋HC＝BCなので, $x+y=a$…④ ④を③に代入すると, $a^2=b^2+c^2$

2 右図は, 正方形ABCDの辺AB, BC, CD, DA上にAE＝BF＝CG＝DHとなる点E, F, G, Hをそれぞれおいたものである。AE＝a, AH＝b, EH＝cとしたときに, $a^2+b^2=c^2$となることを証明しなさい。

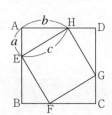

解答・解説

(まず, 四角形EFGHが正方形となることを証明してみよう。)

△AEHと△BFEにおいて, AE＝BF, AH＝BE, ∠A＝∠B 2組の辺とその間の角がそれぞれ等しいので, △AEH≡△BFE よって, HE＝EF また, ∠AEH＝∠BFEなので, ∠AEH＋∠BEF＝∠BFE＋∠BEF＝180°－∠B＝90° よって, ∠HEF＝90° 同様にして, HE＝EF＝FG＝GH, ∠HEF＝∠EFG＝∠FGH＝∠GHEがいえるので, 四角形EFGHは正方形である。

(次に, 面積の関係から等式を作って整理してみよう。)

正方形ABCDの面積は, 正方形EFGHの面積と△AEHの面積の4倍の和である。AB＝$a+b$なので,

$$(a+b)^2=c^2+\frac{1}{2}ab\times4 \qquad a^2+2ab+b^2=c^2+2ab \qquad 両辺から2abをひくと, \quad a^2+b^2=c^2$$

3 右図は，∠BAC＝90°である直角三角形ABCの各辺AB，BC，CAを1辺とする正方形BADE，CBFG，ACHIを△ABCの外側に作ったものである。点AからFGに引いた垂線がBC，FGと交わる点をそれぞれJ，Kとし，線分EC，AFを引き，BC＝a，CA＝b，AB＝cとするとき，次の各問いに答えなさい。

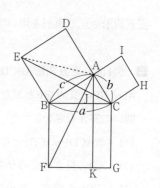

(1) △EBC≡△ABFを証明しなさい。

(2) △EBCの面積が正方形BADEの面積の$\dfrac{1}{2}$となることを証明しなさい。

(3) $a^2＝b^2+c^2$となることを証明しなさい。

解答・解説

(1) △EBCと△ABFにおいて，正方形の辺なので，EB＝AB，BC＝BF，∠EBC＝90°＋∠ABC＝∠ABF　　よって，2組の辺とその間の角がそれぞれ等しいので，△EBC≡△ABF

(2) 正方形BADEの対角線AEを引くと，△EBCと△EBAについて，底辺をEBとしたとき，DC∥EBなので，高さが等しいから，△EBC＝△EBA　　△EBAの面積は正方形BADEの面積の$\dfrac{1}{2}$なので，△EBCの面積も正方形BADEの面積の$\dfrac{1}{2}$となる。

(3) AK∥BFなので，△ABF＝△JBF＝$\dfrac{1}{2}$長方形BFKJ　　△EBC＝△EBA＝$\dfrac{1}{2}$正方形BADEであり，△EBC≡△ABFだから，$\dfrac{1}{2}$正方形BADE＝$\dfrac{1}{2}$長方形BFKJ　　よって，正方形BADE＝長方形BFKJ…①　　（同様にして，正方形ACHI＝長方形JKGCとしてもよいが，復習を兼ねて説明する。）　　線分BH，AGを引くと，△BCH≡△GCA　　BI∥CHなので，△BCH＝△ACH＝$\dfrac{1}{2}$正方形ACHI　　AK∥CGなので，△GCA＝△GCJ＝$\dfrac{1}{2}$長方形JKGC　　したがって，$\dfrac{1}{2}$正方形ACHI＝$\dfrac{1}{2}$長方形JKGC　　正方形ACHI＝長方形JKGC…②　　①，②から，正方形BADE＋正方形ACHI＝長方形BFKJ＋長方形JKGC＝正方形CBFG　　正方形の面積は1辺の2乗で求められるので，$a^2＝b^2+c^2$

正五角形や正八角形を用いて，図形の研究をしてみよう。

4 図1は，正五角形ABCDEにおいて，対角線AC，AD，CEを引き，ADとCEの交点をFとしたものである。CD=2とするとき，次の各問いに答えなさい。

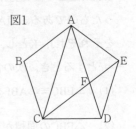
図1

(1) △ACD∽△CDFとなることを証明しなさい。

(2) ADの長さを求めなさい。

(3) 辺CDの垂直二等分線とCDとの交点をGとし，GH=CDとなる点Hを辺CDの垂直二等分線上にとるとき，DHの長さを求めなさい。

(4) 図2の線分PQを1辺とする正五角形PQRSTを，定規とコンパスを用いて作図しなさい。

図2

P   Q

解答・解説

(1) n角形の内角の和は，$180° × (n−2)$で求められる。正n角形の1つの内角の大きさは，$180° × (n−2) ÷ n$である。 正五角形の1つの内角の大きさは，$180° × (5−2) ÷ 5 = 108°$ △BAC，△EAD，△DCEは頂角が$108°$の二等辺三角形なので，∠BAC＝∠BCA＝∠EAD＝∠EDA＝∠DEC＝∠DCE＝$36°$ よって，∠CAD＝$36°$，∠ACD＝∠ADC＝$72°$ △ACDと△CDFにおいて，∠CAD＝∠DCF，∠ACD＝∠CDF 2組の角がそれぞれ等しいので，△ACD∽△CDF

(2) ∠CFD＝∠CDF＝$72°$，∠FAC＝∠FCA＝$36°$ よって，△CDF，△FACはそれぞれ2角が等しいので二等辺三角形である。よって，CD＝CF＝AF＝2 AD＝xとすると，DF＝$x−2$ △ACD∽△CDFなので，AC：CD＝CD：DF $x : 2 = 2 : (x−2)$ $x^2 − 2x = 4$ この二次方程式を解くと，$x^2 − 2x + 1 = 4 + 1$ $(x−1)^2 = 5$ $x − 1 = ±\sqrt{5}$ $x = 1 ± \sqrt{5}$ $x > 0$なので，$x = AD = \underline{1 + \sqrt{5}}$

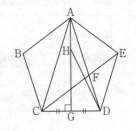

(3) △DGHで三平方の定理を用いると，$DH = \sqrt{DG^2 + GH^2} = \sqrt{1 + 4} = \underline{\sqrt{5}}$

(4) AC＝ADなので，点Aは線分CDの垂直二等分線上にある。よって，まずPQの垂直二等分線を引き，PQとの交点をUとする。AD＝$1 + \sqrt{5}$なので，$\sqrt{5}$の長さを持つ線分をとるために，PQの垂直二等分線上にUV＝PQとなる点Vをとると，QV＝$\sqrt{5}$ QVの延長線上にVW＝QUとなる点Wをとると，QW＝$1 + \sqrt{5}$

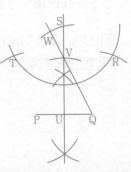

よって，点Qを中心とし，QWの長さを半径とする円をかき，PQの垂直二等分線との交点をS
とする。点P，点Sをそれぞれ中心としたPQの長さを半径とする円をかくと，その交点の1つが
Tとなり，点Qを中心としたPQの長さを半径とする円をかくと，円Sとの交点の1つがRとなっ
て，線分QR，RS，ST，TPを引くことで，正五角形PQRSTをかくことができる。

5 正方形からある部分を切り取って，面積が最も大きい
正八角形を作る。図1の正方形ABCDで，辺BCを辺AD
に重なるように折り，図2のような長方形AEFDを作る。
次に，図2の長方形AEFDで，辺DFを辺AEに重なるよう
に折り，図3のような正方形AEGHを作る。このとき，
次の各問いに答えなさい。　　　　　　　　　（埼玉県）

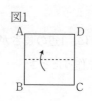
図1

図2

図3

(1) 図3の正方形AEGHに切り取り線を引き，その線にそって切り取って
開くとき，図4の正八角形ができるためには，どのように切り取ればよ
いですか。図3の正方形AEGHに，その切り取り線を定規とコンパスを
使って作図しなさい。

図4

(2) 図4の正八角形の1辺の長さが10cmであるとき，図1の正方形ABCDの
1辺の長さを求めなさい。

解答・解説

(1) 正多角形は，円をもとにするとかきやすい。
正n角形は，中心角をn等分することでかくこと
ができる。　　　図5で，∠IGJ＝360°÷8＝45°
よって，図6のように正方形AEGHの対角線AG
を引き，∠AGE，∠AGHの二等分線をそれぞれ

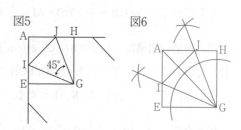

引くと，AE，AHと点I，Jの位置で交わり，∠IGA＋∠JGA＝45°となるから，線分IJにそって
切り取ればよい。

(2) △AIJは直角二等辺三角形なので，AI：AJ：IJ＝1：1：$\sqrt{2}$　　　AI＝$x$cmとすると，IJ＝
$\sqrt{2}\,x$cm　　　正八角形の1辺の長さが10cmなので，$\sqrt{2}\,x＝10$　　　$x＝\dfrac{10}{\sqrt{2}}＝5\sqrt{2}$　　　よって，正
方形ABCDの1辺の長さは，$10＋5\sqrt{2}×2＝\underline{10＋10\sqrt{2}}$（cm）

6 次の各々の場合に，正八角形ABCDEFGHの面積を求めなさい。

(1) 図1のように，半径4cmの円Oの円周を8等分して正八角形
ABCDEFGHを作ったとき。

図1

(2) 図2のように，1辺の長さが2cmとなるようにして正八角形
ABCDEFGHを作ったとき。

図2
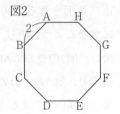

解答・解説

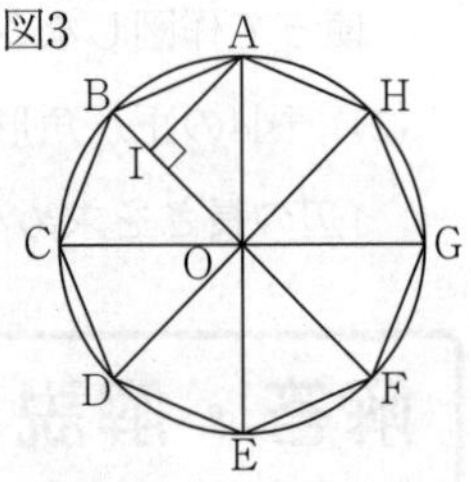

(1) ∠AOBは360°の角を8等分したものだから，45°である。図3
のように，AからOBに垂線AIを引くと，△AIOは，内角の大きさ
が45°，90°，45°となり，直角二等辺三角形である。　　よって，

$$AI：IO：AO=1：1：\sqrt{2}　　AI=\frac{1}{\sqrt{2}}AO=\frac{\sqrt{2}}{2}×4=2\sqrt{2}$$

図3
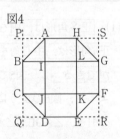

したがって，$△AOB=\frac{1}{2}×BO×AI=\frac{1}{2}×4×2\sqrt{2}=4\sqrt{2}$（cm²）

正八角形の面積は，$4\sqrt{2}×8=\underline{32\sqrt{2}}$（cm²）

(2) 図4のように，正八角形ABCDEFGHに線分AD，HE，BG，CF
を引き，その交点をI，J，K，Lとする。△AIBは直角二等辺三角

形となり，$AI=BI=\frac{1}{\sqrt{2}}AB=\frac{\sqrt{2}}{2}×2=\sqrt{2}$　　$△AIB=\frac{1}{2}×$

$\sqrt{2}×\sqrt{2}=1$　　長方形AILH$=\sqrt{2}×2=2\sqrt{2}$　　正方形IJKL$=2×2=4$　　したがって，正八
角形ABCDEFGHの面積は，$1×4+2\sqrt{2}×4+4=\underline{8+8\sqrt{2}}$（cm²）

図4
![figure4]

（別解）辺AH，BC，DE，FGを延長して，正八角形ABCDEFGHの外側に正方形PQRSを作ると，

PQ$=2+2\sqrt{2}$　　正方形PQRSの面積から4隅の直角三角形の面積をひくと，$(2+2\sqrt{2})^2-\frac{1}{2}×$

$\sqrt{2}×\sqrt{2}×4=8+8\sqrt{2}$（cm²）

2章 図形
図形の問題

1 右図のように，半径が9cmの円Oに，弦ABを点Oからの距離が6cm
となるように引く。また，太い線で表した$\overset{\frown}{AB}$上に，点C，Dを，BC＝
6cm，BC∥ADとなるようにとる。さらに点Oから弦ABに引いた垂線と
ABとの交点をH，線分ACと線分BDとの交点をEとする。次の各問いに
答えなさい。 (宮城県)

(1) △EBCは二等辺三角形であることを証明しなさい。

(2) 点Bから線分ACに垂線を引き，その交点をIとする。線分BIの長さを求めなさい。

(3) 線分ACと線分OHとの交点をFとし，点Bと点Fを結ぶ線分を引く。△BEFの周の長さを求めなさい。

解答・解説

(1) 同じ弧に対する円周角は等しいので，∠ADB
＝∠ACB　　AD∥BCなので錯角は等しいから，
∠ADB＝∠DBC　　したがって，∠ECB＝∠EBC
2角が等しいので△EBCは二等辺三角形である。

> △ABCは二等辺三角形である
> → 底角が等しい
> △ABCで2角が等しい
> → △ABCは二等辺三角形である

(2) △BICと相似な三角形を見つけるとよい。

半径AOを引くと，∠AOH＝$\dfrac{1}{2}$∠AOB＝∠ADB＝∠DBC＝∠BCI…①

∠AHO＝∠BIC＝90°…②　　①，②から，△AHOと△BICは2組の角が
それぞれ等しいので，相似である。よって，AH：BI＝AO：BC　　AH
の長さを求めるには，△AOHで三平方の定理を用いるとよい。

$AH^2＋OH^2＝AO^2$　　$AH^2＝9^2－6^2＝45$

$AH＝\sqrt{45}＝3\sqrt{5}$　　よって，$3\sqrt{5}$：BI＝

9：6　　$9BI＝18\sqrt{5}$　　BI＝$2\sqrt{5}$(cm)

> 円の中心から弦ABに引いた垂線
> → 弦ABを垂直に二等分する
> → 弧ABに対する中心角を二等分する

(3) △BEFの辺の中で，他の線分と比較で
きるものについて検討してみるとよい。
△EBCは二等辺三角形だから，BE＝CE
点Fは弦ABの垂直二等分線上の点だから，

> 線分の垂直二等分線上の点は線分の両端から等しい距離にある。

BF＝AF　　よって，BF＋FE＝AEとなる。　　したがって，BE＋BF＋FE＝CE＝AE＝AC

<u>ACの長さを求めればよい。</u>ところで，AE＋CE＝AI＋CIだから，AI，CIの長さがわかればAC
の長さがわかる。<u>AIの長さは，△ABIで三平方の定理を用いることで求められる。</u>　　AB＝
2AH＝$6\sqrt{5}$，BI＝$2\sqrt{5}$だから，AI^2＝AB^2－BI^2＝180－20＝160　　AI＝$\sqrt{160}$＝$4\sqrt{10}$　　<u>CIの</u>
<u>長さも三平方の定理を用いて求められる。</u>　　△CIBでCI^2＝BC^2－BI^2＝$6^2-(2\sqrt{5})^2$＝16　　CI
＝4　　したがって，BE＋BF＋FE＝AC＝AI＋CI＝$\underline{4\sqrt{10}+4\,(\text{cm})}$

② 図1のように，AB：AD＝$\sqrt{2}$：1の長方形ABCDがある。辺ADが辺BC
に重なるように折り，その折り目をEFとする。折った部分をもとに戻
し，次に，点Cが点Eに重なるように折り，その折り目をGHとする。折
った部分をもとに戻し，点Eと点G，Hをそれぞれ結ぶ。次の各問いに
答えなさい。

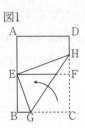

図1

(1)　∠HEF＝a°，∠EHG＝b°とするとき，aをbを用いて表しなさい。

(2)　△EBG∽△EFHを証明しなさい。

(3)　図1の長方形ABCDが，AB＝$20\sqrt{2}$cm，AD＝20cmのとき，次の各問いに答えなさい。

　①　線分BGの長さを求めなさい。

図2

　②　図2のように，長方形ABCDの対角線ACと線分EHとの交点をIと
する。点Iを通り△EGHの面積を二等分する直線が線分GHと交わる
点をPとする。線分GPの長さを求めなさい。

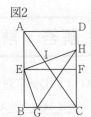

（徳島県）

解答・解説

(1)　∠EHGは∠CHGと同じ角だから，∠CHG＝∠EHG＝b°
　△EHFの内角の和の関係から，　∠HEF＋∠EHF＋∠EFH＝
180°　　$a＋2b＋90＝180$　　$\underline{a＝90-2b}$

(2)　<u>△EBGと△EFHにおいて，∠EBG＝∠EFH＝90°</u>
<u>∠GEH＝∠GCH＝90°，∠BEF＝90°なので，∠BEG＝</u>
<u>∠FEH＝90°－∠GEF　　したがって，2組の角がそれぞれ等しいので，△EBG∽△EFH</u>

> 図形を折り返したとき，折
> り返した部分は，それがも
> ともとあった部分と同じも
> のである。

(3)　①　BG＝xとすると，EG＝CG＝$20-x$　　△EBGで三平方の定理を用いると，BG^2＋EB^2＝
EG^2　　$x^2+(10\sqrt{2})^2＝(20-x)^2$　　$x^2+200＝400-40x+x^2$　　$40x＝200$　　$x＝$BG＝$\underline{5\,(\text{cm})}$

② まずは，GHの長さを求めることを考えてみよう。GC，CHの長さが求められれば三平方の定理が使える。　　△EBG∽△EFHなので，EB：EF＝BG：FH　　$10\sqrt{2}$：20＝5：HF

$HF=\dfrac{100}{10\sqrt{2}}=\dfrac{10}{\sqrt{2}}=5\sqrt{2}$　　$GC=20-5=15$，$HC=5\sqrt{2}+$

$10\sqrt{2}=15\sqrt{2}$だから，△GHCで三平方の定理を用いると，

$GH=\sqrt{GC^2+HC^2}=\sqrt{225+450}=\sqrt{675}=15\sqrt{3}$

IPが△EGHの面積を二等分することから，HPがHGのどれだけにあたるかを求めてみよう。

AE∥HCだから，EI：HI＝EA：HC＝$10\sqrt{2}$：$15\sqrt{2}$＝2：3

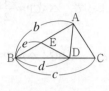

$$△BED=\dfrac{e}{b}△ABD$$

$$△ABD=\dfrac{d}{c}△ABC$$

$$△BED=\dfrac{ed}{bc}△ABC$$

よって，HI：HE＝3：5　　HPがGHの$\dfrac{1}{y}$であるとすると，

$△HIP=\dfrac{3}{5}△HEP$…①　　$△HEP=\dfrac{1}{y}△HEG$…②　　②を①に代入すると，

$△HIP=\dfrac{3}{5}\times\dfrac{1}{y}△HEG=\dfrac{3}{5y}△HEG$　　$\dfrac{3}{5y}=\dfrac{1}{2}$となればよいのだから，両辺に$\dfrac{5}{3}$をかけて，

$\dfrac{1}{y}=\dfrac{5}{6}$　　よって，GPはHGの$1-\dfrac{5}{6}=\dfrac{1}{6}$　　したがって，$GP=\dfrac{1}{6}\times15\sqrt{3}=\underline{\dfrac{5\sqrt{3}}{2}}$(cm)

3 右図のように，円Oの周上に4点A，B，C，Dがこの順にあり，線分ADは円Oの直径である。線分ADを延長した直線と線分BCを延長した直線との交点をPとし，また，OD＝DP＝6cm，BC＝CPとする。このとき，次の各問いに答えなさい。

(1) 線分CDの長さを求めなさい。また，△ACDの面積を求めなさい。

(2) 四角形ABCDの面積を求めなさい。

(京都府)

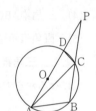

解答・解説

(1) 半径OBを引くと，△POBで中点連結定理が成り

立ち，$CD=\dfrac{1}{2}OB=\underline{3}$(cm)

△ACDで，∠ACDは直径ADに対する円周角なので，

∠ACD＝90°　　よって，三平方の定理を用いると，

$AC=\sqrt{AD^2-CD^2}=\sqrt{144-9}=\sqrt{135}=3\sqrt{15}$

△ACDの面積は，$\dfrac{1}{2}\times3\sqrt{15}\times3=\underline{\dfrac{9\sqrt{15}}{2}}$(cm²)

> 三角形の2辺の中点を結ぶ線分は，残りの辺に平行で，長さはその$\dfrac{1}{2}$になる。

> 直径に対する円周角は90°である。

(2) 高さが等しい三角形の面積の比は，底辺の長さの比に等しい。

△ACDと△ACPの底辺を，それぞれAD，APとすると，△ACD：△ACP＝AD：AP＝2：3

よって，△ACP＝$\frac{3}{2}$△ACD＝$\frac{27\sqrt{15}}{4}$　　△ABCと△ACPの底辺を，それぞれBC，CPとする

と，△ABC：△ACP＝BC：CP＝1：1　　△ABC＝△ACP＝$\frac{27\sqrt{15}}{4}$　　よって，四角形ABCD

＝△ACD＋△ABC＝$\frac{9\sqrt{15}}{2}$＋$\frac{27\sqrt{15}}{4}$＝$\underline{\frac{45\sqrt{15}}{4}}$(cm²)

4 図1のように，AB＝10cm，AC＝8cm，∠C＝90°の直角三角形
ABCがある。この直角三角形ABCを図2のように，直線ABを軸
として30°回転させたとき頂点Cが移動した点を頂点Dとし，三
角錐ABCDを作る。また，辺AB上に，CH⊥ABとなるように点
Hをとる。このとき，次の各問いに答えなさい。　　　　（佐賀県）

(1) BCの長さを求めなさい。

(2) CHの長さを求めなさい。

(3) △CDHの面積を求めなさい。

(4) 三角錐ABCDの体積を求めなさい。

(5) 直角三角形ABCを，直線ABを軸として60°だけ回転させたとき，頂点Cが移動した点をE
とし，三角錐ABCEを作る。このとき，三角錐ABCEの体積は，三角錐ABCDの体積の何倍
になるかを求めなさい。

解答・解説

(1) △ABCは直角三角形なので，三平方の定理を用いると，BC＝$\sqrt{AB^2-AC^2}$＝$\sqrt{100-64}$＝
$\sqrt{36}$＝$\underline{6\,(cm)}$

(2) △ABCの面積を，ABを底辺，CHを高さとして表すと，$\frac{1}{2}$×10×CH＝5CH　　ACを底辺，
BCを高さとして求めると，$\frac{1}{2}$×8×6＝24　　よって，5CH＝24　　CH＝$\underline{\frac{24}{5}}$(cm)

(3) 図3のように，△CDHにおいて，点Dから辺CHに垂線DIを引く
と，△DHIは内角の大きさが30°，60°，90°の直角三角形となるから，

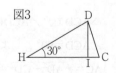

DH：DI＝2：1　　よって，DI＝$\frac{24}{5}$÷2＝$\frac{12}{5}$　　よって，△CDH＝

$\frac{1}{2}$×$\frac{24}{5}$×$\frac{12}{5}$＝$\underline{\frac{144}{25}}$(cm²)

(4)　三角錐ABCDの体積は，△ABCの面積とDIの長さがわかっているので，それを用いて求めることができる。

$$\frac{1}{3} \times \triangle ABC \times DI = \frac{1}{3} \times 24 \times \frac{12}{5} = \underline{\frac{96}{5}}(cm^3)$$

> 内角の大きさが30°，60°，90°の直角三角形の3辺の長さの比は，$2:1:\sqrt{3}$ である。

（別解）　△CDHの面積がわかっていて，AH，BHが面CDHに垂直だから，そのことを用いてもよい。　$\frac{1}{3} \times \triangle CDH \times AH + \frac{1}{3} \times \triangle CDH \times BH = \frac{1}{3} \times \triangle CDH \times (AH+BH) = \frac{1}{3} \times \triangle CDH$

$$\times AB = \frac{1}{3} \times \frac{144}{25} \times 10 = \underline{\frac{96}{5}}(cm^3)$$

(5)　△EHCにおいて，点EからHCに垂線EJを引くと△EHJは内角の大きさが30°，60°，90°の直角三角形となるから，$EH:EJ=2:\sqrt{3}$　$\frac{24}{5}:EJ=2:\sqrt{3}$　$EJ=\frac{12\sqrt{3}}{5}$　三角錐ABCEと三角錐ABCDは△ABCを底面とみたとき，底面が共通なので，高さEJとDIの比が体積の比となる。$EJ:DI=\frac{12\sqrt{3}}{5}:\frac{12}{5}=\sqrt{3}:1$　よって，$\underline{\sqrt{3}倍}$

5　図1のような，縦と横の長さの比が$1:\sqrt{2}$の長方形ABCDを，次の①～③のように折ります。

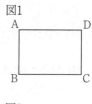

図1

---

①　図2のように，辺ADの中点をMとし，頂点Bが点Mに重なるように折る。このときの折り目の線と辺AB，BCとの交点をそれぞれE，Fとし，線分EM，MFをかく。

②　図3のように，線分MDが線分MFに重なるように折ったとき，点Dの移った点をHとする。また，折り目をMGとし，線分HG，FGをかく。

③　図4のようにもとに戻し，折り目の線分EF，MGと線分BMをかき，線分BMとEFの交点をIとする。

図2

図3

(1)　線分EFと線分MGが平行になることを証明しなさい。

(2)　線分AEとEBの長さの比を求めなさい。

(3)　四角形MIFGと長方形ABCDの面積の比を求めなさい。

（埼玉県）

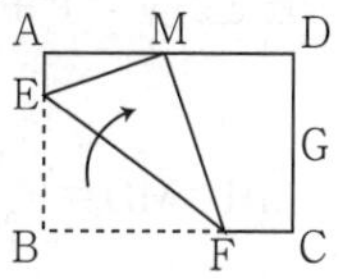

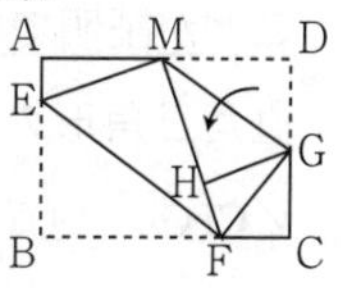

図4

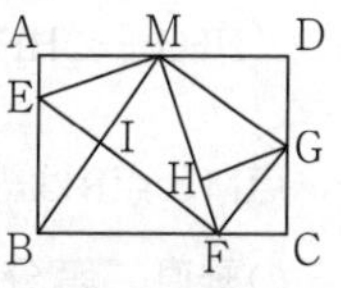

解答・解説

(1) 折り返した部分が折り返す前の部分と同じ図形であることに着目する。

$$\angle\text{EFM}=\angle\text{EFB}=\frac{1}{2}\angle\text{BFM} \qquad \angle\text{GMF}=\angle\text{GMD}=\frac{1}{2}\angle\text{DMF} \qquad \text{AD}\,/\!/\,\text{BCだから,}$$

$\angle\text{BFM}=\angle\text{DMF}$ したがって,$\angle\text{EFM}=\angle\text{GMF}$ 錯角が等しいので,EF $/\!/$ MGである。

(2) AB:AD$=1:\sqrt{2}$なので,AB$=a$,AD$=\sqrt{2}\,a$などと文字を使って表すのが正式なやり方であるが,AB$=1$,AD$=\sqrt{2}$としてもかまわない。 AE$=x$とすると,EM$=$EB$=1-x$ AM

$=\dfrac{1}{2}\text{AD}=\dfrac{\sqrt{2}}{2}$ △AEMで三平方の定理を用いると,AE$^2+$AM$^2=$EM^2 $\quad x^2+\left(\dfrac{\sqrt{2}}{2}\right)^2=(1-x)^2$

$x^2+\dfrac{1}{2}=1-2x+x^2 \qquad 2x=\dfrac{1}{2} \qquad x=\dfrac{1}{4}$ よって,AE$=\dfrac{1}{4}$,EB$=\dfrac{3}{4}$なので,AE:EB$=\underline{1:3}$

(3) (実際の入試では,縦と横の長さの比が$1:\sqrt{2}$である長方形の紙が1枚余分についていて,それを折って考えてもよいことになっていた。紙を実際に折ってみると,FGを折り目として折ったときにCGがHGに重なることがわかる。ここでは,CGがHGに重なる理由も含めて解説する。)

BCの中点をNとする。△MNFで三平方の定理を用いて,MF($=$BF)の長さを求めてみる。

MF$=$BF$=y$とすると,NF$=$BF$-$BN$=y-\dfrac{\sqrt{2}}{2}$,MN$=1$だから,△MNFで三平方の定理を用い

ると,$y^2=1^2+\left(y-\dfrac{\sqrt{2}}{2}\right)^2 \qquad y^2=1+y^2-\sqrt{2}\,y+\dfrac{1}{2} \qquad \sqrt{2}\,y=\dfrac{3}{2} \qquad y=\dfrac{3}{2\sqrt{2}}=\dfrac{3\sqrt{2}}{4}$

MH$=$MD$=\dfrac{\sqrt{2}}{2}$なので,HF$=\dfrac{3\sqrt{2}}{4}-\dfrac{\sqrt{2}}{2}=\dfrac{\sqrt{2}}{4}$ CF$=$BC$-$BF$=\sqrt{2}-\dfrac{3\sqrt{2}}{4}=\dfrac{\sqrt{2}}{4}$

したがって,HF$=$CF HF$=$CFがいえたので,△HFG$\equiv$△CFGとなり,CGがHGに重なることが証明できる。 △HFGと△CFGにおいて,$\angle$FHG$=\angle$FCG$=90°$,GF$=$GF,HF$=$CF 直角三角形の斜辺と他の1辺がそれぞれ等しいので,△HFG$\equiv$△CFG よって,$\angle$HFG$=\angle$CFG (ここまでは,長方形の紙を折ることで推測できることである。)
このことから$\angle$IFG$=90°$となることがわかり,四角形MIFGが長方形であるといえる。

$$\angle\text{HFG}+\angle\text{HFE}=\frac{1}{2}\angle\text{HFC}+\frac{1}{2}\angle\text{HFB}=90°$$

点Mと点Bは線分EFについて対称なので,EFは線分BMの垂直二等分線である。よって,$\angle$MIF$=90°$ (1)より EF $/\!/$ MGなので,四角形MIFGは長方形である。ここから長方形MIFGの面積を求めるには様々な方法があるが,台形MFCDの面積が長方形MIFGの面

> 線対称な図形では,対応する点を結ぶ線分は対称の軸によって,垂直に二等分される。

積に等しいことを利用するのが一番簡単である。

長方形MIFG＝2△MFG，△MHG＝△MDG，△FHG＝△FCGだから，台形MFCD＝2△MFG

よって，長方形MIFG＝台形MFCD＝$\frac{1}{2}$(MD＋FC)×DC＝$\frac{1}{2}$×$\left(\frac{\sqrt{2}}{2}+\frac{\sqrt{2}}{4}\right)$×1＝$\frac{3\sqrt{2}}{8}$

長方形ABCD＝1×$\sqrt{2}$＝$\sqrt{2}$　　　よって，四角形MIFGと長方形ABCDの面積の比は，

$\frac{3\sqrt{2}}{8}$：$\sqrt{2}$＝<u>3：8</u>

＜ ⑤ の(3)についての研究＞

＊この問題については，他の考え方も利用でき，図形について学習するのに好材料であるので，
さらに解説を続ける。

(研究1)　(2)で，AE：EB＝1：3を求めてある。

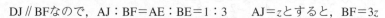

このことを利用できないだろうか？

右図のように，DAとFEを延長して，その交点をJとしてみよう。

DJ∥BFなので，AJ：BF＝AE：BE＝1：3　　　AJ＝zとすると，BF＝3z

また，点Mと点Bは直線EFについて対称だから，MJ：BF＝MI：BI＝1：1

よって，AJ＋MA＝MJ＝BF　　$z+\frac{\sqrt{2}}{2}=3z$　　$2z=\frac{\sqrt{2}}{2}$　　$z=\frac{\sqrt{2}}{4}$　　よって，BF＝$\frac{3\sqrt{2}}{4}$

なお，MJ＝MF＝BFとなるので，△MJFは二等辺三角形である。

(研究2)　四角形MIFGが長方形とわかった後での面積の求め方を2通り説明しておこう。

①　三平方の定理を用いて，MI，IFの長さを求め，MI×IFで求める。

△ABMで三平方の定理を用いると，BM＝$\sqrt{AM^2+AB^2}$＝$\sqrt{\left(\frac{\sqrt{2}}{2}\right)^2+1^2}$＝$\sqrt{\frac{6}{4}}$＝$\frac{\sqrt{6}}{2}$

よって，MI＝$\frac{\sqrt{6}}{2}$÷2＝$\frac{\sqrt{6}}{4}$　　　MFの長さは，(解説)では三平方の定理を用いて，(研究1)

では平行線と線分の比の関係を利用して求めてある。MF＝$\frac{3\sqrt{2}}{4}$

よって，IF＝$\sqrt{MF^2-MI^2}$＝$\sqrt{\frac{9}{8}-\frac{3}{8}}$＝$\sqrt{\frac{3}{4}}$＝$\frac{\sqrt{3}}{2}$　　　したがって，長方形MIFGの面積は，

$\frac{\sqrt{6}}{4}$×$\frac{\sqrt{3}}{2}$＝$\frac{3\sqrt{2}}{8}$

② △MJFが二等辺三角形であることを利用する。

(研究1)で説明したように，$MJ=MF=BF=\dfrac{3\sqrt{2}}{4}$　　△MJIと△MFIは斜辺と他の1辺がそれ

ぞれ等しい直角三角形なので合同である。よって，△FJMの面積は△MFIの面積の2倍であり，長方形MIFGの面積に等しい。△FJMの面積は，JMを底辺，FからADまでの距離を高さ

として求められるから，$\dfrac{1}{2}\times\dfrac{3\sqrt{2}}{4}\times1=\dfrac{3\sqrt{2}}{8}$

(研究3)　四角形MIFGが長方形であることに気づかなかったらどうすればよいだろう？

MG∥EFがいえているから，$\angle GMH=\angle MFI$　　$\angle GHM=\angle MIF=90°$

よって，$\triangle GMH\backsim\triangle MFI$　　$GH:MI=MH:FI$　　$MH=MD=\dfrac{\sqrt{2}}{2}$だから，

$GH:\dfrac{\sqrt{6}}{4}=\dfrac{\sqrt{2}}{2}:\dfrac{\sqrt{3}}{2}$　　$GH=\dfrac{\sqrt{6}}{4}\times\dfrac{\sqrt{2}}{2}\div\dfrac{\sqrt{3}}{2}=\dfrac{1}{2}$　　したがって，四角形MIFG＝

$\triangle MIF+\triangle GMF=\dfrac{1}{2}\times\dfrac{\sqrt{6}}{4}\times\dfrac{\sqrt{3}}{2}+\dfrac{1}{2}\times\dfrac{3\sqrt{2}}{4}\times\dfrac{1}{2}=\dfrac{3\sqrt{2}}{8}$

2章 図形
作図や図形の総合問題

1 作図問題

*単純な作図問題は出題されない。図形の様々な性質の何を使うのかを考えながら取り組む必要がある。

(1) 下の図1のように，四角形ABCDの辺BC上に点Pをとり，線分APと対角線BDとの交点をQとする。図2をもとにして，△ABQの面積と△QBPの面積が等しくなる線分APを，定規とコンパスを用いて作図しなさい。

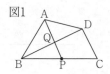

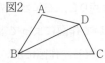

(東京・立川)

(2) 点Aの座標は$(0, 1)$，点Bの座標は$(0, 2)$，点Cの座標は$(2, 0)$である。

原点をOとし，原点Oから点$(1, 0)$までの距離と原点Oから点$(0, 1)$までの距離は等しいとする。

右の例のように，あとの問いについて，それぞれ指定された図に作図しなさい。また，その手順を簡単に書きなさい。

なお，作図にはコンパスと定規のみを用い，作図に用いた線は消さないでおきなさい。

例	
問題	解答用紙

問題	解答用紙
座標が$(\sqrt{3}, 0)$である点Pの位置を作図によって求めなさい。ここでは，点Aを通りx軸に平行な直線ℓを利用してもよい。 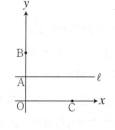	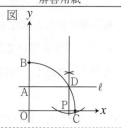
	手順を簡単に書きなさい。 ① 原点Oを中心とし点Bを通る円をかき，直線ℓとの交点をDとする。 ② 点Dを通りx軸に垂直な直線を引く。このとき，x軸との交点がPとなる。

(ア) 座標が$(\sqrt{2}, 0)$である点Qの位置を，下の図(ア)に作図によって記入しなさい。また，その手順を簡単に書きなさい。

ここでは，点Aを通りx軸に平行な直線ℓを利用してもよい。

(イ) 座標が$\left(0, \dfrac{1+\sqrt{5}}{2}\right)$である点Rの位置を，下の図(イ)に作図によって記入しなさい。ま

た，その手順を簡単に書きなさい。

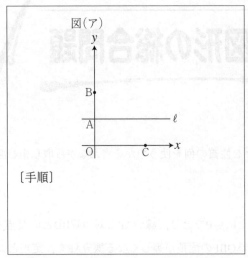

図（ア）

〔手順〕

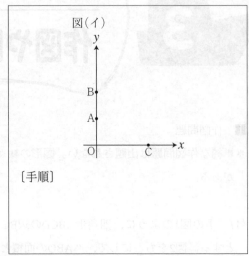

図（イ）

〔手順〕

（神奈川・湘南）

(3)　BD：DC＝5：3となるような点Dを，右に示した線分BCをもとにして，定規とコンパスを用いて作図によって求め，点Dの位置を示す文字Dも書きなさい。ただし，作図に用いた線は消さないでおきなさい。　（東京・日比谷・改題）

(4)　右の図で，点Oは線分ABを直径とする半円の中心である。点Cは線分OA上にあり，$\overarc{AB}$上の点をPとする。
解答欄に示した図をもとにして，∠CPB＝30°となる点Pを，定規とコンパスを用いて作図によって求め，点Pの位置を示す文字Pも書け。ただし，作図に用いた線は消さないでおくこと。
（東京・日比谷）

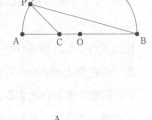

(5)　右の図で，△ABCは鋭角三角形である。
点Pは辺BC上，点Qは辺AC上にそれぞれあり，∠APB＝∠CPQとなる点である。解答欄に示した図をもとにして，辺AC上にあり，∠APB＝∠CPQとなる点Qを，定規とコンパスを用いて作図によって求め，点Qの位置を示す文字Qも書け。ただし，作図に用いた線は消さないでおくこと。　（東京・日比谷）

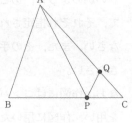

(6)　右の図で，四角形ABCDは，AD∥BCの台形である。
点Pは辺BC上の点，点Qは辺AD上の点で，四角形APCQはひし形である。解答欄に示した図をもとにして，ひし形APCQを定規とコンパスを用いて作図し，頂点P，Qの位置を表す文字P，Qも書け。ただし，作図に用いた線は消さないでおくこと。

（東京・日比谷）

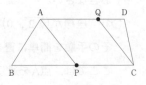

(7) 右の図は，線分AB上の点をPとし，線分ABを直径とする半円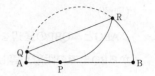
を，折り返した弧と線分ABが点Pで接するように1回だけ折り，
できた折り目を線分QRとしたものである。

解答欄に示した図をもとにして，線分QRを定規とコンパスを用
いて作図せよ。

ただし，作図に用いた線は消さないでおくこと。 （東京・西）

(8) 右の図で，点Pは線分ABを直径とする円の周上にあり，点A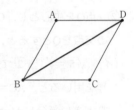
を含まない$\overset{\frown}{BP}$の長さを$a$cm，点Aを含む$\overset{\frown}{BP}$の長さを$b$cmとしたと
き，$a:b=1:23$を満たす点である。解答欄に示した図をもとに
して，$a:b=1:23$となる点Pを直径ABより上側に定規とコンパス
を用いて作図し，点Pの位置を示す文字Pも書け。

ただし，作図に用いた線は消さないでおくこと。 （東京・西）

(9) 右の図で，四角形ABCDは，∠ABC＝60°のひし形で，対角線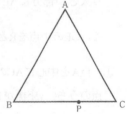
BDを引いたものである。解答欄に示した図をもとにして，ひし形
ABCDを定規とコンパスを用いて作図し，頂点A，頂点Cの位置
を示す文字A，Cもそれぞれ書け。 （東京・西）

(10) 右の図において，△ABCは正三角形である。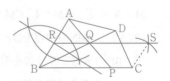
点Pは辺BC上にあり，BP：PC=$\sqrt{3}$：1である。
解答欄に示した図をもとにして，点Pを定規とコンパスを用いて
作図によって求め，点Pの位置を示す文字Pも書け。

ただし，作図に用いた線は消さないでおくこと。 （東京・国立）

解答・解説

(1) △ABQ＝△QBPとなる点PがBC上にとれたとして考えて
みると，△ABQと△QBPはAQ，QPをそれぞれの底辺とみる
と高さが共通なので，AQ＝QPとなる。そのとき，ABの中点
をRとして線分RQを引くと，中点連結定理によって，RQ∥
BCとなる。したがって，

① ABの垂直二等分線を引いてABの中点Rを求める。

② 点Rを通るBCに平行な直線を引き，線分BDとの交点をQとする。
　（平行線の引き方はいろいろあるが，解答例としては，平行四辺形RBCSを作ることで，点R
　を通るBCに平行な直線を引いた。）

③ 半直線AQを引き，BCとの交点をPとする。

（別解）

△ABQと△QBPの底辺をBQと考えると，AからBQまでの距離とPからBQまでの距離が等しければよい。

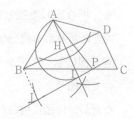

① AからBDに垂線AHを引く。

② AHの延長線上にAH＝HIとなる点Iをとる。

③ 点Iを通るBDに平行な直線を引き，BCとの交点をPとする。

（平行線を引くために，平行四辺形（長方形）HBJIを作るとよい。）

④ 線分APを引く。

(2) （ア） 1辺の長さが1の正方形の対角線の長さが$\sqrt{2}$であることを利用すればよい。

（ア）

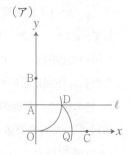

① 点Aを中心とし，AOの長さ1を半径とする円をかき，直線ℓとの交点をDとする。すると，OD＝$\sqrt{2}$となる。

② 点Oを中心とし，ODの長さ$\sqrt{2}$を半径とする円をかき，x軸との交点をQとすると，Q($\sqrt{2}$，0)となる。

（イ） $\sqrt{5}＝\sqrt{1^2+2^2}$であることを利用する。△OACで三平方の定理を用いると，AC＝$\sqrt{5}$　　OA＝1なので，y軸上のy座標が1より大きい部分にAE＝ACとなる点Eをとると，OE＝$1+\sqrt{5}$となる。OEの中点をRとすれば，OR＝$\dfrac{1+\sqrt{5}}{2}$

（イ）

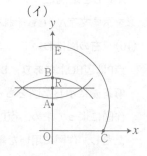

① 点Aを中心にACの長さ$\sqrt{5}$を半径とする円をかき，y軸との交点のうち，y座標が1より大きい点をEとする。

② 線分OEの垂直二等分線を引くと，y軸との交点がR$\left(0,\ \dfrac{1+\sqrt{5}}{2}\right)$となる。

(3) BD：DC＝5：3のとき，BCを8とみると考えやすい。BCの中点をMとすると，BM＝4，CM＝4　　CMの中点をNとすると，MN＝2，CN＝2　　MNの中点をDとすると，MD＝1　　よって，BD＝5となる。

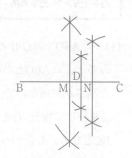

① BCの垂直二等分線を引き，BCとの交点をMとする。

② CMの垂直二等分線を引き，CMとの交点をNとする。

③ MNの垂直二等分線を引いてMNとの交点をDとすれば，

　BD：DC＝5：3となる。

（別解）

平行線と線分の比の関係を利用すると，線分をどんな比にでも分けることができる。

半直線BPを引き，Bからコンパスを使って，BP上に等しい線分を順に作っていく。5番目の点をQ，8番目の点をRとして，線分RCを引

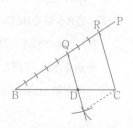

く。点Qを通るRCに平行な直線を引き，BCとの交点をDとすれば，BD：DC＝BQ：QR＝5：3
となる。

(4) △DCBが線分CBを1辺とする正三角形となるように直線ABの上
側に点Dをとり，点Dを中心として，点B，Cを通る円を描き，$\overset{\frown}{AB}$
との交点をPとすると，$\overset{\frown}{CB}$に対する中心角と円周角の関係から，

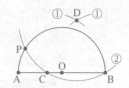

$$\angle CPB=\frac{1}{2}\angle CDB=\frac{1}{2}\times 60°=30°となる。$$

(作図手順)次の①～②の手順で作図する。　①　点C，Bをそれぞれ中心として，交わるよう
に半径CBの円を描き，その交点をDとする。　②　点Dを中心として，点B，Cを通る円を描
き，$\overset{\frown}{AB}$との交点をPとする。(ただし，解答用紙には点Dの表記は不要である。)

(5) 辺BCに関して，点Aと対称な点をDとすると，△APDは辺BCを対称
の軸とする線対称な図形となり，∠APB＝∠DPB…⑦　また，直線DPと
辺ACとの交点をQとすると，対頂角は等しいから，∠CPQ＝∠DPB…⑦
⑦，⑦より，∠APB＝∠CPQとなる。

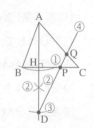

(作図手順)次の①～④の手順で作図する。　①　点Aを中心とした円を
描き，辺BC上に交点をつくる。　②　①で作ったそれぞれの交点を中心
として，半径の等しい円を描き，その交点と点Aを通る直線(点Aを通る辺BCの垂線)を引き，
辺BCとの交点をHとする。　③　点Hを中心として，半径AHの円を描き，直線AHとの交点を
Dとする。　④　直線DPを引き，辺ACとの交点をQとする。(ただし，解答用紙には点D，H
の表記は不要である。)

(6) ひし形は対角線を対称の軸とする線対称な四角形であり，線対
称な図形では，対応する点を結んだ線分は，対称の軸と垂直に交わ
り，その交点で2等分されるから，対角線PQは対角線ACの垂直二
等分線となる。

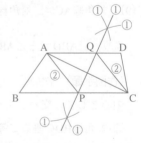

(作図手順)次の①～②の手順で作図する。　①　点A，Cをそれぞ
れ中心として，交わるように半径の等しい円を描き，その交点を通
る直線(対角線ACの垂直二等分線)を引く。　②　対角線ACの垂直二等分線と辺BC，ADの交
点をそれぞれP，Qとし，辺AP，CQを引く。

(7) 円周の一部に弧QPRをもつ円の中心をSとすると，接線と接点を
通る半径は垂直に交わることから，弧QPRと線分ABが点Pで接する
ということは，中心Sは点Pを通る線分ABの垂線上にある。また，
線分ABの中点をTとしたとき，折り返したから円S≡円Tであり，
PS＝ATである。

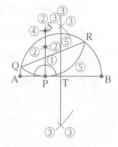

(作図手順)次の①～⑤の手順で作図する。　①　点Pを中心とした
円を描き，線分AB上に交点をつくる。　②　①でつくったそれぞ

れの交点を中心として，交わるように半径の等しい円を描き，その交点と点Pを通る直線(点P
を通る線分ABの垂線)を引く。　③　点A，Bをそれぞれ中心として，交わるように半径の等
しい円を描き，その交点を通る直線(線分ABの垂直二等分線)を引き，線分ABとの交点をTと
する。　④　点Pを中心として，半径ATの円を描き，点Pを通る線分ABの垂線との交点をSと
する。　⑤　点Sを中心として，半径PSの円を描き，円Tとの交点をQ，Rとし，線分QRを引く。
(ただし，解答用紙には点Q，R，S，Tの表記は不要である。)

(8)　中心角の大きさは弧の長さに比例するから，点Aを含まない弧

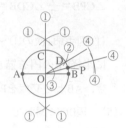

BPに対する中心角の大きさは，$360° \times \dfrac{a}{a+b} = 360° \times \dfrac{1}{1+23} = 15°$

である。

(作図手順)次の①〜④の手順で作図する。　①　点A，Bをそれぞ
れ中心として，交わるように半径の等しい円を描き，その交点を通
る直線(線分ABの垂直二等分線)を引き，線分ABとの交点をO，線分ABを直径とする円の周と
の交点のうち，直径ABより上側の交点をCとする。　②　点Cを中心として，半径OCの円を
描き，線分ABを直径とする円の周との交点をDとする。(△OCDは正三角形で，∠COD＝60°
より∠BOD＝∠BOC−∠COD＝90°−60°＝30°)　③　点Oを中心とした円を描き，線分OB，
OD上に交点をつくる。　④　③でつくったそれぞれの交点を中心として，交わるように半径
の等しい円を描き，その交点と点Oを通る直線(∠BODの二等分線)を引き，線分ABを直径と
する円の周との交点をPとする。(∠BOP＝∠BOD÷2＝30°÷2＝15°)(ただし，解答用紙には
点O，C，Dの表記は不要である。)

(9)　対角線ACは，対角線BDの垂直二等分線である。また，∠ABC＝60°

より，$\angle ABD = \dfrac{1}{2}\angle ABC = 30°$ である。

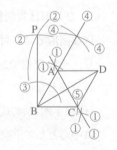

(作図手順)　次の①〜⑤の手順で作図する。　①　点B，Dをそれぞれ
中心として，交わるように半径の等しい円を描き，その交点を通る直
線(対角線BDの垂直二等分線)を引く。　②　点B，Dをそれぞれ中心と
して，半径BDの円を描き，その交点をPとする。(△PBDは正三角形で，
∠PBD＝60°)　③　点Bを中心とした円を描き，線分BD，BP上に交点を作る。　④　③で作
ったそれぞれの交点を中心として，交わるように半径の等しい円を描き，その交点と点Bを通
る直線(∠PBDの二等分線)を引き，対角線BDの垂直二等分線との交点をAとする。　⑤　点B
を中心として，半径ABの円を描き，対角線BDの垂直二等分線との交点をCとする。(ただし，
解答用紙には点Pの表記は不要である。)

(10) 角の二等分線と線分の比の定理を利用する。∠ABCの二等分

線と辺ACの交点をDとすると，二等辺三角形の頂角の二等分線は，

底辺を垂直に二等分するから，△BCDは30°，60°，90°の直角三角

形で，3辺の比は$2:1:\sqrt{3}$である。これより，$BD:CD=\sqrt{3}:1$で

あり，∠BDCの二等分線と辺BCの交点をPとすると，角の二等分

線と線分の比の定理より，$BP:PC=BD:CD=\sqrt{3}:1$となる。

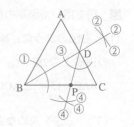

(作図手順)次の①~④の手順で作図する。　①　点Bを中心とした円を描き，辺AB，BC上に

交点をつくる。　②　①でつくったそれぞれの交点を中心として，交わるように半径の等しい

円を描き，その交点と点Bを通る直線(∠ABCの二等分線)を引き，辺ACとの交点をDとする。

③　点Dを中心とした円を描き，線分BD，CD上に交点をつくる。　④　③でつくったそれぞ

れの交点を中心として，交わるように半径の等しい円を描き，その交点と点Dを通る直線(∠

BDCの二等分線)を引き，辺BCとの交点をPとする。(ただし，解答用紙には点Dの表記は不要

である。)

2　円を用いた図形の問題

(1)　右図のように，線分ABを直径とする半径5cmの円Oがある。その円周上の2点をC，Dとし，線分ABと線分CDの交点をEとする。∠BAC＝15°，∠ACD＝30°であるとき，次の問いに答えなさい。

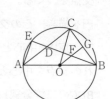

(ア)　$\dfrac{OE}{EB}$ を求めなさい。

(イ)　△ACBの面積を求めなさい。

（神奈川・横浜サイエンスフロンティア）

(2)　右図のように，線分ABを直径とする円Oの周上に，2点A，Bとは異なる点Cをとり，線分AC上に2点A，Cとは異なる点Dをとる。また，線分BDの延長と円Oとの交点で，点Bとは異なる点をEとする。さらに，∠BOCの二等分線と線分BE，線分BCとの交点をそれぞれF，Gとする。このとき，次の各問いに答えなさい。

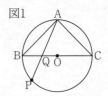

(ア)　三角形ADEと三角形BFGが相似であることを証明しなさい。

(イ)　円Oの半径が5cmで，AD＝DC＝4cmのとき，線分AEの長さを求めなさい。

（神奈川・独自問題実施校共通問題）

(3)　右の図1で，△ABCは，∠BAC＝90°，AB＝AC＝3cmの直角二等辺三角形である。円Oは，辺BCを直径とする円であり，頂点Aは，円Oの周上にある。点Pは，頂点Aを含まない $\overset{\frown}{BC}$ 上にある点で，頂点B，頂点Cのいずれにも一致しない。頂点Aと点Pを結んだ線分と辺BCとの交点をQとする。

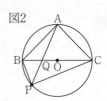

次の各問いに答えなさい。

問1　図1において，∠AQB＝120°のとき，次の(ア)，(イ)に答えなさい。

　(ア)　線分BQの長さは何cmですか。

　(イ)　頂点Cを含まない $\overset{\frown}{AB}$ の長さを$a$cm，頂点Cを含まない $\overset{\frown}{BP}$ の長さを$b$cmとするとき，a：b＝3：1であることを証明しなさい。

問2　図2は図1において，頂点Bと点P，頂点Cと点Pをそれぞれ結んだ場合を表している。図2において，AQ：QP＝4：3のとき，△BPCの面積は何cm²ですか。

（東京・国分寺）

(4)　図Ⅰのように，点Oを中心とする円と，点Oを1つの頂点とし，1辺の長さが円Oの半径と等しい正方形OABCが重なっている。この図において，図Ⅱのように円Oの弧AC上に点Dをとり，Dにおける接線ℓと辺AB，BCとの交点をそれぞれE，Fとする。また，Cを通りℓに垂直な直線とℓとの交点をGとし，Dを通り辺OCに垂直な直線とOCとの交点をHとする。次の(1)～(3)の問いに答えなさい。

（群馬県）

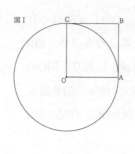
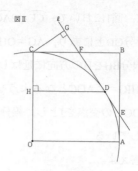

(1) 図Ⅱにおける次のア～オの直線のうち，ℓ以外に円Oの接線となっているものを2つ選び，記号で答えなさい。

　　ア　直線OA　　イ　直線OC　　ウ　直線AB　　エ　直線BC　　オ　直線CG

(2) 三角形CDGと三角形CDHが合同であることを証明しなさい。

(3) BE＝8cm，BF＝6cmとする。次の①，②の問いに答えなさい。

　　① 正方形OABCの1辺の長さを求めなさい。

　　② 三角形ODHの面積を求めなさい。

(5) 右の図1で，点Oは線分ABを直径とする半円の中心である。点Cは$\overset{\frown}{AB}$上にある点で，点A，点Bのいずれにも一致しない。点Dは$\overset{\frown}{AC}$上にある点で$\overset{\frown}{AD}＝\overset{\frown}{DC}$である。点Aと点C，点Dと点O，点Cと点Oをそれぞれ結ぶ。線分ACと線分DOとの交点をE，点Dから線分COに垂線を引き，線分COとの交点をF，線分DFと線分ACとの交点をGとする。次の各問に答えよ。 　　　　　　　　　　　　　　　　　　　　　　　　　　　　　　　　　(東京・日比谷)

[問1] 点Bと点Dを結んだ場合を考える。

　　∠AOC＝88°のとき，∠ODBの大きさは何度か。

[問2] 右の図2は，図1において，点Bと点C を結んだ場合を表している。

　　△ABC∽△DGEであることを証明せよ。

[問3] AO＝6cm，DE＝4cmのとき，線分DGの長さと線分GFの長さの比DG：GFを最も簡単な整数の比で表せ。

(6) 右の図1で，点Oは線分ABを直径とする円の中心である。円Oの周上にあり，点A，点Bのいずれにも一致しない点をCとする。点Cと点Oを結んだ直線OCと円Oとの交点のうち，点Cと異なるものをDとする。点Aを含まない$\overset{\frown}{BC}$上にある点をEとする。点Dと点Eを結んだ線分DEと，線分ABとの交点をFとする。次の各問に答えよ。

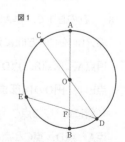

　　　　　　　　　　　　　　　　　　　　　　　　　　　　　　　　　(東京・日比谷)

[問1] 点Aと点C，点Cと点Eをそれぞれ結んだ場合を考える。

　　∠OAC＝72°，∠BFE＝113°のとき，∠DCEの大きさは何度か。

〔問2〕 右の図2は，図1において，$\overset{\frown}{CE}=2\overset{\frown}{AC}$とし，点G，点Hはそれ
ぞれ線分OA，線分OD上にあり，AG＝OHとなるような点で，点B
と点Hを結んだ線分BHをHの方向に延ばした直線上にあり，円Oの
外部にあり，∠HIG＝∠AOCとなるような点をI，点Gと点Iを結ん
だ直線GIと線分OCとの交点をJとし，線分BIと線分DEとの交点をK
とした場合を表している。

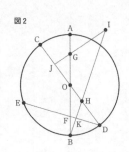
図2

次の(1)，(2)に答えよ。

(1) △OGJ≡△DHKであることを証明せよ。

(2) OH：DH＝2：5，DH：DK＝3：2のとき，線分CJの長さと線分OHの長さの比CJ：OH
を最も簡単な整数の比で表せ。

(7) 右の図1で，4点A，B，C，Dは，点Oを中心とする円の周上にあ
る点で，A，D，B，Cの順に並んでおり，互いに一致しない。点Aと
点B，点Bと点D，点Cと点Dをそれぞれ結ぶ。∠ABD＞∠CDBとす
る。次の各問に答えよ。 （東京・日比谷）

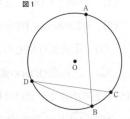
図1

〔問1〕 AB＝DB，∠ABD＝60°，点Aを含まない$\overset{\frown}{BC}$と点Aを含まない
$\overset{\frown}{BD}$の長さの比が$\overset{\frown}{BC}$：$\overset{\frown}{BD}$＝1：6のとき，∠BDCの大きさを求めよ。

〔問2〕 右の図2は，図1において，点Cを通り直線BDに平行な直線
を引き，円Oとの交点のうち，点Cと異なる点をEとし，点Cを含
まない$\overset{\frown}{AE}$上に点Fを，点Bを含まない$\overset{\frown}{AC}$上に点Gを，それぞれ弧
の両端と一致しないようにとり，点Aと点F，点Dと点F，点Cと点
G，点Fと点Gをそれぞれ結び，線分CEと線分DFとの交点をH，線
分ABと線分FGとの交点をIとした場合を表している。AB∥GCのと
き，次の(1)，(2)に答えよ。

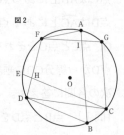
図2

(1) △HCD∽△AFIであることを証明せよ。

(2) 右の図3は，図2において，直線CEが点Oを通る場合を表して
いる。OC＝5cm，CD＝9cm，AB＝9cm，CE⊥DFのとき，線分FI
の長さは何cmか。

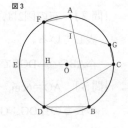
図3

(8) 右の図1で，△ABCは，AB＝ACの二等辺三角形である。点Dは，
線分BCをCの方向に延ばした直線上にある点である。
頂点A，頂点B，点Dを通る円を円Oとする。
点Eは，円Oの内部または円周上の点で，直線BCについて頂点Aと同
じ側にあり，2点C，Dからの距離が等しい点である。
点Aと点D，点Cと点E，点Dと点Eをそれぞれ結ぶ。
次の各問に答えよ。 （東京・西）

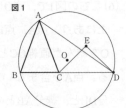
図1

[問1]　右の図2は，図1において，点Eが円Oの内部にあり，頂点C が点Oに一致するとき，線分CEをEの方向に延ばした直線と円Oと の交点をFとし，頂点Bと点Fを結んだ場合を表している。AC：CE $=\sqrt{2}$：1のとき，∠ABFの大きさは何度か。

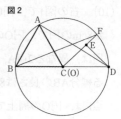
図2

[問2]　右の図3は，図1において，点Eが円Oの内部にあり，BC： CD＝2：1，∠BAC＝∠CEDとなるとき，線分ADと線分CEとの交 点をG，線分DEをEの方向に延ばした直線と円Oとの交点をHとし， 頂点Aと点Hを結んだ場合を表している。

四角形ABDHと△GCDの面積の比を最も簡単な整数の比で表せ。

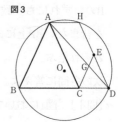
図3

[問3]　右の図4は，図1において，BC＝CD，∠BAC＝∠CEDとなる 場合を表している。

点Eは，円Oの周上にあることを証明せよ。

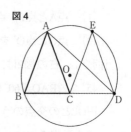
図4

(9)　右の図1で，点Oは△ABCの3つの頂点A，B，Cを通る円の中心で あり，△ABCは鋭角三角形で，かつ，AB＞ACである。

頂点Aを通り，辺BCに垂直な直線と円Oの交点のうち，頂点Aと異な る点をDとし，頂点Aと点Dを結ぶ。

次の各問に答えよ。　　　　　　　　　　　　　　　　　　　　　（東京・戸山）

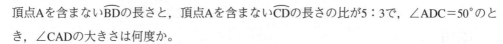

[問1]　図1において，頂点Cと点Dを結んだ場合を考える。

頂点Aを含まない$\overset{\frown}{BD}$の長さと，頂点Aを含まない$\overset{\frown}{CD}$の長さの比が5：3で，∠ADC＝50°のと き，∠CADの大きさは何度か。

[問2]　図1において，頂点Cと点D，頂点Bと点Dをそれぞれ結んだ場合を考える。AB＝$4\sqrt{2}$ cm，BC＝7cm，AC＝5cmであるとき，四角形ABDCの面積は何cm²か。

[問3]　右の図2は，図1において，点Dを通り，辺ABに垂直な直線 と円Oの交点のうち，点Dと異なる点をEとし，頂点Aと点Oを通る 直線と円Oの交点のうち，頂点Aと異なる点をFとした場合を表し ている。頂点Aと点E，頂点Aと点F，点Eと点D，点Eと点F，点Fと 頂点Cをそれぞれ結ぶ。

辺ABと線分DEの交点をG，辺BCと線分DEの交点をH，辺BCと線 分ADの交点をIとする。

△AEF≡△ACFであることを証明せよ。

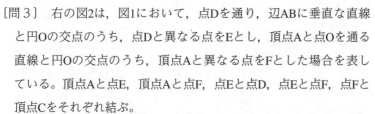

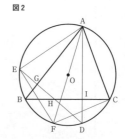
図2

(10) 右の図1で，円Oは半径が$4\sqrt{2}$cmの円，円O'は半径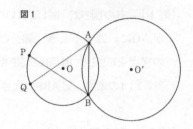

が8cmの円で，円Oの中心は，円O'の外側にあり，2つの

円は，異なる2点A，Bで交わり，点Aと点Bを結んででき

る線分ABの長さは8cmである。

点Pは，円Oの周上で，円O'の外側にある点で，点A，点

Bのいずれにも一致しない。点Qは，円Oの周上で，点A

を含まない$\overparen{BP}$上にある点で，点B，点Pのいずれにも一致しない。点Aと点Q，点Bと点Pをそ

れぞれ結ぶ。

次の各問に答えよ。 (東京・青山)

[問1] 図1において，∠ABP＝∠BAQ＝60°の場合を考える。

次の(1)，(2)に答えよ。

(1) 点Aと点P，点Pと点Qをそれぞれ結んだ場合を考える。∠APQの大きさは何度か。

(2) 点Oと点O'を結んだ場合を考える。線分OO'の長さは何cmか。

[問2] 右の図2は，図1において，45°≦∠ABP≦60°，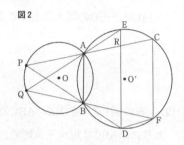

45°≦∠BAQ≦60°のとき，2点A，Pを通る直線を引き，

円O'との交点のうち，点Aと異なる点をC，2点B，Pを

通る直線を引き，円O'との交点のうち，点Bと異なる

点をD，2点A，Qを通る直線を引き，円O'との交点の

うち，点Aと異なる点をE，2点B，Qを通る直線を引き，

円O'との交点のうち，点Bと異なる点をFとし，点Cと点F，点Dと点E，点Dと点Fをそれぞ

れ結び，線分PCと線分EDとの交点をRとした場合を表している。

PC∥DFのとき，四角形RDFCは平行四辺形であることを次のように証明した。

｜＿＿＿｜の部分では，RD∥CFを示している。

｜＿＿＿｜に当てはまる証明の続きを書き，この証明を完成させなさい。

【証明】

条件よりPC∥DF…(ア)

（空欄）

よって，RD∥CF…(イ)

(ア)，(イ)より2組の対辺がそれぞれ平行であるから，四角形RDFCは平行四辺形である。 ▢終

(1) （ア）　線分の比は平行線を利用して求めることができる。

半径OCと弦BDを引くと，$\overset{\frown}{BC}$に対する円周角と中心角の関係から，∠BOC＝2∠BAC＝30°　　同じ$\overset{\frown}{AD}$に対する円周角なので，∠DBA＝∠ACD＝30°　　よって，∠BOC＝∠OBD＝30°

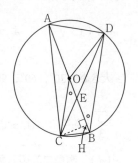

錯角が等しいので，OC∥BD　　したがって，OE：BE＝OC：BD

弦ADを引くと，∠ADBは直径に対する円周角なので90°である。

よって，△BADは内角の大きさが30°，60°，90°の直角三角形なので，AB：BD＝2：$\sqrt{3}$　　AB＝10だから，BD＝$5\sqrt{3}$　　OC＝5なので，OE：BE＝5：$5\sqrt{3}$＝1：$\sqrt{3}$　　したがって，$\dfrac{OE}{EB}=\dfrac{1}{\sqrt{3}}=\dfrac{\sqrt{3}}{3}$

（別解）

三角形の1つの内角の二等分線は，その角と向かい合う辺を，その角を作る2辺の比に分ける。つまり，△ABCにおいて，∠BACの二等分線とBCとの交点をDとすると，BD：DC＝AB：AC　　このことを用いてみよう。

弦BDを引くと，△OBDは二等辺三角形であり，∠ODB＝∠OBD＝∠ACD＝30°　　∠BDC＝∠BAC＝15°なので，∠ODC＝15°　　DCは∠ODBの二等分線なので，OE：EB＝DO：DB

（イ）　点Cから直径ABに垂線CHを引き，△OCHについて考えるとよい。∠BOC＝2∠BAC＝30°だから，△OCHは内角の大きさが30°，60°，90°の直角三角形である。よって，OC：CH＝2：1　　CH＝$\dfrac{5}{2}$　　したがって，△ABCの面積は，$\dfrac{1}{2}×AB×CH=\dfrac{1}{2}×10×\dfrac{5}{2}=\dfrac{25}{2}$（cm²）

(2) （ア）　△ADEと△BFGについて，$\overset{\frown}{CE}$に対する円周角だから，∠DAE＝∠FBG…①　　直径に対する円周角なので，∠AEB＝90°　　二等辺三角形の頂角の二等分線は底辺を垂直に二等分する。　　△OBCは二等辺三角形で，OGはその頂角の二等分線だから，∠OGB＝90°　　よって，∠AED＝∠BGF＝90°…②　　①，②から，2組の角がそれぞれ等しいので，△ADEと△BFGは相似である。

（イ）　∠ACB＝∠OGB＝90°なので，AC∥OGであり，OはABの中点だから，OG＝$\dfrac{1}{2}$AC＝4

△OBGで三平方の定理を用いると，BG＝$\sqrt{OB^2-OG^2}=\sqrt{25-16}=\sqrt{9}=3$　　FG＝$\dfrac{1}{2}$DC＝2だから，BF＝$\sqrt{BG^2+FG^2}=\sqrt{9+4}=\sqrt{13}$　　△ADE∽△BFGなので，AD：BF＝AE：

BG　4：$\sqrt{13}$＝AE：3　AE＝$\dfrac{12}{\sqrt{13}}$＝$\underline{\dfrac{12\sqrt{13}}{13}}$(cm)

(3)〔問1〕（ア）半径AOを引くと，△AOBも直角二等辺三角形になるから，AO：BO：AB

＝1：1：$\sqrt{2}$　よって，AO＝BO＝$\dfrac{3}{\sqrt{2}}$＝$\dfrac{3\sqrt{2}}{2}$　∠AQB＝120°なので，△AQOは内角の

大きさが30°，60°，90°の直角三角形だから，QO：AO＝1：$\sqrt{3}$　QO＝AO×$\dfrac{1}{\sqrt{3}}$＝$\dfrac{3\sqrt{2}}{2}$×

$\dfrac{\sqrt{3}}{3}$＝$\dfrac{\sqrt{6}}{2}$　よって，BQ＝$\underline{\dfrac{3\sqrt{2}-\sqrt{6}}{2}}$(cm)

（イ）直角二等辺三角形の底角は45°である。∠QAO＝30°なので，∠BAP＝45°－30°＝15°
∠ACB＝45°　弧の長さは，その弧に対する円周角の大きさに比例する。　よって，a：
b＝45：15＝$\underline{3：1}$

〔問2〕点Pから直径BCに垂線PHを引くと，PH∥AO　平行線と線分の比の関係から，

AO：PH＝AQ：PQ＝4：3　AO＝$\dfrac{3\sqrt{2}}{2}$なので，PH＝$\dfrac{3\sqrt{2}}{2}$×$\dfrac{3}{4}$＝$\dfrac{9\sqrt{2}}{8}$　△BPC＝$\dfrac{1}{2}$×

BC×PH＝$\dfrac{1}{2}$×$3\sqrt{2}$×$\dfrac{9\sqrt{2}}{8}$＝$\underline{\dfrac{27}{8}}$(cm²)

(4)（1）接線と接点を通る半径は垂直に交わるから，AB⊥OA，BC⊥OCより，接線ℓ以外に，
円Oの接線となっているものは直線ABと直線BCである。

（2）（証明）（例）△CDGと△CDHにおいて　∠CGD＝∠CHD＝90°…①　CDは共通…②
FC，FDは円Oの接線より，FC＝FDとなるので，△FCDは二等辺三角形であるから，
∠FCD＝∠FDC…③　CF∥HDより，平行線の錯角は等しいので∠FCD＝∠HDC…④
③，④より，∠FDC＝∠HDCとなるので∠GDC＝∠HDC…⑤　①，②，⑤より，直角三角
形の斜辺と1つの鋭角がそれぞれ等しいので△CDG≡△CDH

（3）①　FC＝$x$cmとすると，FC，FDは円Oの接線より，FD＝FC＝$x$cm　同様にして，EA＝
$y$cmとすると，EA，EDは円Oの接線より，ED＝EA＝$y$cm　△FEBに三平方の定理を用い
ると，FE＝$\sqrt{BE^2+BF^2}$＝$\sqrt{8^2+6^2}$＝10(cm)　よって，FE＝FD＋ED＝x＋y＝10…⑦　また，
BC＝BF＋FC＝6＋x，BA＝BE＋EA＝8＋yであり，四角形OABCは正方形であるから，BC＝
BAより，6＋x＝8＋y　整理して，x－y＝2…⑦　⑦＋④より，$2x$＝12　x＝6　これを⑦に代
入して，6＋y＝10　y＝4　以上より，正方形OABCの1辺の長さは，BC＝6＋6＝$\underline{12}$cm
②　△ODH∽△FEBであり，OD＝OA＝BC＝12cmより，相似比はOD：FE＝12：10＝6：5で
ある。相似な図形では，面積比は相似比の2乗に等しいから，△ODH：△FEB＝6²：5²＝

36：25　以上より，△ODH＝△FEB×$\dfrac{36}{25}$＝$\left(\dfrac{1}{2}×BE×BF\right)×\dfrac{36}{25}$＝$\left(\dfrac{1}{2}×8×6\right)×\dfrac{36}{25}$＝$\underline{\dfrac{864}{25}}$

(cm²)

（補足説明）　△ODH∽△FEBの証明　△ODHと△FEBで，仮定より，∠DHO＝∠EBF＝90°

…⑦　接線と接点を通る半径は垂直に交わるから，∠ODH＝∠ODF－∠HDF＝90°－

∠HDF…①　△FEBの内角の和は180°だから，∠FEB＝180°－∠EBF－∠BFE＝90°－

∠BFE…⑦　平行線の錯角は等しいから，∠HDF＝∠BFE…①　①，⑦，①より，∠ODH

＝∠FEB…⑦　⑦，⑦より，2組の角がそれぞれ等しいから，△ODH∽△FEB

(5)　〔問1〕　中心角の大きさは弧の長さに比例するから，$\angle AOD = \angle AOC \times \dfrac{\overset{\frown}{AD}}{\overset{\frown}{AC}} = 88° \times \dfrac{1}{1+1}$

$=44°$　$\overset{\frown}{AD}$ に対する中心角と円周角の関係と，△OBDがOB＝ODの二等辺三角形であることか

ら，$\angle ODB = \angle ABD = \dfrac{1}{2} \angle AOD = \dfrac{1}{2} \times 44° = \underline{22°}$

〔問2〕　(証明)　(例) 半円の弧に対する円周角は90°だから　∠ACB＝90°　$\overset{\frown}{AD} = \overset{\frown}{DC}$ より

∠AOD＝∠COD　二等辺三角形の頂角の二等分線は底辺を垂直に2等分するから

∠DEG＝90°　よって，∠ACB＝∠DEG…①　$\overset{\frown}{AC}$ に対する中心角は円周角の2倍だから

$\angle COD = \dfrac{1}{2} \angle COA = \angle CBA$　∠FOD＝∠CBA…②　一方，△DFOと△DEGにおいて

∠DFO＝∠DEG＝90°　∠FDO＝∠EDG（共通）　∠FOD＝180°－∠DFO－∠FDO　∠EGD

＝180°－∠DEG－∠EDG　よって，∠FOD＝∠EGD…③　②，③より，∠CBA＝∠EGD

…④　①，④より，2組の角がそれぞれ等しいから　△ABC∽△DGE

〔問3〕　〔問2〕より，∠AOD＝∠CBA　同位角が等しいからDO∥CB　平行線と線分の比の定

理を用いると，EO：CB＝AO：AB＝1：2　CB＝2EO＝2（DO－DE）＝2（AO－DE）＝2（6－4）

＝4（cm）　△ABCに三平方の定理を用いると，$AC = \sqrt{AB^2 - CB^2} = \sqrt{12^2 - 4^2} = 8\sqrt{2}$（cm）

△ABC∽△DOF∽△DGEより，$DG = DE \times \dfrac{AB}{AC} = 4 \times \dfrac{12}{8\sqrt{2}} = 3\sqrt{2}$（cm）　$DF = DO \times \dfrac{AC}{AB} = 6$

$\times \dfrac{8\sqrt{2}}{12} = 4\sqrt{2}$（cm）　　以上より，$DG : GF = DG : (DF - DG) = 3\sqrt{2} : (4\sqrt{2} - 3\sqrt{2}) = \underline{3 : 1}$

(6)　〔問1〕　△AOCがAO＝COの二等辺三角形であることと，内角と外角の関係から，∠COF

＝2∠OAC＝2×72°＝144°　直径に対する円周角は90°だから，∠CEF＝90°　四角形CEFOの内

角の和は360°だから，∠DCE＝360°－∠COF－∠CEF－∠EFO＝360°－∠COF－∠CEF－（180°

－∠BFE）＝360°－144°－90°－（180°－113°）＝$\underline{59°}$

〔問2〕　(1)　(証明)　(例) △OGJと△DHKにおいて　AG＝OH（仮定），OA＝OD（半径）より

OA－AG＝OD－OHすなわちOG＝DH…①　∠AOC＝2∠CDAすなわち∠JOG＝2∠CDA…②

$\overset{\frown}{CE} = 2\overset{\frown}{AC}$（仮定）より∠CDE＝2∠CDA…③　②，③より　∠JOG＝∠CDEすなわち∠JOG

＝∠KDH…④　また，∠HIJ＝∠AOC（仮定）から∠JOG＝∠HIJと④より　∠HIJ＝∠KDH

さらに　∠IHJ＝∠DHK（対頂角）　よって，180°－（∠HIJ＋∠IHJ）＝180°－（∠KDH＋∠DHK）

ゆえに，∠IJH＝∠DKH　すなわち　∠GJO＝∠HKD…⑤　よって，④，⑤より，180°－

$(∠JOG+∠GJO)=180°−(∠KDH+∠HKD)$ すなわち $∠OGJ=∠DHK$…⑥   ①，④，

⑥より，1組の辺とその両端の角がそれぞれ等しいから，△OGJ≡△DHK

(2) $OH:DH=2:5=6:15$…① $DH:DK=3:2=15:10$…②   ①，②より，$OH:DH:$

$DK=6:15:10$ よって，△OGJ≡△DHKと，$OC=OD$を考慮すると，$CJ:OH=(OC−$

$OJ):OH=(OD−DK):OH=\{(OH+DH)−DK\}:OH=\{(6+15)−10\}:6=\underline{11:6}$

(7)　[問１]　問題の条件より，△ABDはAB=DBの二等辺三角形で，頂角の∠ABDが60°だか

ら，正三角形である。よって，∠BAD=60°   1つの円で，円周角の大きさは弧の長さに比例

するから，$∠BDC:∠BAD=弧BC:弧BD=1:6$ $∠BDC=∠BAD×\dfrac{1}{6}=60°×\dfrac{1}{6}=\underline{10°}$

[問２]　(1)　(証明)　(例)△HCDと△AFIにおいて　CH∥BDより，平行線の錯角は等しい

ので$∠HCD=∠BDC$…①　点Aと点Cを結ぶ。弧BCに対する円周角は等しいので$∠BDC=$

$∠BAC$…②　AB∥GCより，平行線の錯角は等しいので$∠BAC=∠GCA$…③　弧AGに対す

る円周角は等しいので$∠GCA=∠AFG$　すなわち　$∠GCA=∠AFI$…④　①～④より

$∠HCD=∠AFI$…⑤　ここで，線分CGを，点Gの方向へ延長した直線上に点Jをとる。点C

と点F，点Dと点Gをそれぞれ結ぶ。弧CGに対する円周角は等しいので$∠CDG=∠CFG$

弧FGに対する円周角は等しいので$∠FDG=∠FCG$　よって　$∠CDG+∠FDG=∠CFG+$

$∠FCG$…⑥　∠FGJは△CFGの外角であるから$∠CFG+∠FCG=∠FGJ$…⑦　一方，

$∠CDF=∠CDG+∠FDG$…⑧　⑥，⑦，⑧より$∠CDF=∠FGJ$　すなわち　$∠CDH=∠FGJ$

…⑨　AB∥GCより，平行線の同位角は等しいので$∠FGJ=∠FIA$…⑩　⑨，⑩より$∠CDH$

$=∠FIA$…⑪　⑤，⑪より，2組の角がそれぞれ等しいから　△HCD∽△AFI

(2)　△HCDと△DCEにおいて　$∠CHD=90°$（仮定）…①　$∠CDE=90°$（直径に対する円

周角）…②　①，②より，$∠CHD=∠CDE=90°$…③　$∠HCD=∠DCE$（共通）…④　③，

④より，2組の角がそれぞれ等しいから△HCD∽△DCE　これと，前問(1)より，△HCD

∽△DCE∽△AFIである。$∠FAB=∠FAI=∠CHD=90°$だから，円周角の定理の逆より，

線分BFは円Oの直径であり，$BF=CE=10$cmである。△ABFで三平方の定理を用いると，

$AF=\sqrt{BF^2−AB^2}=\sqrt{10^2−9^2}=\sqrt{19}$ cm　以上より，$FI:CE=AF:CD$ $FI=\dfrac{CE×AF}{CD}=$

$\dfrac{10×\sqrt{19}}{9}=\underline{\dfrac{10\sqrt{19}}{9}}$cm

さらに詳しい解説は　▶▶▶　イカの巻 で解き方を確認！

(8) 〔問1〕 △ABCにおいて，仮定より，AB＝AC…①　円Oの半径だから，BC＝AC…②　①，②より，AB＝BC＝ACだから，△ABCは正三角形で，∠ABC＝60°　仮定より，CE＝DE…③　AC：CE＝$\sqrt{2}$：1より，CD：CE＝AC：CE＝$\sqrt{2}$：1…④　③，④より，CE：DE：CD＝1：1：$\sqrt{2}$だから，△ECDは直角二等辺三角形で，∠FCD＝45°　弧FDに対する中心角と円周角の関係から，∠FBD＝$\frac{1}{2}$∠FCD＝$\frac{1}{2}$×45＝22.5(°)　以上より，∠ABF＝∠ABC－∠FBD＝60－22.5＝<u>37.5(°)</u>

〔問2〕　線分AHをHの方に延長した線上に点Pをとる。△ABCと△ECDにおいて，仮定のAB＝AC，EC＝EDより，AB：AC＝EC：ED＝1：1…①　∠BAC＝∠CED…②　①，②より，2組の辺の比とその間の角がそれぞれ等しいので，△ABCと△ECDは相似な二等辺三角形である。これより，∠ACB＝∠EDCで同位角が等しいから，AC∥HD…③　弧AHDに対する中心角をa°，弧ABDに対する中心角をb°とすると，$a＋b＝360$(°)…④　弧AHDに対する中心角と円周角の関係から，∠ABD＝$\frac{1}{2}a$(°)…⑤　弧ABDに対する中心角と円周角の関係から，∠AHD＝$\frac{1}{2}b$(°)…⑥　④，⑤，⑥より，∠ABD＋∠AHD＝$\frac{1}{2}a＋\frac{1}{2}b＝\frac{1}{2}(a＋b)＝\frac{1}{2}$×360＝180(°)　これより，∠ABC＝∠ABD＝180°－∠AHD＝∠DHP…⑦　∠EDC＝∠ACB＝∠ABC…⑧　⑦，⑧より，∠DHP＝∠EDC　錯角が等しいから，AH∥CD…⑨　③，⑨より，2組の対辺がそれぞれ平行だから，四角形ACDHは平行四辺形。△ECDの面積をSとすると，△ABCと△ECDの相似比はBC：CD＝2：1で，相似な図形の面積比は相似比の2乗に等しいから，△ABC：△ECD＝2^2：1^2＝4：1　△ABC＝4△ECD＝4S　（平行四辺形ACDHの面積）＝2△ACD＝2×$\left(△ABC×\dfrac{CD}{BC}\right)$＝2×$\left(4S×\dfrac{1}{2}\right)$＝4S　よって，（四角形ABDHの面積）＝△ABC＋平行四辺形ACDH＝4S＋4S＝8S　平行線と線分の比の定理を用いると，CG：GE＝AC：ED＝BC：CD＝2：1　よって，△GCD＝△ECD×$\dfrac{CG}{CE}$＝S×$\dfrac{2}{2＋1}$＝$\dfrac{2}{3}$S　以上より，四角形ABDHと△GCDの面積の比は，8S：$\dfrac{2}{3}$S＝<u>12：1</u>

〔問3〕　<u>（証明）（例）△ABCと△ECDにおいて，仮定より　BC＝CD…①　∠BAC＝∠CED…②　△ABCは二等辺三角形なので，∠ABC＝∠ACB…③　△ECDは二等辺三角形なので，∠ECD＝∠EDC…④　②，③，④より，∠ABC＝∠ACB＝∠ECD＝∠EDC…⑤　①，⑤より，1組の辺とその両端の角がそれぞれ等しいので，△ABC≡△ECD　合同な図形の対応する辺の長さは等しく，△ABCと△ECDは二等辺三角形なので，AB＝AC＝EC＝EDとなる。したがって，AB＝ED…⑥　点Bと点Eを結ぶ。△ABDと△EDBにおいて，⑤より，∠ABD＝∠EDB…⑦　共通なので，BD＝DB…⑧　⑥，⑦，⑧より，2組の辺とその間の角がそれ</u>

ぞれ等しいので，△ABD≡△EDB　合同な図形の対応する角の大きさは等しいので，

∠BAD＝∠DEB　点Aと点Eは，直線BDについて同じ側にあるので，円周角の定理の逆より，点Eは，円Oの周上にある。

(9) 〔問1〕 線分ADと辺BCの交点をIとする。弧ACに対する円周角なので，∠ABC＝∠ADC

＝50°　△ABIの内角の和は180°だから，∠BAD＝180°－∠AIB－∠ABC＝180°－90°－50°＝

40°　円周角の大きさは弧の長さに比例するから，∠CAD＝∠BAD×$\dfrac{\overset{\frown}{CD}}{\overset{\frown}{BD}}$＝40°×$\dfrac{3}{5}$＝<u>24°</u>

〔問2〕 線分ADと辺BCの交点をIとし，BI＝$x$cmとすると，CI＝$(7-x)$cm　△ABIで三平方の定理を用いると，AI²＝AB²－BI²＝$(4\sqrt{2})^2-x^2$…①　△ACIで三平方の定理を用いると，AI²

＝AC²－CI²＝$5^2-(7-x)^2$…②　①，②より，$(4\sqrt{2})^2-x^2=5^2-(7-x)^2$　これを解いて，BI

＝x＝4cm　CI＝7－4＝3cm　x＝4を①に代入して，AI²＝$(4\sqrt{2})^2-4^2$＝16　AI＞0より，AI＝

$\sqrt{16}$＝4cm　よって，△ABIはAI＝BI＝4cmの直角二等辺三角形であり，∠BAD＝45°　これ

より，弧BDに対する円周角なので，∠BCD＝∠BAD＝45°　△CDIも直角二等辺三角形であ

り，DI＝CI＝3cm　以上より，（四角形ABDCの面積）＝△ABC＋△DBC＝$\dfrac{1}{2}$×BC×AI＋$\dfrac{1}{2}$

×BC×DI＝$\dfrac{1}{2}$×7×4＋$\dfrac{1}{2}$×7×3＝$\dfrac{49}{2}$cm²

〔問3〕 <u>（証明）（例）△BGHと△DIHについて，∠BGH＝∠DIH＝90°…①　対頂角は等しいので，∠BHG＝∠DHI…②　三角形の内角の和は180°であるから，①，②より，∠GBH＝∠IDH…③　△AEFと△ACFについて，③より，∠ABC＝∠ADEであり，弧ACに対する円周角は等しいので，∠ABC＝∠AFC　弧AEに対する円周角は等しいので，∠ADE＝∠AFEであるから，∠AFE＝∠AFC…④　辺AFは円Oの直径であるから，∠AEF＝∠ACF＝90°…⑤　共通な辺であるから，AF＝AF…⑥　④，⑤，⑥より，直角三角形の斜辺と1つの鋭角がそれぞれ等しいので，△AEF≡△ACF</u>

(10) 〔問1〕 (1) $\overset{\frown}{BQ}$に対する円周角は等しいので，∠BPQ＝∠BAQ＝60°…①　また，円Oの半径は$4\sqrt{2}$cmであるので，△ABOはAO＝BO＝$4\sqrt{2}$cm，AB＝8cmとなり，これはAO：BO：AB＝1：1：$\sqrt{2}$の3辺の比から直角二等辺三角形とわかる。したがって，∠AOB＝90°

よって，同じ弧の円周角は中心角の半分の大きさであることから，∠APB＝∠AOB×$\dfrac{1}{2}$＝45°

…②　①，②より，∠APQ＝∠BPQ＋∠APB＝60°＋45°＝<u>105°</u>

(2) 線分OO'と線分ABの交点をHとする。

△AOH≡△BOHで，2つの三角形はともに直角二等辺三角形となり，AH＝BH＝OH＝4cm

また，O'A＝O'B＝8cm，AH＝BH＝4cm，∠AHO'＝∠BHO'＝90°より，△AHO'≡

△BHO'で，2つの三角形はともに1：2：$\sqrt{3}$の3辺の比を持つ直角三角形となるので，O'H

＝$4\sqrt{3}$cm　以上より，OO'＝OH＋O'H＝<u>$4+4\sqrt{3}$ (cm)</u>

〔問2〕　(証明)　(例)円Oにおいて，$\overset{\frown}{PQ}$に対する円周角は等しいので，∠PAQ＝∠PBQ

対頂角は等しいので，∠PAQ＝∠EAC，∠PBQ＝∠FBDより，∠EAC＝∠FBD…①

四角形RDFCにおいて，対角線CDを引く。

円O'において，$\overset{\frown}{EC}$に対する円周角は等しいので，∠EAC＝∠EDC…②

円O'において，$\overset{\frown}{DF}$に対する円周角は等しいので，∠FBD＝∠FCD…③　①，②，③より，

∠EDC＝∠FCD　したがって，∠RDC＝∠FCDとなり，錯角が等しい。

(よって，RD∥CF…(イ))

3 三角形，四角形を用いた図形の問題

(1) 右の図のように，∠BCA＝90°の直角三角形ABCと，辺ABを1辺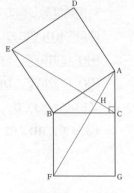
とする正方形EBAD，辺BCを1辺とする正方形BFGCがある。線分
AF，ECをひき，AFとECの交点をHとする。

　このとき，次の1～3の問いに答えなさい。

1　∠ABC＝35°のとき，∠DAGの大きさを求めなさい。

2　△ABF≡△EBCであることを証明しなさい。

3　BC＝3cm，AC＝2cmのとき，次の①，②の問いに答えなさい。

　①　四角形ECADの面積を求めなさい。

　②　3点A，B，Hを通る円をかくとき，この円において，点Hを含む方の$\overset{\frown}{\text{AB}}$の長さを求めな
さい。ただし，円周率はπとする。

（宮崎県）

(2) 右の〔図〕のように，ひし形ABCDがあり，対角線BDと対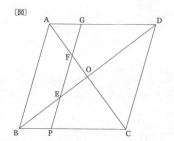
角線ACの交点をOとする。

　また，辺BC上に点Pがあり，点Pを通り辺ABに平行な直線
と，対角線BD，対角線AC，辺ADとの交点をそれぞれE，F，
Gとする。ただし，点Pは，頂点Bまたは頂点Cと一致しない。
次の1，2の問いに答えなさい。　　　　　　　（大分県）

1　△ABC∽△FPCであることを証明しなさい。

2　AB＝5cm，AC＝6cmとする。また，△BPEの面積と△EOFの面積が等しくなるように点P
をとる。

　次の①，②の問いに答えなさい。

　①　線分BOの長さを求めなさい。

　②　△AFGの面積を求めなさい。

(3) 右の図1で，四角形ABCDは平行四辺形である。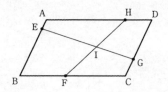

点E，F，G，Hは，それぞれ辺AB，辺BC，辺CD，辺DA上に
ある点である。点Eと点G，点Fと点Hをそれぞれ結び，線分
EGと線分FHとの交点をIとする。

次の各問に答えよ。　　　　　　　　　　　　（東京・西）

〔問1〕　右の図2は，図1において，点Gが頂点Cに一致し，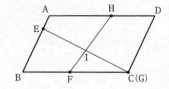
∠BEC＝90°，BE＝BF，EI＝ICとなる場合を表している。
∠ABC＝60°のとき，∠EIFの大きさは何度か。

〔問2〕 右の図3は，図1において，点Iが四角形ABCDの対角線の交点に一致し，点Eと点F，点Eと点H，点Fと点G，点Gと点Hをそれぞれ結んだ場合を表している。四角形EFGHは平行四辺形であることを証明せよ。

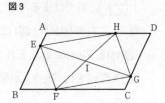
図3

〔問3〕 右の図4は，図1において，AE：EB＝CG：GD＝1：2，BF：FC＝AH：HD＝m：$(2-m)$ $(0<m<2)$となる場合を表している。線分HIの長さと線分IFの長さの比をmを用いて表せ。

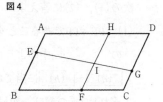
図4

(4) 右の図1で，△ABCはAB＞ACの三角形である。∠BACの二等分線と辺BCとの交点をDとし，頂点Cを通り線分ADに垂直な直線と，線分AD，辺ABとの交点をそれぞれE，Fとする。

次の各問に答えよ。 　　　　　　　　　（東京・戸山）

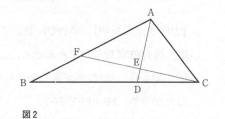
図1

〔問1〕 右の図2は，図1において，辺BCの中点をMとし，点Eと点Mを結んだ場合を表している。

次の(1)，(2)に答えよ。

(1) EM∥ABであることを証明せよ。

(2) AB＝7cm，AC＝4cm，BC＝9cmであるとき，AE：EDを最も簡単な整数の比で表せ。

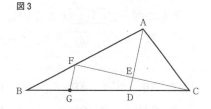
図2

〔問2〕 右の図3は，図1において，辺BC上の点Gは，∠BGF＝∠BACとなる点であり，点Fと点Gを結んだ場合を表している。△BGFの面積をScm²，四角形AFGDの面積をTcm²とする。

AB＝7cm，AC＝4cm，BC＝9cmであるとき，S：Tを最も簡単な整数の比で表せ。

図3

(5) 右の図1は，AB＝1cm，AD＝$t$cm$(t>1)$である長方形ABCDで，辺AD上にあり，頂点Aと異なる点をPとし，頂点Bと点Pが重なるように1回だけ折り，長方形ABCDを折り返した部分の図形を▨で示したものである。次の各問に答えよ。

　　　　　　　　　　　　　　　　　　　（東京・新宿）

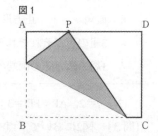
図1

〔問1〕 AP＝$p$cmとする。

図1の▨の部分が，長方形ABCDからはみ出さないようなpの値の範囲を，　(ア)　≦p≦　(イ)　の形で表した。

（ア）に当てはまるtの式，（イ）に当てはまる数をそれぞれ求めよ。

〔問2〕 右の図2は，図1において，折り目と重なる直線が，辺ADと辺BCにそれぞれ交わり，辺ADとの交点をE，辺BCとの交点をF，頂点Aが移動した点をQとした場合を表している。

図2

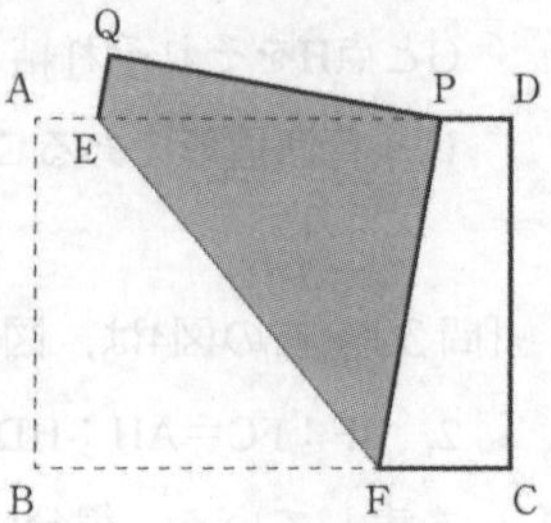

次の(1)，(2)に答えよ。

(1) PE＝PFであることを太郎さんと花子さんはそれぞれ下の＿＿＿＿＿の中のように証明した。

（a）〜（h）に当てはまる最も適切なものを，下の＿＿＿＿＿の中のア〜ノの中からそれぞれ1つずつ選び，記号で答えよ。

ただし，同じものを2度以上用いて答えてはならない。

【太郎さんの証明】 △PEFにおいて，平行線の（a）は等しいので，∠BFE＝∠（b）…①　線分EFは折り目であるから，∠BFE＝∠（c）…②

①と②より，2つの角が等しいから△PEFは二等辺三角形である。

したがって，PE＝PFである。

【花子さんの証明】 点Pから辺BCに垂線PGを引く。…（*）

△PQEと△PGFにおいて，長方形ABCDを線分EFを折り目として折り返すから，PQ＝（d）…③　∠PQE＝∠（e）＝90°…④　∠QPF＝∠ABF＝90°…⑤　線分PG⊥辺BCより，四角形ABGPは（f）であるから，PG＝AB…⑥　∠APG＝90°…⑦　③と⑥より，PQ＝PG…⑧　（*）と④から，∠PQE＝∠PGF…⑨　⑤と⑦より，∠QPEと∠GPFの大きさはともに90°−∠（g）であるから，∠QPE＝∠GPF…⑩

⑧，⑨，⑩より（h）から，△PQE≡△PGFである。したがって，PE＝PFである。

ア	AB	イ	AE	ウ	BC	エ	CF	オ	DP	カ	AEF
キ	BAE	ク	BFE	ケ	EPF	コ	EPQ	サ	PEF	シ	PEQ
ス	PFE	セ	対頂角	ソ	錯角	タ	同位角	チ	底角	ツ	頂角
テ	直角	ト	正方形	ナ	ひし形	ニ	長方形				

ヌ　3組の辺がそれぞれ等しい　　　　　ネ　2組の辺とその間の角がそれぞれ等しい

ノ　1組の辺とその両端の角がそれぞれ等しい

---

(2) $t＝2$，AP：PD＝3：1のとき，線分PFの長さは何cmか。

〔問3〕 図2において，点Pが頂点Dに一致する場合を考える。

$t＝\sqrt{2}$のとき，五角形PQEFCの面積は何cm²か。

(6) 右の図1において，六角形ABCDEFは1辺が3cmの正六角形
で，点Gは辺EFの中点である。

次の各問に答えよ。 （東京・墨田川）

[問1] 図1において，頂点Bと点Gを結んでできる線分BGの長
さは何cmか。

[問2] 右の図2は，図1において，頂点Cと点Gを結んでできる
線分CGを折り目にして，四角形CDEGを五角形ABCGFに重な
るように折った場合を表している。
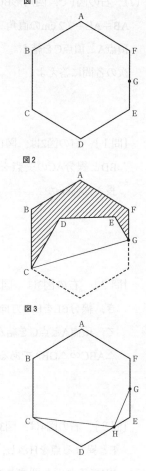 で示された図形の面積は何cm²か。

[問3] 右の図3は，図1において，辺DE上にあり，DH＝2cmで
ある点をHとし，頂点Cと点H，点Gと点Hをそれぞれ結んだ
場合を表している。

次の(1)，(2)に答えよ。

(1) △CDH∽△GEHを証明せよ。

(2) ∠DCH＝a°とするとき，∠CHGの大きさをaを用いた式
で表せ。

図1

図2

図3

2章 図形

(7) 右の図1で，四角形BCDEは，1辺が2cmの正方形，△ABEは，
AB＝AE＝√2 cmの直角二等辺三角形である。
頂点Aと頂点Cを結ぶ。
次の各問に答えよ。 (東京・立川)

図1

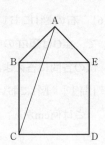

[問1] 右の図2は，図1において，頂点Bと頂点Dを結び，線分
BDと線分ACの交点をFとした場合を表している。線分BFの
長さは何cmか。

図2

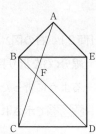

[問2] 右の図3は，図1において，3点A，C，Eを通る円をか
き，線分BEをBの方向に延ばした直線と円との交点をGとし
て，頂点Aと点Gを結んだ場合を表している。
△ABC∽△GBAであることを証明せよ。

図3

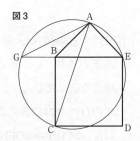

[問3] 右の図4は，図3において，辺EDと円の交点のうち，点
Eと異なる点をHとし，円周と弦AG，円周と弦AE，円周と弦
EHでそれぞれ囲まれた3つの部分に色をつけた場合を表して
いる。
色をつけた3つの部分の面積の和は何cm²か。

図4

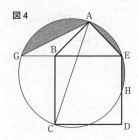

(8) 右の図1で，四角形ABCDは正方形の折り紙である。点P，点Qはそれぞれ辺AB，辺CDの中点である。

点Pと点Qを結ぶ。

次の各問に答えよ。 　　　　　　　　　　　　　　（東京・八王子東）

図1

〔問1〕 右の図2は，図1において，頂点Aを通り辺BCと交わる直線で，四角形ABCDを頂点Bが線分PQ上にくるように1回だけ折り，折ったときに頂点Bと重なる位置にある点をEとした場合を表している。

∠EADの大きさは何度か。

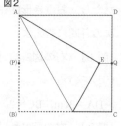
図2

〔問2〕 右の図3は，図1において，線分BP，線分CQの中点をそれぞれR，Sとし，点Rと点Sを結び，頂点Aを通り辺BCと交わる直線で，四角形ABCDを頂点Bが線分RS上にくるように1回だけ折り，折ったときに頂点Bと重なる位置にある点をF，点Rと重なる位置にある点をG，点Pと重なる位置にある点をHとした場合を表している。

右の図4は，図3において，折った部分を元に戻し，頂点Aと点Fを結んだ場合を表している。

図4において，頂点Bと点F，頂点Bと点G，頂点Bと点Hをそれぞれ結んだ場合を考える。

次の(1)，(2)に答えよ。

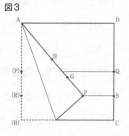
図3

(1) △HBG≡△FBGであることを証明せよ。

(2) ∠FBCの大きさを$a°$とするとき，∠HBCの大きさをaを用いた式で表せ。

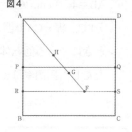
図4

(9)　右の図1で，△ABCは，∠B＝90°の直角三角形で，辺AC上にあり
　頂点A，Cと異なる点をDとし，DA≧DBとする。点Dと頂点Bを結ん
　だ線分を頂点Bの方向に伸ばした直線上にあり，DA＝DEとなる点を
　Eとする。

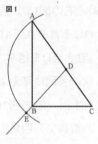
図1

　点Dを中心とし，線分DAの長さを半径とする円D上の2点A，Eを結
　ぶ$\overset{\frown}{AE}$，線分DA，線分DEで囲まれた図形を，おうぎ形DAEとする。
　ただし，おうぎ形DAEの中心角は180°より小さいものとする。
　次の各問に答えよ。　　　　　　　　　　　　　　　　　　　　　　（東京・西）

[問1]　右の図2は，図1において，頂点Bと点Eが一致した場合を表
　　している。

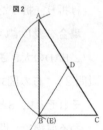
図2

　　DA＝3cm，BC＝$2\sqrt{3}$ cmのとき，△DBCの面積は何cm²か。

[問2]　右の図3は，図1において，点Dが$AD^2＋BD^2＝AB^2$を満たし，
　　点Dを通り，辺ABに垂直な直線を引き，線分ABとの交点をF，直
　　線DF上にある点をGとし，点Gと点Eを結んだ直線が円Dの点Eに
　　おける接線となる場合を表している。

　　AB＝DGであることを証明せよ。

[問3]　右の図4は，図1において，∠ADB＝90°の場合を表している。
　　AB＝$4\sqrt{3}$ cm，CD＝2cmのとき，おうぎ形DAEの$\overset{\frown}{AE}$，線分EB，線
　　分BC，線分CAで囲まれた図形を，直線ACを軸として1回転させた
　　ときにできる回転体の体積は何cm³か。
　　ただし，円周率はπとする。

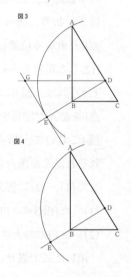
図3

図4

解答・解説

(1)　1　∠BAC＝180°－∠BCA－∠ABC＝180°－90°－35°＝55°だから，∠DAG＝∠DAB＋∠
BAC＝90°＋55°＝<u>145°</u>

　　2　<u>（証明）（例）△ABFと△EBCで，四角形EBADは正方形だから，AB＝EB…①　四角形</u>
<u>BFGCは正方形だから，BF＝BC…②　また，∠ABF＝∠ABC＋∠CBF＝∠ABC＋90°</u>
<u>∠EBC＝∠ABC＋∠EBA＝∠ABC＋90°　よって，∠ABF＝∠EBC…③　①，②，③から，</u>
<u>2組の辺とその間の角がそれぞれ等しいので，△ABF≡△EBC</u>

　　3　①　△ABF≡△EBCより，AF＝EC…①　∠BAF＝∠BEC…②　4点B，H，A，Eについて，
A，Eが直線BHの同じ側にあって，②より∠BAH＝∠BEHだから，円周角の定理の逆より，
この4点は1つの円周上にある。また，∠EBA＝90°だから，円周角の定理の逆より，点Bは
線分AEを直径とする円周上にあり，直径に対する円周角は90°であることから，∠EHA＝

90°である。△ABCと△AFGにそれぞれ三平方の定理を用いると，AB＝$\sqrt{BC^2+AC^2}$＝

$\sqrt{3^2+2^2}$＝$\sqrt{13}$（cm），AF＝$\sqrt{AG^2+FG^2}$＝$\sqrt{(AC+CG)^2+FG^2}$＝$\sqrt{(AC+BC)^2+BC^2}$＝

$\sqrt{(2+3)^2+3^2}$＝$\sqrt{34}$（cm）　よって，①より，EC＝AF＝$\sqrt{34}$（cm）　△AFG∽△ACHより，

AF：AC＝AG：AH　　AH＝$\dfrac{AC\times AG}{AF}$＝$\dfrac{2\times 5}{\sqrt{34}}$＝$\dfrac{10}{\sqrt{34}}$（cm）　以上より，四角形ECADの面

積は，△ADE＋△ACE＝$\dfrac{1}{2}$×AD×DE＋$\dfrac{1}{2}$×EC×AH＝$\dfrac{1}{2}$×AB×AB＋$\dfrac{1}{2}$×EC×AH＝$\dfrac{1}{2}$

×$\sqrt{13}$×$\sqrt{13}$＋$\dfrac{1}{2}$×$\sqrt{34}$×$\dfrac{10}{\sqrt{34}}$＝$\underline{\dfrac{23}{2}}$（cm²）

（補足説明）　△AFG∽△ACHの証明　△AFGと△ACHで，∠AGF＝90°…③　∠AHC＝180°

−∠EHA＝180°−90°＝90°…④　③，④より，∠AGF＝∠AHC…⑤　共通な角だから，

∠FAG＝∠CAH…⑥　⑤，⑥より，2組の角がそれぞれ等しいので，△AFG∽△ACH

②　△ABEは直角二等辺三角形で，3辺の比は1：1：$\sqrt{2}$だから，AE＝AB×$\sqrt{2}$＝$\sqrt{13}$×

$\sqrt{2}$＝$\sqrt{26}$（cm）　4点B，H，A，Eは1つの円周上にあり，AB＝EBである。1つの円で，長

さの等しい弦に対する弧の長さは等しいから，点Hを含む方の弧ABの長さは，$\dfrac{弧ABE}{2}$＝

$\dfrac{1}{2}$×$\left(\pi\times AE\times\dfrac{1}{2}\right)$＝$\dfrac{1}{2}$×$\left(\pi\times\sqrt{26}\times\dfrac{1}{2}\right)$＝$\underline{\dfrac{\sqrt{26}}{4}\pi}$（cm）

(2)　1　<u>（証明）（例）△ABCと△FPCにおいて　共通な角であるから　∠ACB＝∠FCP…①</u>
<u>平行線の同位角は等しいからAB∥GPより，∠ABC＝∠FPC…②　①，②より，2組の角</u>
<u>がそれぞれ等しいから△ABC∽△FPC</u>

2　①　四角形ABCDはひし形であるから，対角線AC，BDはそれぞれの中点で垂直に交わ

る。これより，∠AOB＝90°，AO＝$\dfrac{1}{2}$AC＝$\dfrac{1}{2}$×6＝3（cm）であるから，△OABに三平方

の定理を用いると，BO＝$\sqrt{AB^2-AO^2}$＝$\sqrt{5^2-3^2}$＝$\underline{4}$（cm）

②　△BOC＝$\dfrac{1}{2}$×BO×CO＝$\dfrac{1}{2}$×BO×AO＝$\dfrac{1}{2}$×4×3＝6（cm²）　△ABC＝2△BOC＝2×

6＝12（cm²）　問題の条件の△BPE＝△EOFより，△FPC＝△EOF＋四角形OEPC＝△BPE

＋四角形OEPC＝△BOC＝6（cm²）　(1)より△ABC∽△FPCで，面積比が△ABC：△FPC

＝12：6＝2：1＝$(\sqrt{2})^2$：1²だから，相似比はCB：CP＝$\sqrt{2}$：1　AG∥CPより△AFG∽

△CFPであり，その相似比は，AB∥GPよりAG＝BPであることを考慮すると，AG：CP

＝BP：CP＝(CB−CP)：CP＝($\sqrt{2}$−1)：1　よって，△AFGと△CFPの面積比は，

△AFG：△CFP＝$(\sqrt{2}-1)^2$：1²＝$(\sqrt{2}-1)^2$：1であるから，$(\sqrt{2}-1)^2$＝$(\sqrt{2})^2$−2×$\sqrt{2}$

×1＋1²＝2−2$\sqrt{2}$＋1＝3−2$\sqrt{2}$であることより，△AFG＝△FPC×$(\sqrt{2}-1)^2$＝6×(3−

2$\sqrt{2}$)＝$\underline{18-12\sqrt{2}}$（cm²）

(3) 〔問１〕 まず，△EBCは∠EBC＝60°，∠BEC＝90°，∠ECB＝30°の直角三角形だからEB：

BC＝1：2　BE＝BFだからBF＝$\frac{1}{2}$BCとなり，Fは辺BCの中点である。次に，∠BEC＝90°から，

円周角の定理の逆より，点Eは辺BCを直径とする円の円周上にある。また，△BEFはBE＝BF

の二等辺三角形で，∠EBF＝∠ABC＝60°だから正三角形である。これより，BF＝EFだから，

点Fは辺BCを直径とする円の中心であり，EF＝CF…①　問題の条件より，EI＝CI…②　共通

な線分だから，FI＝FI…③　①，②，③より，3組の辺がそれぞれ等しいから，△EFI≡△CFI

よって，∠EIF＝∠CIFより，∠EIF＝180°÷2＝<u>90°</u>

〔問２〕　<u>（証明）　（例）頂点Aと頂点Cを結ぶと，仮定より点Iは対角線AC上にある。△AIEと</u>

<u>　　　△CIGにおいて，点Iは，平行四辺形ABCDの対角線の交点より，AI＝CI…①　対頂角は等</u>

<u>しいから，∠AIE＝∠CIG…②　平行四辺形の対辺なので，AB∥DC…③　③より，錯角は</u>

<u>等しいので，∠EAI＝∠GCI…④　①，②，④より，1組の辺とその両端の角がそれぞれ等</u>

<u>しいので，△AIE≡△CIG　合同な図形の対応する線分の長さは等しいので，EI＝GI…⑤</u>

<u>頂点Bと頂点Dを結ぶと，仮定より点Iは対角線BD上にある。△BIFと△DIHにおいて，同様</u>

<u>にして，△BIF≡△DIHであるから，FI＝HI…⑥　四角形EFGHにおいて，⑤，⑥より，対</u>

<u>角線がそれぞれの中点で交わるので，四角形EFGHは平行四辺形である。</u>

〔問３〕　AB＝DC＝a，AD＝BC＝bとする。AE：EB＝

CG：GD＝1：2より，AE＝AB×$\frac{1}{1+2}$＝$\frac{1}{3}a$，同様

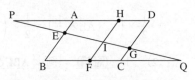

にして，CG＝$\frac{1}{3}a$　BF：FC＝AH：HD＝m：$(2-m)$より，BF＝BC×$\frac{m}{m+(2-m)}$＝$\frac{1}{2}mb$

同様にして，AH＝$\frac{1}{2}mb$　よって，BF＝AH…①　また，四角形ABCDは平行四辺形である

から，BF∥AH…②　①，②より，1組の対辺の長さが等しくかつ平行なので，四角形ABFH

は平行四辺形であり，AB∥HF∥DCである。右上図のように，直線ADと直線EGの交点を

P，直線BCと直線EGの交点をQとする。AE∥DGより，平行線と線分の比についての定理を

用いると，AP：DP＝AE：DG＝AE：(DC－CG)＝$\frac{1}{3}a$：$\left(a-\frac{1}{3}a\right)$＝$\frac{1}{3}a$：$\frac{2}{3}a$＝1：2　よっ

て，点Aは線分DPの中点だから，AP＝AD＝AH＋HD＝$m+(2-m)$＝2　同様にして，CQ＝2

AE∥HIより，平行線と線分の比についての定理を用いると，AE：HI＝AP：HP

＝AP：(AH＋AP)＝2：$(m+2)$　HI＝$\dfrac{AE×(m+2)}{2}$＝$\dfrac{\frac{1}{3}a×(m+2)}{2}$＝$\dfrac{a(m+2)}{6}$　同様にし

て，IF＝$\dfrac{a(4-m)}{6}$　以上より，HI：IF＝$\dfrac{a(m+2)}{6}$：$\dfrac{a(4-m)}{6}$＝<u>$(m+2)$：$(4-m)$</u>

(4) 〔問1〕 (1) <u>(証明) (例) △AEFと△AECについて，仮定より，∠EAF＝∠EAC…①</u>
<u>線分AEと線分FCは垂直であるから，∠AEF＝∠AEC＝90°…② また，共通な辺であるから，</u>
<u>AE＝AE…③ ①，②，③より，1組の辺とその両端の角がそれぞれ等しいから，△AEF≡△AEC</u>
<u>したがって，CE＝EF…④ また，点Mは辺BCの中点であるから，CM＝MB…⑤ ④，⑤より，</u>
<u>△CFBにおいて，点E，Mはそれぞれ辺CF，CBの中点であるから，EM∥FB よって，EM∥AB</u>

(2) (1)より，$BM＝\dfrac{1}{2}BC$ 線分ADが∠BACの二等分線であることより，角の二等分線と線

分の比の定理を用いると，$BD：DC＝AB：AC＝7：4$ $BD＝\dfrac{7}{7+4}BC＝\dfrac{7}{11}BC$ EM∥ABよ

り，平行線と線分の比についての定理を用いると，$AE：ED＝BM：MD＝BM：(BD－BM)$

$＝\dfrac{1}{2}BC：\left(\dfrac{7}{11}BC－\dfrac{1}{2}BC\right)＝\underline{11：3}$

〔問2〕 △AEF≡△AECよりAF＝AC＝4cm よって，BF＝AB－AF＝7－4＝3(cm) ∠GBF＝∠
ABC…① ∠BGF＝∠BAC…② ①，②より，2組の角がそれぞれ等しいから，△BGF∽
△BAC 相似比はBF：BC＝3：9＝1：3 相似な図形では，面積比は相似比の2乗に等しいか

ら，$△BGF：△BAC＝1^2：3^2＝1：9$ よって，$△BGF＝\dfrac{1}{9}△BAC$ BD：DC＝7：4よりBD：

BC＝7：(7+4)＝7：11 △BADと△BACで，高さが等しい三角形の面積比は，底辺の長さの

比に等しいから，△BAD：△BAC＝BD：BC＝7：11 よって，$△BAD＝\dfrac{7}{11}△BAC$ 以上よ

り，$S：T＝△BGF：(△BAD－△BGF)＝\dfrac{1}{9}△BAC：\left(\dfrac{7}{11}△BAC－\dfrac{1}{9}△BAC\right)＝\underline{11：52}$

(5) 〔問1〕 pの値の最小値は，折り目が頂点Cを通るとき。折り返した図形なので，CP＝CB
＝$t$cm よって，△CDPで，三平方の定理により，$CP^2＝CD^2＋DP^2$ $t^2＝1^2＋(t－p)^2$ $t^2＝1＋$
$t^2－2tp＋p^2$ $p^2－2tp＋1＝0$ 解の公式より，$p＝－(－t)±\sqrt{(－t)^2－1×1}＝t±\sqrt{t^2－1}$ $0<p<t$よ
り，$p＝t－\sqrt{t^2－1}$ pの値の最大値は，折り目が頂点Aを通るとき。折り返した図形なので，p
＝AP＝AB＝1cm よって，$_{(ア)}\underline{t－\sqrt{t^2－1}}≦p≦_{(イ)}\underline{1}$
〔問2〕 (1) 【太郎さんの証明】△PEFにおいて，平行線の$_{ヤ}$<u>錯角</u>は等しいので，∠BFE＝
∠$_{ザ}$<u>PEF</u>…① 線分EFは折り目であるから，∠BFE＝$_{ス}$<u>PFE</u>…② 【花子さんの証明】△PQE
と△PGFにおいて，長方形ABCDを線分EFを折り目として折り返すから，PQ＝$_{ア}$<u>AB</u>…③ ∠
PQE＝∠$_{キ}$<u>BAE</u>＝90°…④ 線分PG⊥辺BCより，四角形ABGPは<u>長方形</u>であるから，PG＝
AB…⑥ ∠APG＝90°…⑦ ⑤と⑦より，∠QPEと∠GPFの大きさはともに90°－$_{ケ}$<u>EPF</u>で
あるから，∠QPE＝∠GPF…⑩ ⑧，⑨，⑩より，<u>1組の辺とその両端の角がそれぞれ等し</u>
<u>い</u>から，△PQE≡△PGFである。

(2)　PE＝PF＝$x$cmとおく。AP＝$\frac{3}{4}$AD＝$\frac{3}{4}$×2＝$\frac{3}{2}$（cm）より，AE＝QE＝$\frac{3}{2}-x$（cm）　また，

PQ＝AB＝1cm　△PQEで，三平方の定理により，PE²＝PQ²＋QE²　$x^2＝1^2+\left(\frac{3}{2}-x\right)^2$　$x^2=1$

$+\frac{9}{4}-3x+x^2$　$3x=\frac{13}{4}$　$x=\frac{13}{12}$　よって，PF＝$\underline{\frac{13}{12}}$cm

[問3]　PE＝$x$cmとおくと，AE＝QE＝$\sqrt{2}-x$（cm）　△PQEで，

　　三平方の定理により，PE²＝PQ²＋QE²　$x^2=1^2+(\sqrt{2}-x)^2$

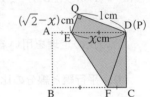

$x^2=1+2-2\sqrt{2}x+x^2$　$2\sqrt{2}x=3$　$4x=3\sqrt{2}$　$x=\frac{3\sqrt{2}}{4}$　また，

PE＝PF＝BFより，AE＝FC＝$\sqrt{2}-\frac{3\sqrt{2}}{4}=\frac{\sqrt{2}}{4}$（cm）　よって，五角形PQEFCの面積は，（台

形CPEF）＋△PQE＝$\frac{1}{2}×\left(\frac{\sqrt{2}}{4}+\frac{3\sqrt{2}}{4}\right)×1+\frac{1}{2}×\frac{\sqrt{2}}{4}×1=\frac{\sqrt{2}}{2}+\frac{\sqrt{2}}{8}=\underline{\frac{5\sqrt{2}}{8}}$（cm²）

(6)　[問1]　正六角形ABCDEFは3本の対角線AD，BE，CFによって，合同な6個の正三角形に

　　分割される。△BFEは30°，60°，90°の直角三角形であり，3辺の比は2：1：$\sqrt{3}$だから，BF＝

　　$\sqrt{3}$EF＝3$\sqrt{3}$（cm）　△BFGに三平方の定理を用いると，BG＝$\sqrt{BF^2+FG^2}=\sqrt{(3\sqrt{3})^2+\left(\frac{3}{2}\right)^2}=$

$\underline{\frac{3\sqrt{13}}{2}}$（cm）

[問2]　右図において，△ODE＝$\frac{1}{2}×$OD$×$EP$=\frac{1}{2}×$OD$×\frac{BF}{2}=$

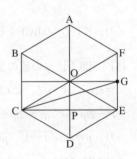

$\frac{1}{2}×3×\frac{3\sqrt{3}}{2}=\frac{9\sqrt{3}}{4}$（cm²）　OG∥CE，OE∥CDより，平行線と

面積の関係より，△GCE＝△OCE＝△ODE　同様にして，CO∥

DEより，△CDE＝△ODE　よって，四角形CDEG＝△GCE＋△

CDE＝2△ODE　以上より，求める図形の面積は，正六角形

ABCDEF－2×四角形CDEG＝6△ODE－2×2△ODE＝2△ODE＝2×$\frac{9\sqrt{3}}{4}=\underline{\frac{9\sqrt{3}}{2}}$（cm²）

[問3]　(1)　(証明)　(例)△CDHと△GEHにおいて，CD＝3cm，GE＝$\frac{3}{2}$cm，DH＝2cm，EH

＝1cm　よって，CD：GE＝DH：EH＝2：1…①　また，∠CDHと∠GEHはともに正六角

形の内角であるので　∠CDH＝∠GEH…②　以上①，②から　2組の辺の比とその間の角が

それぞれ等しいので，△CDH∽△GEH

(2)　正六角形の1つの内角の大きさは，60°×2＝120°　△CDH∽△GEHより，∠GHE＝

$\angle CHD = 180° - (\angle CDH + \angle DCH) = 180° - (120° + a°) = 60° - a°$　以上より，$\angle CHG =$
$180° - (\angle CHD + \angle GHE) = 180° - 2\angle CHD = 180° - 2(60° - a°) = \underline{60° + 2a°}$

(7)　〔問1〕　正方形BCDEの対角線BD，ECの交点をOとする。△ABEと△BCEは直角二等辺三
角形であるから，$\angle ABE = \angle BEC = 45°$　よって，錯角が等しいから，AB∥EC　また，△BCE
の3辺の比は$1:1:\sqrt{2}$だから，$EC = BC \times \sqrt{2} = 2\sqrt{2}$ cm　AB∥ECだから，平行線と線分の比
についての定理より，$BF:FO = AB:CO = AB:\dfrac{EC}{2} = \sqrt{2}:\dfrac{2\sqrt{2}}{2} = 1:1$　$BF = BO \times \dfrac{1}{1+1} =$

$CO \times \dfrac{1}{2} = \sqrt{2} \times \dfrac{1}{2} = \underline{\dfrac{\sqrt{2}}{2}}$ (cm)

〔問2〕　(証明)　(例)頂点Cと頂点Eを結ぶ。△ABEと△BCEは直角二等辺三角形であるから
$\angle ABE = \angle BEC = 45°$　よって，錯角が等しいから　AB∥EC　△ABCと△GBAにおいて，
AB∥ECより平行線の錯角は等しいから，$\angle BAC = \angle ACE$…①　弧AEに対する円周角より，
$\angle ACE = \angle BGA$…②　①，②より，$\angle BAC = \angle BGA$…③　また，$\angle ABC = 90° + 45° = 135°$
$\angle GBA = 180° - 45° = 135°$　よって，$\angle ABC = \angle GBA$…④　③，④より，2組の角がそれぞ
れ等しいから，△ABC∽△GBA

〔問3〕　△ABC∽△GBAより，AB：GB＝BC：BAだから，$GB = \dfrac{AB \times BA}{BC} = \dfrac{\sqrt{2} \times \sqrt{2}}{2} = 1$cm

$\angle AEC = \angle AEB + \angle BEC = 45° + 45° = 90°$，$\angle GEH = 90°$であり，直径に対する円周角は90°
だから，線分AC，GHは円の直径である。△AECで三平方の定理を用いると，$AC =$
$\sqrt{AE^2 + EC^2} = \sqrt{(\sqrt{2})^2 + (2\sqrt{2})^2} = \sqrt{10}$ cm　点Aから線分GEへ垂線APを引くと，△ABPは
直角二等辺三角形で，3辺の比は$1:1:\sqrt{2}$だから，$AP = \dfrac{AB}{\sqrt{2}} = \dfrac{\sqrt{2}}{\sqrt{2}} = 1$cm　△GEHで三平
方の定理を用いると，$EH = \sqrt{GH^2 - GE^2} = \sqrt{AC^2 - (GB + BE)^2} = \sqrt{(\sqrt{10})^2 - (1+2)^2} = 1$cm
以上より，求める面積は，線分GHを直径とする半円の面積から，△AGEと△GEHの面積を
引いたものだから，$\pi \times \left(\dfrac{GH}{2}\right)^2 \times \dfrac{1}{2} - \dfrac{1}{2} \times GE \times AP - \dfrac{1}{2} \times GE \times EH = \pi \times \left(\dfrac{\sqrt{10}}{2}\right)^2 \times \dfrac{1}{2} -$

$\dfrac{1}{2} \times 3 \times 1 - \dfrac{1}{2} \times 3 \times 1 = \underline{\dfrac{5\pi - 12}{4}}$ cm^2

さらに詳しい解説は　▶▶▶　イカの巻 で解き方を確認！

(8) 〔問1〕　$AP = \frac{1}{2}AB$　折り返した図形だから$AE = AB$　よって直角三角形EAPにおいて，

$AE : AP = AB : \frac{1}{2}AB = 2 : 1$だから，$\angle EAP = 60°$　$\angle EAD = \angle DAP - \angle EAP = 90° - 60° = \underline{30°}$

〔問2〕　(1)　<u>(証明)</u>　(例)△HBGと△FBGにおいて，仮定より，$HG = PR = BR = FG\cdots$①　共通の辺であるから，$BG = BG\cdots$②　△ABGと△AFRにおいて，共通の角であるから，$\angle GAB = \angle RAF$　折っていることから，$AB = AF$　$AG = AR$　2組の辺とその間の角がそれぞれ等しいから，△ABG≡△AFR　対応する角はそれぞれ等しいから，$\angle AGB = \angle ARF$　四角形ARSDは長方形で，$\angle ARF = 90°$　したがって，$\angle HGB = \angle AGB = \angle ARF = 90°$　3点F，G，Hは一直線上にあるから，$\angle HGB = \angle FGB = 90°\cdots$③　①，②，③より，2組の辺とその間の角がそれぞれ等しいから，△HBG≡△FBG

(2)　折り目と辺BCの交点をTとする　$TB = TF$より，△FBTは二等辺三角形だから，$\angle BFT = \angle FBT = a$　$\angle AFT = \angle AGB = 90°$より，$FT \parallel GB$　よって，$\angle BFT = \angle GBF = a$　これと(1)より，$\angle GBH = \angle GBF = a$　よって，$\angle HBC = \angle GBH + \angle GBF + \angle FBC = a + a + a = \underline{3a}$（度）

(9) 〔問1〕　問題の条件$\angle B = 90°$から，円周角の定理の逆より，点Bは線分ACを直径とする円周上にある。頂点Bと点Eが一致した場合，$DA = DB$であり，点Dは線分ACを直径とする円の中心で，$DA = DC = 3cm$である。△ABCに三平方の定理を用いると，$AB = \sqrt{AC^2 - BC^2} = \sqrt{6^2 - (2\sqrt{3})^2} = 2\sqrt{6}$ cm　△ABCと△DBCで，高さが等しい三角形の面積比は，底辺の長さの比に等しいから，$\triangle DBC = \triangle ABC \times \frac{DC}{AC} = \frac{1}{2} \times AB \times BC \times \frac{DC}{AC} = \frac{1}{2} \times 2\sqrt{6} \times 2\sqrt{3} \times \frac{3}{6} = \underline{3\sqrt{2}}$ cm^2

〔問2〕　<u>(証明)</u>　(例)　△ABDと△DGEにおいて，仮定より　$DA = ED\cdots$①　$AD^2 + BD^2 = AB^2$より，三平方の定理の逆を用いて，△ABDは辺ABを斜辺とする直角三角形である。よって，$\angle ADB = 90°\cdots$②　線分GEが，円Dの点Eにおける接線なので，$\angle DEG = 90°\cdots$③　②，③より，$\angle ADB = \angle DEG = 90°\cdots$④　$\angle AFD = \angle ABC = 90°$より，$FD \parallel BC\cdots$⑤　⑤より，同位角は等しいので，$\angle ACB = \angle ADF\cdots$⑥　△ABCの内角の和と$\angle ABC = 90°$より，$\angle BAC = 180° - (90° + \angle ACB) = 90° - \angle ACB$　$\angle BAD = 90° - \angle ACB\cdots$⑦　②より，$\angle GDE = 90° - \angle ADF\cdots$⑧　⑥，⑦，⑧より，$\angle BAD = \angle GDE\cdots$⑨　①，④，⑨より，一組の辺とその両端の角がそれぞれ等しいので，△ABD≡△DGE　合同な図形の対応する辺の長さは等しいので，$AB = DG$

［問3］ AD＝$x$cm，BC＝$y$cmとする。△ABCと△BDCにおいて，∠ABC＝∠BDC＝90°…①
共通な角より，∠ACB＝∠BCD…② ①，②より，二組の角がそれぞれ等しいので，
△ABC∽△BDC 相似な図形では，対応する線分の長さの比はすべて等しいから，AC：BC
＝BC：DC これより，$(x+2)$：$y=y$：2 $y^2=2(x+2)$…③ △ABCに三平方の定理を用い
ると，$AB^2+BC^2=AC^2$ これより，$(4\sqrt{3})^2+y^2=(x+2)^2$…④ ③を④に代入して，$(4\sqrt{3})^2$
$+2(x+2)=(x+2)^2$ 整理して，$x^2+2x-48=0$ $(x-6)(x+8)=0$ $x>0$より$x=6$ これを
③に代入して，$y^2=2(6+2)=16$ $y>0$より$y=\sqrt{16}=4$ 以上より，AD＝6cm，BC＝4cm
△BCDに三平方の定理を用いると，$BD=\sqrt{BC^2-CD^2}=\sqrt{4^2-2^2}=2\sqrt{3}$ cm 求める立体の体
積は，半径ADの半球の体積と，底面の半径がBD，高さがCDの円錐の体積を合わせたもの
だから $\dfrac{4}{3}\pi\times AD^3\times\dfrac{1}{2}+\dfrac{1}{3}\pi\times BD^2\times CD=\dfrac{4}{3}\pi\times 6^3\times\dfrac{1}{2}+\dfrac{1}{3}\pi\times(2\sqrt{3})^2\times 2=144\pi+8\pi$
＝__152π cm³__

さらに詳しい解説は ▶▶▶ イカの巻 で解き方を確認！

2章　図形
空間図形の問題

1 右の図1は，底面が1辺2cmの正方形で，高さが4cmの正四角柱である。このとき，次の各問いに答えなさい。　　　　　　　　　　　(沖縄県)

(1) 図1の正四角柱の体積を求めなさい。

(2) 図2は正四角柱で，図1の正四角柱と比較すると体積は等しく，高さは半分である。この正四角柱の底面の1辺の長さを求めなさい。

(3) 図3は，図1において，対角線ACと対角線BDの交点をI，対角線EGと対角線FHの交点をJ，底面EFGHの辺上の点をPとし，I，A，P，Jの順に糸をかけたものである。このとき，糸は正四角柱の表面に沿って長さが最も短くなるようにかけるものとする。

   ① 点Pが頂点Eの位置にあるとき，糸の長さを求めなさい。

   ② 点Pが頂点Gの位置にあるとき，糸の長さを求めなさい。

図1
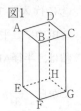

図2
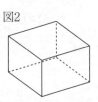

図3
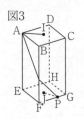

解答・解説

(1) │角柱の体積は，底面積×高さで求められる。│　　図1の正四角柱の体積は，正方形EFGH×AE＝2×2×4＝<u>16(cm³)</u>

(2) 図2の正四角柱の底面の1辺の長さを$x$cmとすると，$x^2×2＝16$　　$x^2＝8$　　$x>0$なので，$x＝\sqrt{8}＝$<u>$2\sqrt{2}$ (cm)</u>

(3) ① │正方形の対角線の長さは1辺の長さの$\sqrt{2}$倍である。│　　1辺が2の正方形の対角線の長さは$2\sqrt{2}$　　AIはその半分なので，$\sqrt{2}$　　PJ＝EJ＝AI＝$\sqrt{2}$　　AP＝AE＝4　　よって，点Pが頂点Eの位置にあるときの糸の長さは，<u>$4＋2\sqrt{2}$ (cm)</u>

  ② 点Pが頂点Gの位置にあるときも，AI＝PJ＝GJ＝$\sqrt{2}$　　糸がBF上の点Qを通るとして，右図の展開図上で考えると，AQ＋QPが最も短くなるのは，線分AQと線分QPが1直線上に並ぶときで，そのときの長さは，線分APの長さである。線分APは正方形AEPCの対角線となるので，AP＝$4\sqrt{2}$　　よって，点Pが頂点Gの位置にあるときの糸の長さは，$4\sqrt{2}＋2\sqrt{2}＝$<u>$6\sqrt{2}$ (cm)</u>

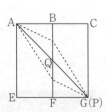

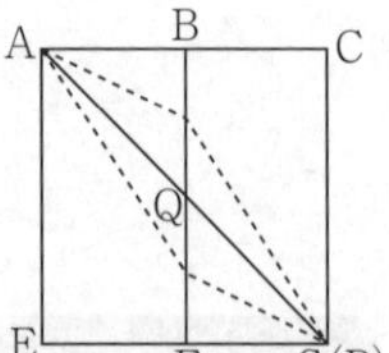

2 立体ABCDEは側面がすべて正三角形である正四角錐の容器である。図1のように、この容器の底面ABCDが水平になるようにして、頂点Eから水面までの高さが3cmになるように水を入れて、容器を密閉した。次にこの容器を、図2のように水面ABCDを下にして水平な台に置いたところ、水面の面積は、図1の水面の面積の $\frac{4}{9}$ 倍になった。このとき、次の各問いに答えなさい。ただし、容器の厚さは考えないものとする。 （愛知県）

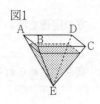

図1

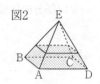

図2

(1) 図1の水面の面積は何cm²ですか。

(2) 正四角錐ABCDEの体積は何cm³ですか。

解答・解説

(1) 図1の状態のときの水面を正方形FGHIとする。その対角線FHとGIの交点をJとすると、EJ＝3である。△EFG、△EHGは正三角形であり、FG＝HG　よって、△GFHは直角二等辺三角形となるので、正方形FGHIの1辺の長さを$a$cmとすると、EF＝$a$cm、FH＝$\sqrt{2}a$cm、

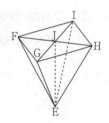

FJ＝$\frac{\sqrt{2}}{2}a$cm　△EFJで三平方の定理を用いると、EF²＝FJ²＋EJ²

$a^2=\frac{1}{2}a^2+3^2$　　$a^2=18$　　よって、このときの水面の面積は**18cm²**である。

(別解)　EF＝FG＝EH＝GH　　FH＝$\sqrt{2}$FG　$\boxed{\text{3辺の長さの比が}1:1:\sqrt{2}\text{である三角形は直角二等辺三角形である。}}$　　EF：EH：FH＝$1:1:\sqrt{2}$となるので、△EFHは直角二等辺三角形である。また、EJ⊥FHなので、△EJFも直角二等辺三角形となり、FJ＝EJ＝3　　よって、FH

＝6　$\boxed{\text{対角線が垂直な四角形の面積は、}\frac{1}{2}\times\text{対角線}\times\text{対角線で求められる。}}$

よって、正方形FGHIの面積は、$\frac{1}{2}\times6\times6=18\,(\text{cm}^2)$

(2) 図2の状態のときの水面を正方形KLMNとすると、正方形KLMNの面積は、$18\times\frac{4}{9}=8$　　よって、正方形KLMNの1辺の長さを$b$cmとすると、$b^2=8$　　$b=\pm\sqrt{8}=\pm2\sqrt{2}$　　正方形KLMNの対角線KMと対角線LNの交点をOとすると、KM＝$2\sqrt{2}$

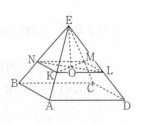

$\times\sqrt{2}=4$　　KO＝2　　△EKLは正三角形なので、EK＝KL＝$2\sqrt{2}$　　よって、△EKOで三平

方の定理を用いて，$EK^2=EO^2+KO^2$　$8=EO^2+4$　$EO=2$　$\boxed{\text{角錐の体積は}\dfrac{1}{3}\times\text{底面積}\times}$

$\boxed{\text{高さで求められる。}}$　図1から水の体積を求めると，$\dfrac{1}{3}\times18\times3=18$　図2から水が入って

いない部分の体積を求めると，$\dfrac{1}{3}\times8\times2=\dfrac{16}{3}$　したがって，正四角錐ABCDEの体積は，18

$+\dfrac{16}{3}=\underline{\dfrac{70}{3}}\,(\text{cm}^3)$

3 右図のように，8点A，B，C，D，E，F，G，Hを頂点とする立
方体がある。立方体の1辺の長さは4cmで，辺ABの中点をP，辺
BCの中点をQとする。次の各問いに答えなさい。　　　　（大分県）

(1) 線分AGの長さを求めなさい。

(2) 三角錐PBFQの体積を求めなさい。

(3) 6点A，P，Q，C，E，Gを頂点とする立体の体積を求めなさ
い。

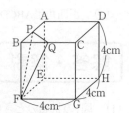

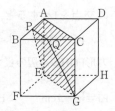

$\boxed{\text{解答・解説}}$

(1) $\boxed{\text{3辺の長さが}a,\ b,\ c\text{である直方体の対角線の長さは}\sqrt{a^2+b^2+c^2}\text{である。}}$　△ABC，
△ACGは直角三角形なので，$AG^2=AC^2+CG^2$　$AC^2=AB^2+BC^2$　よって，$AG^2=AB^2+$
$BC^2+CG^2=3\times4^2=48$　よって，$AG=\sqrt{48}=\underline{4\sqrt{3}\,(\text{cm})}$

(2) BFは面ABCDに垂直なので，三角錐PBFQの体積は，底面を△PBQ，高さをFBとして求め

られる。よって，$\dfrac{1}{3}\times\left(\dfrac{1}{2}\times2\times2\right)\times4=\underline{\dfrac{8}{3}\,(\text{cm}^3)}$

(3) 立体APQC−EGは，三角柱ABC−EFGから，立体PBQ−EFGを切り取った

ものである。三角柱ABC−EFGの体積は，$\left(\dfrac{1}{2}\times4\times4\right)\times4=32$　立体PBQ

−EFGは，右図の三角錐I−EFGから三角錐I−PBQを切り取ったものである。
BP∥FEなので，$IB:IF=BP:FE=1:2$　よって，$IB=4$　よって，立体

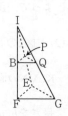

PBQ－EFGの体積は，$\dfrac{1}{3}\times\left(\dfrac{1}{2}\times4\times4\right)\times8-\dfrac{1}{3}\times\left(\dfrac{1}{2}\times2\times2\right)\times4=\dfrac{56}{3}$　　したがって，立体

APQC－EGの体積は，$32-\dfrac{56}{3}=\underline{\dfrac{40}{3}}$（cm³）

（別解）　右図のように，PR⊥AC，QS⊥ACとなる点R，SをAC上にとり，

RT⊥EG，SU⊥EGとなる点T，UをEG上にとる。面PRT，面QSUで切っ

て，3つの立体に分けて体積を求めてもよい。ACとBDの交点をOとする

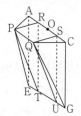

と，AR：AO＝AP：AB＝1：2　　よって，$AR=\dfrac{1}{2}AO=\dfrac{1}{4}AC$

ACは1辺が4の正方形の対角線だから$4\sqrt{2}$　　よって，$AR=\sqrt{2}$　　同様にPR＝$\sqrt{2}$

立体P－AETRは，面AETRを底面，PRを高さとする四角錐なので，その体積は，$\dfrac{1}{3}\times(\sqrt{2}\times$

$4)\times\sqrt{2}=\dfrac{8}{3}$　　立体Q－CGUSの体積も同様に$\dfrac{8}{3}$　　立体PRT－QSUは三角柱なので，$\left(\dfrac{1}{2}\times\right.$

$\left.\sqrt{2}\times4\right)\times2\sqrt{2}=8$　　したがって，$\dfrac{8}{3}\times2+8=\dfrac{40}{3}$（cm³）

4　右図において，立体A－BCDEは正四角錐である。底面BCDEは1辺の
長さが6cmの正方形であり，AB＝12cmである。直線AFは底面BCDEと
垂直である。GはBから辺ACに引いた垂線と辺ACとの交点である。Hは
辺AD上にあってDH＝2CGとなる点である。

次の各問いに答えなさい。答えが根号を含む形となる場合は，そのま
まの形でよい。　　　　　　　　　　　　　　　　　　　（大阪府）

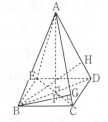

（1）　正四角錐A－BCDEの体積を求めなさい。

（2）　線分CGの長さを求めなさい。

（3）　BH⊥ADであることを証明しなさい。

解答・解説

（1）　正方形の対角線は1辺の長さの$\sqrt{2}$倍なので，BD＝$6\sqrt{2}$　　正方形の対角線はそれぞれの
中点で交わるから，BF＝$3\sqrt{2}$　　△ABFで三平方の定理を用いると，$AF^2=AB^2-BF^2=12^2-$

$(3\sqrt{2})^2=144-18=126$　　$AF=\sqrt{126}=3\sqrt{14}$　　よって，正四角錐A－BCDEの体積は，$\dfrac{1}{3}$

$\times(6\times6)\times3\sqrt{14}=\underline{36\sqrt{14}}$（cm³）

(2) 二等辺三角形では，頂角の二等分線と底辺の垂直二等分線は一致する。 AからBCに垂線AIを引くと，△ABCは二等辺三角形なので，IはBCの中点となる。よって，BI＝CI＝3 △BCGと△ACIにおいて，∠BCG＝∠ACI，∠BGC＝∠AIC 2組の角がそれぞれ等しい三角形は相似である。 よって，△BCG∽△ACI 相似な図形では対応する線分の長さの比は等しい。 よって，BC：AC＝CG：CI 6：12＝CG：3 12CG＝18 CG＝$\frac{3}{2}$(cm)

(別解) △ABCの面積を2通りに表すことでBGの長さを求め，それからCGの長さを求める方法もある。この問題に関しては，上の方法に比べて遠回りなやり方だが，知っておくとよい。

AからBCに垂線AIを引くと，△ABCは二等辺三角形なので，IはBCの中点となる。よって，BI＝3 △ABIで三平方の定理を用いると，$AI^2＝AB^2－BI^2＝144－9＝135$ $AI＝\sqrt{135}＝3\sqrt{15}$

よって，△ABC＝$\frac{1}{2}×6×3\sqrt{15}＝9\sqrt{15}$ △ABCの面積は$\frac{1}{2}×AC×BG$でも求められるので，$\frac{1}{2}×12×BG＝9\sqrt{15}$ BG＝$\frac{9\sqrt{15}}{6}＝\frac{3\sqrt{15}}{2}$ △BCGで三平方の定理を用いて，CG^2

$＝BC^2－BG^2＝36－\frac{135}{4}＝\frac{9}{4}$ よって，CG＝$\sqrt{\frac{9}{4}}＝\frac{3}{2}$(cm)

(3) 2組の辺の比が等しく，その間の角が等しい三角形は相似である。 △ADFと△BDHにおいて，AD：BD＝12：$6\sqrt{2}$ 比の前項と後項に$\sqrt{2}$をかけると，AD：BD＝$12\sqrt{2}$：12＝$\sqrt{2}$：1 DF：DH＝$3\sqrt{2}$：3＝$\sqrt{2}$：1 よって，AD：BD＝DF：DH また，∠ADF＝∠BDH よって，△ADF∽△BDH 相似な図形では対応する角の大きさは等しい。 よって，∠BHD＝∠AFD＝90° したがって，BH⊥ADである。

5 右図は，底面ABCがAB＝AC＝6cmの直角二等辺三角形で，側面がすべて長方形の三角柱ABCDEFを表しており，AD＝12cmである。次の各問いに答えなさい。 (福岡県)

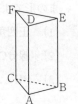

(1) 図に示す立体で，辺ADとねじれの位置にある辺は全部で何本ですか。

(2) 図に示す立体において，△FABの面積を求めなさい。

(3) 図に示す立体において，辺ADの中点をMとする。△FCBを底面とし，点Mを頂点とする三角錐MFCBの体積を求めなさい。

(1) 空間内で，平行でもなく，交わりもしない2直線の関係を，「ねじれの位置にある。」という。
ADに平行な直線は，BE，CF　　ADと交わる直線は，AB，AC，DE，DF　　よって，ねじれの位置にある直線は，BC，EF　　したがって，ねじれの位置にある辺は，辺BCと辺EFの**2本**である。

(2)　長方形ACFDの対角線AFの長さを三平方の定理を用いて求めると，$AF^2 = AC^2 + CF^2 = 36 + 144 = 180$　　$AF = 6\sqrt{5}$　　ABは面ACFDに垂直なので，∠FAB＝90°　　よって，△FABの面積は，$\frac{1}{2} \times FA \times AB = \frac{1}{2} \times 6\sqrt{5} \times 6 = \underline{18\sqrt{5}}$ **(cm²)**

(3) 直線と平面が平行であるとき，直線上の点から平面までの距離は一定である。　　ADと面FCBEは平行である。よって，点Mから面FCBEまでの距離と，点Aから面FCBEまでの距離は等しい。したがって，点Mを頂点とする三角錐MFCBの体積と，点Aを頂点とする三角錐AFCBの体積は等しい。三角錐AFCBの体積は，△ABCを底面，FCを高さとして求めることができるので，$\frac{1}{3} \times \left(\frac{1}{2} \times 6 \times 6 \right) \times 12 = 72$ (cm³)　　したがって，三角錐MFCBの体積は，**72cm³**

6　右の図1のように，頂点A，底面の中心O，底面の半径3cm，母線の長さ9cmの円錐がある。この円錐の底面の円周上の点をBとし，線分ABを三等分する点をAに近い方から順に，P，Qとするとき，次の各問いに答えなさい。ただし，円周率はπとする。

(新潟県)

(1)　図1の円錐の側面の展開図はおうぎ形になる。このおうぎ形の中心角の大きさを求めなさい。

(2)　図1の円錐の体積を求めなさい。

(3)　右の図2のように，図1の円錐の側面に，糸の長さが最も短くなるように，点Bから点Qを通り，点Pまで糸をまきつける。このとき，糸の長さを求めなさい。

図1
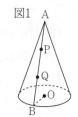

図2
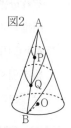

(1)　底面の半径は3なので，底面の円の円周は6π　　側面の展開図のおうぎ形の弧の長さは，底面の円の円周に等しいから，6π　　側面の展開図のおうぎ形は，半径9の円の一部であり，半径9の円の円周は18π　　よって，おうぎ形の弧の長さは，半径9の円の円周の$\frac{6\pi}{18\pi} = \frac{1}{3}$　　よって，おうぎ形の中心角は，$360° \times \frac{1}{3} = \underline{120°}$

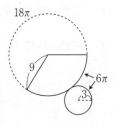

(2) 円錐の底面積は9π　　高さはAOで，AOの長さは△ABOで三平方の定理を用いると，AO^2

$=AB^2-BO^2=81-9=72$　　$AO=\sqrt{72}=6\sqrt{2}$　　よって，円錐の体積は，$\dfrac{1}{3}\times 9\pi\times 6\sqrt{2}=$

$\underline{18\sqrt{2}\,\pi\ (cm^3)}$

(3) 2点を結ぶ線のうち最短のものは2点を結ぶ線分である。

右図の展開図で，線分BQ′と線分PQ′の長さの和が，糸の長さが最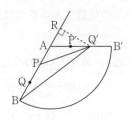

も短くなるときの糸の長さである。このおうぎ形の中心角が120°な

ので，図のように，Q′から直線ABに垂線Q′Rを引くと，∠Q′AR

$=60°$　内角の大きさが30°，60°，90°の直角三角形の3辺の長さ

の比は，$2:1:\sqrt{3}$である。　　△Q′ARは内角の大きさが30°，60°，90°の直角三角形だから，

Q′A：AR：Q′R$=2:1:\sqrt{3}$　　よって，AR$=3$，Q′R$=3\sqrt{3}$　　△BQ′R，△PQ′Rで三平方

の定理を用いることで，BQ′$=\sqrt{BR^2+Q'R^2}=\sqrt{12^2+(3\sqrt{3})^2}=\sqrt{171}=3\sqrt{19}$

PQ′$=\sqrt{PR^2+Q'R^2}=\sqrt{6^2+(3\sqrt{3})^2}=\sqrt{63}=3\sqrt{7}$　　したがって，$\underline{3\sqrt{19}+3\sqrt{7}\ (cm)}$

7　図1，図2のように，Oを頂点とし，底面の半径が1cm，母線の長さが

4cmの円錐がある。このとき，次の各問いに答えなさい。

（長崎県）

(1)　図1の円錐の高さは何cmですか。

(2)　図1の円錐の体積は何cm³ですか。

(3)　図1の円錐の表面積は何cm²ですか。

(4)　図2において，線分ABは底面の直径である。また，2点C，Dはそれ

ぞれ母線OA，OB上にあり，OC＝OD＝1cmである。

円錐の側面に沿って線分CDを直径とする円周になる線を引く。次に点

Aから円錐の側面に沿って点Dを通り1周して点Aに戻ってくる最短の

線を引く。円錐の側面において，これら2本の線によって囲まれる部

分（図2のかげをつけた部分）の面積は何cm²ですか。

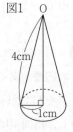

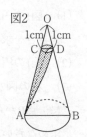

解答・解説

(1)　三平方の定理を用いると，図1の円錐の高さは，$\sqrt{4^2-1^2}=\underline{\sqrt{15}\ (cm)}$

(2)　円錐の体積は，$\dfrac{1}{3}\times$底面積$\times$高さで求められるから，$\dfrac{1}{3}\times(\pi\times 1^2)\times\sqrt{15}=\underline{\dfrac{\sqrt{15}}{3}\pi\ (cm^3)}$

(3)　図1の円錐の側面積は，半径4cmの円の一部であり，その弧の長さは，底面の円周に等しい

から，2π cm　　よって，おうぎ形の面積は，半径4cmの円の面積の$\dfrac{2\pi}{2\times\pi\times4}=\dfrac{1}{4}$　したが

って，$\pi\times4^2\times\dfrac{1}{4}=4\pi$　　よって，図1の円錐の表面積は，$4\pi+\pi\times1^2=\underline{\mathbf{5\pi\ (cm^2)}}$

(4)　立体図形の表面上を通る線に関しては，展開図で考える。

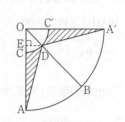

右図は図2の円錐の側面の展開図である。点Aと点Dを結ぶ最短の線

は，線分ADとA′Dだから，線分CDを直径とする円周と点Aと点D

を結ぶ最短の線によって囲まれる部分は，右図の斜線部である。お

うぎ形OAA′は半径4cmの円の$\dfrac{1}{4}$なので，$\angle AOA′=360°\times\dfrac{1}{4}=90°$

$\angle AOB=45°$　　点DからOAに垂線DEを引くと，△EODは直角二等辺三角形となるので，

DE：OD$=1：\sqrt{2}$　　DE$=\dfrac{1}{\sqrt{2}}=\dfrac{\sqrt{2}}{2}$　　よって，△OAD$=\dfrac{1}{2}\times4\times\dfrac{\sqrt{2}}{2}=\sqrt{2}$　　おうぎ形

OCDの面積は，$\pi\times1^2\times\dfrac{45}{360}=\dfrac{1}{8}\pi$　　したがって，円錐の側面において2本の線によって囲

まれる部分の面積は，$\left(\sqrt{2}-\dfrac{1}{8}\pi\right)\times2=\underline{\mathbf{2\sqrt{2}-\dfrac{1}{4}\pi\ (cm^2)}}$

8　和恵さんの学校のプロジェクタは，電源を入
れると，図Ⅰのように，水平な床に対して垂直
なスクリーンに，四角形の映像を映し出す。プ
ロジェクタの光源をP，四角形の映像を長方形
ABCDとするとき，プロジェクタから出る光に

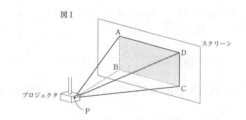

図Ⅰ

よってできる空間図形は，点Pを頂点とし，長方形ABCDを底面とする四角錐になるものとす
る。このとき，後の1〜3の問いに答えなさい。ただし，PA＝PB＝PC＝PD＝13m，AB＝6m，
AD＝8mとする。また，直線ABは水平な床に対して垂直であり，スクリーンは平面であるも
のとする。　　　　　　　　　　　　　　　　　　　　　　　　　　　　　　　　　　（宮崎県）

1　長方形ABCDの対角線ACの長さを求めなさい。

2　四角錐PABCDの体積を求めなさい。

3　図Ⅱのように，図Ⅰのスクリーンを，直線ABを回転の
軸として矢印の向きに45°回転させたところ，スクリーン
に映し出された長方形ABCDの映像が，台形ABEFに変わ
った。このとき，次の(1)，(2)の問いに答えなさい。

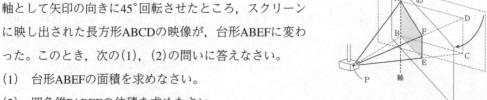

図Ⅱ

(1)　台形ABEFの面積を求めなさい。

(2)　四角錐PABEFの体積を求めなさい。

解答・解説

1 　△ABCに三平方の定理を用いると，$AC=\sqrt{AB^2+BC^2}=\sqrt{AB^2+AD^2}=\sqrt{6^2+8^2}=\underline{10\,(m)}$

2 　長方形ABCDの対角線AC，BDの交点をHとすると，線分PHはスクリーンに垂直であり，△PAHは∠PHA＝90°の直角三角形である。△PAHに三平方の定理を用いると，$PH=\sqrt{PA^2-AH^2}$

$=\sqrt{PA^2-\left(\dfrac{AC}{2}\right)^2}=\sqrt{13^2-\left(\dfrac{10}{2}\right)^2}=12\,(m)$ 　よって，四角錐PABCDの体積は，$\dfrac{1}{3}\times$（長方形

ABCDの面積）×高さ＝$\dfrac{1}{3}\times AB\times AD\times PH=\dfrac{1}{3}\times6\times8\times12=\underline{192\,(m^3)}$

3 　(1)　点Fから元のスクリーンへ垂線FIを引く。また，点Fを通る水平な平面と，辺AB，辺CDとの交点をそれぞれQ，Rとする。△FIQは∠FIQ＝90°，∠FQI＝45°の直角二等辺三角形で，3辺の比は$1:1:\sqrt{2}$だから，QI＝xmとすると，FI＝QI＝xm，FQ＝QI×$\sqrt{2}$＝$\sqrt{2}\,x$m，IR＝QR－QI＝AD－QI＝$(8-x)$mである。PH∥FIより，平行線と線分の比についての定理を用いると，PH：FI＝HD：ID

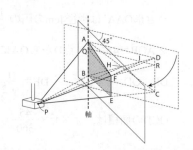

$ID=\dfrac{FI\times HD}{PH}=\dfrac{FI\times AH}{PH}=\dfrac{x\times5}{12}=\dfrac{5}{12}x\,(m)$ 　IR∥BCより，同様に，IR：BC＝DR：CD　DR＝

$\dfrac{IR\times CD}{BC}=\dfrac{IR\times AB}{AD}=\dfrac{(8-x)\times6}{8}=\dfrac{3}{4}(8-x)\,(m)$ 　△DIRに三平方の定理を用いると，$ID^2=$

IR^2+DR^2より，$\left(\dfrac{5}{12}x\right)^2=(8-x)^2+\left\{\dfrac{3}{4}(8-x)\right\}^2$ 　整理して，$x^2-18x+72=0$ 　$(x-6)(x-12)=0$

ここで，$0<x<8$だから，$x=6$ 　四角錐PABCDが，点Pを通る水平な平面に対称な立体であることを考慮すると，$EF=CD-2DR=6-2\times\dfrac{3}{4}(8-6)=3\,(m)$ 　また，$FQ=\sqrt{2}\times6=6\sqrt{2}\,(m)$

以上より，台形ABEFの面積は，$\dfrac{1}{2}\times(EF+AB)\times FQ=\dfrac{1}{2}\times(3+6)\times6\sqrt{2}=\underline{27\sqrt{2}\,(m^2)}$

(2)　四角錐PABEFの体積は，四角錐PABCDの体積192m³から，立体EF－ABCDの体積を引いたものである。四角錐PABCDが，点Pを通る水平な平面に対称な立体であることを考慮すると，立体EF－ABCDの体積は，四角錐FAQRDの体積の2倍と，底面が△FQR，高さがEFの三角柱の体積を加えたものだから，立体EF－ABCDの体積は，$\left(\dfrac{1}{3}\times AD\times DR\times FI\right)\times2+\dfrac{1}{2}\times QR\times FI\times$

$EF=\left\{\dfrac{1}{3}\times8\times\dfrac{3}{4}(8-6)\times6\right\}\times2+\dfrac{1}{2}\times8\times6\times3=120\,(m^3)$ 　以上より，求める体積は192－120

$=\underline{72\,(m^3)}$

9 次の文を読んで，あとの各問に答えなさい。 （埼玉県）

　Tさんは，カットされた状態で販売されているスイカを見たときに，そのひとつひとつは平面で切られた多面体であることに気づきました。

　球から多面体を切り出したときの立体の体積について興味をもったTさんは，次のように考えました。

　下の図1は中心O，半径$r$cmの球を，Oを通る平面で切った半球で，切り口の円の円周上に∠AOB＝90°となるように2点A，Bをとります。また，∠AOC＝∠BOC＝90°となる半球の表面上の点をCとし，半球を点A，O，Cを通る平面と点B，O，Cを通る平面の2つの平面で切ります。

　図2は，半球をこの2つの平面で切ったあとにできる立体のうち，点A，B，Cを含むもので，この立体をVとします。

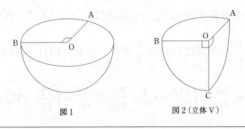

図1　　　　　　図2（立体V）

(1)　立体Vの体積を求めなさい。

(2)　図2において，おうぎ形OBCの$\overset{\frown}{\mathrm{BC}}$の長さを二等分する点Dを，図3のようにとります。このとき，5つの点A，B，C，D，Oを頂点とする四角錐の体積を，途中の説明も書いて求めなさい。

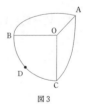

図3

(3)　図2において，おうぎ形OBCの$\overset{\frown}{\mathrm{BC}}$上に∠COE＝30°となる点Eをとり，点Eと線分OAを通る平面で立体Vを切ると，点Cを含む立体は図4のようになりました。

　図4のように，おうぎ形OACの$\overset{\frown}{\mathrm{AC}}$を1：2に分ける点をF，おうぎ形OAEの$\overset{\frown}{\mathrm{AE}}$を1：2に分ける点をGとするとき，6つの点A，C，E，F，G，Oを頂点とする五面体の体積を求めなさい。

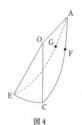

図4

解答・解説

(1)　立体Vは半径$r$cmの球の$\dfrac{1}{2}\times\dfrac{1}{4}=\dfrac{1}{8}$の立体だから，その体積は$\dfrac{4}{3}\pi r^3\times\dfrac{1}{8}=\underline{\dfrac{\pi}{6}r^3}$（cm³）

(2)　(説明)　(例) 底面がOBDC，高さがOAの四角錐と考えると，底面の面積は△BODの2倍。

　△BODは∠BOD＝45°，BO＝DO＝rであり，点DからOBにひいた垂線の長さをhとすると，h：

$\mathrm{DO}=1:\sqrt{2}$　$h=\dfrac{\sqrt{2}}{2}r$　したがって，四角錐の体積は，$\dfrac{1}{3}\times(2\times\triangle\mathrm{BOD})\times\mathrm{OA}=\dfrac{1}{3}\times2\times\dfrac{1}{2}$

$\times r\times\dfrac{\sqrt{2}}{2}r\times r=\dfrac{\sqrt{2}}{6}r^3\,(\mathrm{cm}^3)$

(3)　直線OA，CF，EGの交点をPとする。また，三角錐P−OEC，三角

錐P−OEF，三角錐P−OGF，三角錐P−AGFの体積をそれぞれV_1，V_2，

V_3，V_4とする。PO⊥面OECだから，三角錐P−OECの底面を$\triangle$OECと

すると，高さはPOである。点Cから線分OEへ垂線CHを引くと，$\triangle$

OCHは30°，60°，90°の直角三角形で，3辺の比は$2:1:\sqrt{3}$だから，

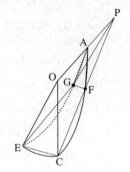

$\mathrm{CH}=\dfrac{1}{2}\mathrm{OC}=\dfrac{r}{2}$。　$\overset{\frown}{\mathrm{AF}}:\overset{\frown}{\mathrm{FC}}=1:2$より，$\angle\mathrm{COF}=60°$。　$\triangle$OCFは

OC=OF，$\angle\mathrm{COF}=60°$の二等辺三角形だから，正三角形。よって，

$\triangle$POCは30°，60°，90°の直角三角形で，3辺の比は$2:1:\sqrt{3}$で，PC=2OC=$2r$，PO=$\sqrt{3}$OC

$=\sqrt{3}r$　よって，$V_1=\dfrac{1}{3}\times\triangle\mathrm{OEC}\times\mathrm{PO}=\dfrac{1}{3}\times\left(\dfrac{1}{2}\times\mathrm{OE}\times\mathrm{CH}\right)\times\mathrm{PO}=\dfrac{1}{3}\times\left(\dfrac{1}{2}\times r\times\dfrac{r}{2}\right)\times\sqrt{3}r$

$=\dfrac{\sqrt{3}}{12}r^3$　$V_4=\dfrac{\mathrm{PA}}{\mathrm{PO}}\times V_3=\dfrac{\mathrm{PA}}{\mathrm{PO}}\times\left(\dfrac{\mathrm{PG}}{\mathrm{PE}}\times V_2\right)=\dfrac{\mathrm{PA}}{\mathrm{PO}}\times\dfrac{\mathrm{PG}}{\mathrm{PE}}\times\left(\dfrac{\mathrm{PF}}{\mathrm{PC}}\times V_1\right)=\dfrac{\mathrm{PO}-\mathrm{AO}}{\mathrm{PO}}\times\dfrac{\mathrm{PE}-\mathrm{GE}}{\mathrm{PE}}\times$

$\dfrac{\mathrm{PC}-\mathrm{FC}}{\mathrm{PC}}\times V_1=\dfrac{\sqrt{3}r-r}{\sqrt{3}r}\times\dfrac{2r-r}{2r}\times\dfrac{2r-r}{2r}\times V_1=\dfrac{3-\sqrt{3}}{12}V_1$　以上より，求める五面体の体積

は，$V_1-V_4=V_1-\dfrac{3-\sqrt{3}}{12}V_1=\dfrac{9+\sqrt{3}}{12}V_1=\dfrac{9+\sqrt{3}}{12}\times\dfrac{\sqrt{3}}{12}r^3=\dfrac{1+3\sqrt{3}}{48}r^3\,(\mathrm{cm}^3)$

2章 図形
空間図形・立体を含む図形の総合問題

1 右の図1に示した立体ABCD−EFGHは，AB＝3cm，AD＝1cm，
AE＝2cmの直方体である。

点Pは辺EF上にある点で，頂点E，頂点Fのいずれにも一致しない。
次の各問いに答えなさい。

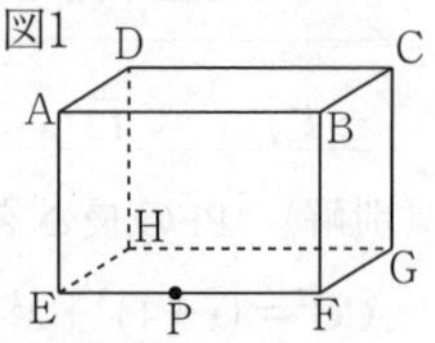

[問1] 右の図2は，図1において，EP＝2cmのとき，点Pと頂点A，
点Pと頂点D，点Pと頂点Hをそれぞれ結んだ場合を表している。
次の（ア）・（イ）に答えなさい。

（ア） 四角錐P−AEHDの体積を求めなさい。

（イ） 線分DPの長さは何cmですか。

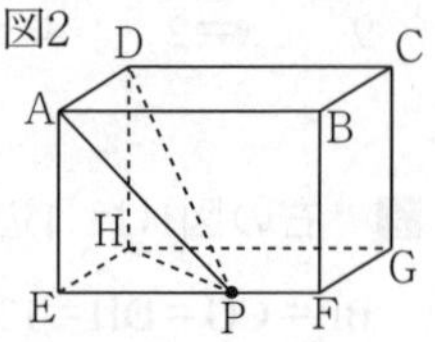

[問2] 右の図3は，図1において，辺BF上にある点Qと辺AB上に
ある点Rをとり，点Pと点Q，点Qと点C，点Pと点R，点Rと点C
をそれぞれ結んだ場合を表している。

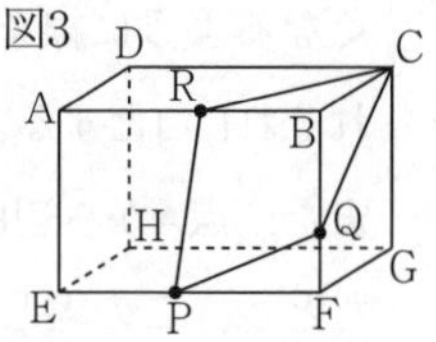

線分PQの長さと線分QCの長さの和を$s$cm，線分PRと線分RCの
長さの和を$t$cmとする。点Qと点Rはsとtがそれぞれ最小となる位置にあり，$s＝t$が成り立つ
とき，sの値を求めなさい。ただし，答えだけでなく，答えを求める過程がわかるように，
途中の式や計算なども書きなさい。

（東京・墨田川）

図1

図2

図3

解答・解説

[問1] （ア） 長方形の辺FEが面AEHDに垂直なので，四角錐P−AEHDの体積は，四角形

AEHDを底面，PEを高さとして求められる。よって，$\dfrac{1}{3} \times 2 \times 1 \times 2 = \underline{\dfrac{4}{3}}$ (cm³)

（イ） ∠HEP＝90°なので，△PHEで三平方の定理を用いると，$PH^2＝PE^2＋HE^2＝4＋1＝5$

DH⊥面EFGHなので，∠DHP＝90°　△DPHで三平方の定理を

用いて，$DP^2＝DH^2＋PH^2＝4＋5＝9$　よって，$DP＝\underline{3}$ (cm)

[問2] 右の展開図上で，PQ＋QC，PR＋RC′がそれぞれ最も短く

なるとき，点Q，点Rはそれぞれ線分PC，PC′上にある。$s＝t$のと

き，PC＝PC′　△PCC′は二等辺三角形になる。CC′の中点をI

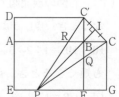

とすると，PIはCC′の垂直二等分線上にあるので点Bを通る。よって，△BCC′，△IBCは直角二等辺三角形となるので，$CC'=\sqrt{2}$，$IB=IC=\dfrac{\sqrt{2}}{2}$　$\angle FPB=\angle ABP=\angle IBC=45°$だから，

△BPFも直角二等辺三角形となる。よって，$BP=2\sqrt{2}$　　したがって，$IP=\dfrac{\sqrt{2}}{2}+2\sqrt{2}=\dfrac{5\sqrt{2}}{2}$

△IPCで三平方の定理を用いると，$s^2=PC^2=IC^2+IP^2=\left(\dfrac{\sqrt{2}}{2}\right)^2+\left(\dfrac{5\sqrt{2}}{2}\right)^2=\dfrac{1}{2}+\dfrac{25}{2}=13$　　よって，$s=\sqrt{13}$ (cm)

（別解）　PFの長さを$x$cmとして，△CPGと△C′PFで三平方の定理を用いると，$s^2=CP^2=PG^2+CG^2=(x+1)^2+2^2=x^2+2x+5$　　$t^2=PC'^2=PF^2+C'F^2=x^2+3^2$　　$s=t$なので，$x^2+2x+5=x^2+9$　　$x=2$　　よって，$s^2=13$　　$s=\sqrt{13}$ (cm)

2　右の図1は，1辺の長さが12cmの正方形ABCDを底面とし，AE＝BF＝CG＝DH＝12cmを高さとする四角柱である。

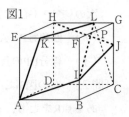
図1

点Aから辺BF，辺CGにこの順で交わり，点Hまでの長さが最も短くなるように線を引いたとき，この線と辺BF，辺CGとの交点をそれぞれI，Jとする。

また，点Aから辺EF，辺HGにこの順で交わり，点Cまでの長さが最も短くなるように線を引いたとき，この線と辺EF，辺HGとの交点をそれぞれK，Lとする。

このとき次の問いに答えなさい。

（ア）　線分ILの長さを求めなさい。

（イ）　この四角柱において，点Pは点Cを出発し，線分CL上を点Lに向かって進む。右の図2は，点Pが線分CLと線分HJとの交点の位置にあるときの図である。

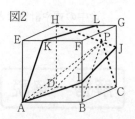
図2

このとき，正方形ABCDを底面とし，点Pを頂点とする四角錐の体積を求めなさい。

（神奈川・光陵）

解答・解説

（ア）　右図の展開図で示すように，点Aから点Hまでの長さが最も短くなるとき，点I，Jは線分AH上にある。このとき，GJ：FI：EA＝HG：HF：HE＝1：2：3　　よって，FI＝8　　点Aから点Cまでの長さが最も短くなるとき，点K，Lは線分AC上にあり，LG：KF：AB＝CG：CF：CB＝1：2：3　　よって，LG＝4　　△IGFで三平方の定理を用

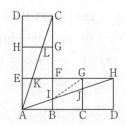

いると，$IG^2=IF^2+GF^2$　　立体ABCD－EFGHにおいて，△IGLは直角

三角形であるから，$IL^2=IG^2+LG^2=IF^2+GF^2+LG^2=64+144+16=224$　　よって，$IL=\sqrt{224}$

$=\underline{4\sqrt{14}\text{（cm）}}$

（イ）　点Pが線分CLと線分HJの交点にきたとき，点Pから正方形
　　　ABCDまでの距離は，点PからCDに引いた垂線の長さに等し
　　　い。点Pを通るGCに平行な直線とGH，CDとの交点をそれぞ

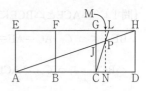

　　　れM，Nとすると，平行線と線分の比の関係から，PM：PN＝

$PL：PC=HL：AC=8：24=1：3$　　よって，PNはMNの$\dfrac{3}{4}$だから，$PN=12\times\dfrac{3}{4}=9$　　した

がって，四角錐P－ABCDの体積は，$\dfrac{1}{3}\times12\times12\times9=\underline{432\text{（cm}^3\text{）}}$

（別解）　点Pを通るGCに平行な直線とGH，CDとの交点をそれぞれM，Nとした後で，正方形
　　　CDHGの面だけで考える方法もある。点LからGJに平行な直線を引いて，JHとの交点をQとす

る。$LQ：GJ=HL：HG=2：3$　　$LQ=\dfrac{2}{3}GJ=\dfrac{8}{3}$　　$PM：PN=PL：PC=LQ：CJ=\dfrac{8}{3}：8=$

$1：3$

3　右の図1に示した立体A－BCDEは，底面BCDEがひし形で，
　　$AC=AE=BC=8cm$，$AB=AD$の四角すいである。
　　四角形BCDEの対角線BD，CEを引き，交点をOとし，頂点A
　　と点Oを結んだとき，$\angle AOB=90°$である。
　　四角形BCDEの面積を$S\text{cm}^2$とする。
　　次の各問に答えよ。　　　　　　　　　　　　　（東京・日比谷）

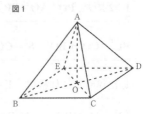

図1

〔問1〕　右の図2は，図1において，頂点Eから辺ACに垂線を
　　　　引き，辺ACとの交点をHとした場合を表している。
　　　　線分EHの長さは何cmか。Sを用いた式で表せ。

〔問2〕　右の図3は，図1において，辺AB上の点をPとし，点P
　　　　と頂点C，点Pと頂点D，点Pと頂点Eをそれぞれ結んだ場合
　　　　を表している。

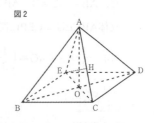

図2

　　　次の(1)，(2)に答えよ。

　(1)　$AP：PB=1：2$，$BD=12cm$のとき，立体P－BCDEの体
　　　積は何cm^3か。
　　　ただし，答えだけでなく，答えを求める過程が分かるよ
　　　うに，途中の式や計算なども書け。

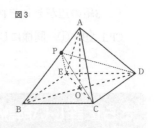

図3

　(2)　$AP：PB=1：1$のとき，△CEPの面積は何cm^2か。Sを用いた式で表せ。

〔問1〕 △ACEと△BCEにおいて　仮定より　BC＝AC＝AE　四角形BCDEはひし形だからBC＝BE　よって　AC＝AE＝BC＝BE　辺CEが共通より，3組の辺がそれぞれ等しいので△ACE≡△BCE　よって，△ACE＝△BCE＝$\frac{1}{2}$（ひし形BCDE）＝$\frac{1}{2}S$（cm²）　△ACEの底辺を辺ACと考えると，高さは線分EHだから，△ACE＝$\frac{1}{2}$×AC×EH　$\frac{1}{2}S＝\frac{1}{2}$×AC×EH　EH＝$\frac{S}{AC}$＝$\frac{1}{8}S$（cm）

〔問2〕 (1)　（途中の式や計算）　（例）BO＝$\frac{1}{2}$BD＝6　△ACEと△BCEにおいて　仮定より　BC＝AC＝AE　四角形BCDEはひし形だから　BC＝BE　よって　AC＝AE＝BC＝BE　辺CEが共通より，3組の辺がそれぞれ等しいので　△ACE≡△BCE…①　△ACOと△BCOにおいて　仮定より　AC＝BC　①より　∠ACO＝∠BCO　辺COが共通より　2組の辺とその間の角がそれぞれ等しいので　△ACO≡△BCO　よって　AO＝BO＝6　点Pから直線BDに垂線を引き，直線BDとの交点をQとすると，∠PQB＝90°であり，∠AOB＝90°より　PQ∥AO　AP：BP＝1：2より　PQ：AO＝BP：AB＝2：3　よって　PQ＝$\frac{2}{3}$AO＝4　△BCOに三平方の定理を用いて　BC²＝CO²＋BO²　8²＝CO²＋6²　CO＞0よりCO＝$2\sqrt{7}$　よって　$S＝12×2\sqrt{7}×\frac{1}{2}×2＝24\sqrt{7}$　したがって，体積は　$V＝\frac{1}{3}$×PQ×$S＝32\sqrt{7}$（cm³）

(2)　AO＝BO，∠AOB＝90°より，△ABOは直角二等辺三角形で，3辺の比は$1：1：\sqrt{2}$だから，AB＝$\sqrt{2}$AO　AP：PB＝1：1より，点Pは辺ABの中点だから，AB⊥△CEP　これより，立体ABCEは△CEPに関して対称な立体となり，（立体A－BCDEの体積）＝（立体PBCEの体積）×4　$\frac{1}{3}$×S×AO＝$\left(\frac{1}{3}×△CEP×PB\right)$×4　△CEP＝$\frac{AO}{4PB}S＝\frac{AO}{2AB}S＝\frac{AO}{2×\sqrt{2}AO}S＝\frac{\sqrt{2}}{4}S$（cm²）

（補足説明）　AB⊥△CEPの証明　△ACPと△BCPにおいて　AC＝BC　AP＝BP　CP共通より，3組の辺がそれぞれ等しいので　△ACP≡△BCP　よって，∠APC＝∠BPC＝90°より，CP⊥AB…①　同様にして，EP⊥AB…②　①，②より，AB⊥△CEP

さらに詳しい解説は　▶▶▶　イカの巻 で解き方を確認！

4 右の図1に示した立体ABCD－EFGHは，1辺の長さが4cmの立方体である。

点Iは辺EFをFの方向に延ばした直線上にあり，EI＝20cm，点Jは辺EHをHの方向に延ばした直線上にあり，EJ＝10cmである。

点Pは頂点Eを出発し，線分EI上を毎秒2cmの速さで動き，10秒後に点Iに到達する。

点Qは点Pが頂点Eを出発するのと同時に，頂点Eを出発し，線分EJ上を毎秒1cmの速さで動き，10秒後に点Jに到達する。

頂点Aと点P，頂点Aと点Q，点Pと点Qをそれぞれ結ぶ。

点Pと点Qが頂点Eを出発してからの時間をt秒とする。

次の各問に答えよ。

（東京・戸山）

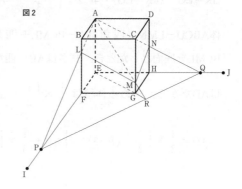

図1

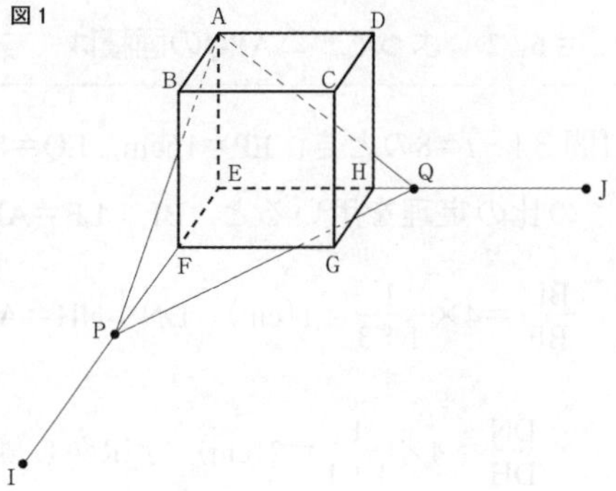

〔問1〕 $t＝5$のとき，立体A－EPQの体積は何cm³か。

〔問2〕 PQ＝$4\sqrt{5}$cmのとき，△APQの面積は何cm²か。

　ただし，答えだけでなく，答えを求める過程が分かるように，途中の式や計算なども書け。

〔問3〕 右の図2は，図1において，$t＝8$のとき，線分APと辺BFとの交点をL，線分AQと辺DHとの交点をN，頂点Eと頂点Gを通る直線を引き，線分PQとの交点をR，頂点Aと点Rを結んだ線分ARと辺CGとの交点をMとし，点Lと点M，点Mと点Nをそれぞれ結んだ場合を表している。

立体ABCD－LMNの体積は何cm³か。

図2

解答・解説

〔問1〕 立体A－EPQは，△EPQを底面とすると高さAEの三角錐だから，$t＝5$のとき，EP＝毎秒2cm×5秒＝10(cm)，EQ＝毎秒1cm×5秒＝5(cm)，AE＝4cmより，その体積は，

$$\frac{1}{3}×△EPQ×AE＝\frac{1}{3}×\left(\frac{1}{2}×EP×EQ\right)×AE＝\frac{1}{3}×\left(\frac{1}{2}×10×5\right)×4＝\underline{\frac{100}{3}}(cm^3)$$

〔問2〕 (途中の式や計算) (例)EP＝$2t$，EQ＝tとする。(以下，単位cm略)　PQ²＝$(2t)^2＋t^2＝5t^2＝(4\sqrt{5})^2$　$t＝4$よりEP＝8，EQ＝4となるから，点Qと点Hは一致する。AP＝$\sqrt{AE^2＋PE^2}＝\sqrt{4^2＋8^2}＝\sqrt{80}＝4\sqrt{5}$　AP＝QP＝$4\sqrt{5}$より，△APQは二等辺三角形となる。頂点Pより辺AQに引いた垂線と線分AQとの交点をKとする。二等辺三角形の性質から，点Kは線分AQの中点となる。AQ＝$4\sqrt{2}$よりAK＝$2\sqrt{2}$となるので　PK＝$\sqrt{AP^2－AK^2}＝\sqrt{(4\sqrt{5})^2－(2\sqrt{2})^2}＝\sqrt{72}$

$=6\sqrt{2}$　よって，△APQの面積は　$\dfrac{1}{2}\times AQ\times PK=\dfrac{1}{2}\times4\sqrt{2}\times6\sqrt{2}=24\,(\mathrm{cm}^2)$

［問3］　$t=8$のとき，EP＝16cm，EQ＝8cm　AB∥EP，AD∥EQより，それぞれ平行線と線分の比の定理を用いると，BL：LF＝AB：PF＝AB：(EP−EF)＝4：(16−4)＝1：3　BL＝BF×

$\dfrac{\mathrm{BL}}{\mathrm{BF}}=4\times\dfrac{1}{1+3}=1\,(\mathrm{cm})$　DN：NH＝AD：QH＝AD：(EQ−EH)＝4：(8−4)＝1：1　DN＝DH

$\times\dfrac{\mathrm{DN}}{\mathrm{DH}}=4\times\dfrac{1}{1+1}=2\,(\mathrm{cm})$　点Rから線分EPへ垂線RSを引き，RS＝$x$cmとする。△ESRは直角

二等辺三角形で，3辺の比は1：1：$\sqrt{2}$だから，ES＝RS＝$x$cm　平行線と線分の比の定理を用

いると，RS：EQ＝PS：EP＝(EP−ES)：EPより，$x:8=(16-x):16$　これを解いて，$x=\dfrac{16}{3}$

これより，ER＝$\sqrt{2}$RS＝$\dfrac{16\sqrt{2}}{3}\,(\mathrm{cm})$　また，△EFGも直角二等辺三角形であることから，EG

＝$\sqrt{2}$EF＝$4\sqrt{2}\,(\mathrm{cm})$　AC∥GRより，平行線と線分の比の定理を用いると，CM：MG＝AC：

GR＝EG：(ER−EG)＝$4\sqrt{2}:\left(\dfrac{16\sqrt{2}}{3}-4\sqrt{2}\right)=3:1$　CM＝CG×$\dfrac{\mathrm{CM}}{\mathrm{CG}}=4\times\dfrac{3}{3+1}=3\,(\mathrm{cm})$　立

体ABCD−LMN＝四角錐A−BCML＋四角錐A−CDNMと考える。四角錐A−BCMLは台形
BCMLを底面としたとき，高さはAB，四角錐A−CDNMは台形CDNMを底面としたとき，高さ

はADだから，求める体積は$\dfrac{1}{3}\times\left\{\dfrac{1}{2}\times(\mathrm{BL}+\mathrm{CM})\times\mathrm{BC}\right\}\times\mathrm{AB}+\dfrac{1}{3}\times\left\{\dfrac{1}{2}\times(\mathrm{DN}+\mathrm{CM})\times\mathrm{CD}\right\}$

$\times\mathrm{AD}=\dfrac{1}{3}\times\left\{\dfrac{1}{2}\times(1+3)\times4\right\}\times4+\dfrac{1}{3}\times\left\{\dfrac{1}{2}\times(2+3)\times4\right\}\times4=\underline{24\,(\mathrm{cm}^3)}$

さらに詳しい解説は　▶▶▶　イカの巻 ⑩ で解き方を確認！

5 右の図1に示した立体ABCD－EFGHは，AB=6cm，AD=8cm，AE=24cmの
直方体である。次の各問に答えよ。 　　　　　　　　　　　　　　　　（東京・青山）

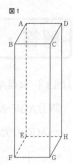

[問1] 　図1において，頂点Aと頂点Gを結び，頂点Cから線分AGに引いた
　　　垂線と線分AGとの交点をIとした場合を考える。
　　　線分CIの長さは何cmか。

[問2] 　右の図2は，図1において，辺AE，辺BF，辺CG上にある点をそれぞ
　　　れP，Q，Rとし，点Pと点Q，点Qと点Rをそれぞれ結んだ場合を表してい
　　　る。
　　　AP＝$x$cm，BQ＝3$x$cm，CR＝2$x$cm（0≦x≦8）とする。
　　　次の(1)，(2)に答えよ。

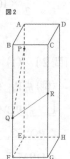

(1) 　アオさん，ヤマさんの2人は，点Pと点Rを結んでできる△PQRの形
　　について話をしている。

> アオさん：「△PQRはどんな三角形になるかな。」
> ヤマさん：「三角形には，二等辺三角形，正三角形，直角三角形，直角二等辺三角形
> 　　　　　　などがあるね。」
> アオさん：「△PQRの各辺の長さを考えてみようよ。」
> ヤマさん：「辺の長さを考えると，できる三角形とできない三角形が分かるね。」
> アオさん：「そうだね。□□□□はできるね。」
> ヤマさん：「本当だね。そのときのxの値を求めてみようよ。」

　　　□□□□の中には，以下のア～エの三角形のうち，1つ以上が入る。□□□□で選んだ三角形
　　のうち，1つを選び，解答欄に○を付け，その選んだ三角形になるときのxの値を求めよ。
　　ただし，答えだけでなく，答えを求める過程が分かるように，途中の式や計算なども書
　　け。
　　　ア　二等辺三角形　　　イ　正三角形　　　ウ　直角三角形　　　エ　直角二等辺三角形

(2) 　x=4とする。この直方体を3点P，Q，Rを通る平面で2つの立体に分けたとき，頂点Gを
　　含む立体の体積は何cm³か。

解答・解説

〔問1〕 4点A, E, G, Cを通る平面で切断すると右図のような長方形となる。

線分AGの長さは，$AG=\sqrt{6^2+8^2+24^2}=2\sqrt{9+16+144}=26$（cm）　なので，

△AGCの面積から次の等式が成り立つ。

$$\frac{1}{2}\times10\times24=\frac{1}{2}\times26\times CI \qquad これより，CI=\underline{\frac{120}{13}\,cm}$$

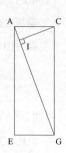

〔問2〕　(1)　(例)選んだ三角形ウ(途中の式や計算など)

(例)点P，点Rから辺BFにそれぞれ垂線を引き，その交点をL，Mとし，点Pから辺CGに垂線を引き，その交点をNとする。

△PQLで，三平方の定理より，$PQ^2=6^2+(2x)^2=4x^2+36\cdots$①

△QRMで，同様にして，$QR^2=8^2+x^2=x^2+64\cdots$②

△PRNで，同様にして，$PR^2=10^2+x^2=x^2+100\cdots$③

②，③より，$QR^2<PR^2$　つまり，$QR<PR$であるから，△PQRが直角三角形になるとき，斜辺は，PQまたはPRであると考えられる。

（ⅰ）　PQが斜辺のとき，△PQRで三平方の定理より，

$4x^2+36=x^2+64+x^2+100=2x^2+164$　　$x^2=64$　$0\leqq x\leqq8$より，$x=8$

（ⅱ）　PRが斜辺のとき，同様にして，

$x^2+100=4x^2+36+x^2+64=5x^2+100$　　$x^2=0$　$0\leqq x\leqq8$より，$x=0$

（ⅰ），（ⅱ）より，$x=0,\ 8$

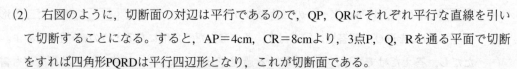

(2)　右図のように，切断面の対辺は平行であるので，QP，QRにそれぞれ平行な直線を引いて切断することになる。すると，AP＝4cm，CR＝8cmより，3点P，Q，Rを通る平面で切断をすれば四角形PQRDは平行四辺形となり，これが切断面である。

ここで，点Qを通り底面に平行な面で直方体を切断した場合を考えると，図のように四角形UQSTで切断することができ，立体ABCD－EFGHは二等分される。

また，平行四辺形PQRDで，立体ABCD－UQSTは二等分されるので，求める立体の体積は

立体ABCD－EFGHの$\frac{3}{4}$倍であるとわかる。よって，求める体積は，$6\times8\times24\times\frac{3}{4}=\underline{864}$

$\underline{(cm^3)}$

6 右の図1に示した立体ABC−DEFは，AB＝AC＝AD＝3cm，∠BAC＝∠BAD＝∠CAD＝90°の三角柱である。

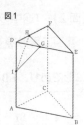

図1

点G，点H，点Iはそれぞれ辺DE，辺DF，辺DA上にある点で，DG＝DH＝DI＝$x$cm($0<x<3$)である。

点Gと点H，点Hと点I，点Iと点Gをそれぞれ結ぶ。

次の各問に答えよ。 （東京・八王子東）

[問1] 右の図2は，図1において，$x=2$の場合を表している。

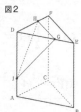

図2

次の(1)，(2)に答えよ。

(1) 立体ABCIGEFHの体積は何cm³か。

(2) 右の図3は，図2において，線分GI上にある点をPとし，頂点Bと点P，点Pと点Hをそれぞれ結んだ場合を表している。

BP＋PH＝ℓ cmとする。

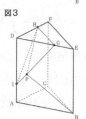

図3

点Pを線分GI上において動かすとき，最も小さくなるℓの値を求めよ。

[問2] 右の図4は，図1において，辺BCの中点，線分GHの中点をそれぞれL，Mとし，点Iと点L，点Lと点M，点Mと点Iをそれぞれ結んだ場合を表している。

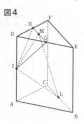

図4

$x=\dfrac{3}{2}$のとき，△ILMの面積は何cm²か。

ただし，解答欄には，答えだけでなく，答えを求める過程が分かるように，途中の式や計算なども書け。

解答・解説

[問1] (1) （三角柱ABC−DEFの体積）−（三角錐I−HDGの体積）$=\dfrac{1}{2}\times3\times3\times3-\dfrac{1}{3}\times\dfrac{1}{2}\times2$

$\times2\times2=\dfrac{27}{2}-\dfrac{4}{3}=\dfrac{81-8}{6}=\underline{\dfrac{73}{6}}$(cm³)

(2) 展開図を描き点BとHを直線で結ぶ　BP＋PHは展開図上の直線BHとなり，点Pは直線BHと線分GIの交点　△DEBについて三平方の定理より，DB＝$\sqrt{DE^2+EB^2}=\sqrt{3^2+3^2}=3\sqrt{2}$（…①）　点Pは正方形DABEの対角線DB上の点で，△DPGにおいて，∠GDP＝45°（…②）だから，

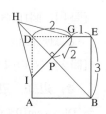

DG：DP＝$\sqrt{2}$：1，2：DP＝$\sqrt{2}$：1，$\sqrt{2}$DP＝2，DP＝$\sqrt{2}$　これと①より，PB＝DB−DP＝$3\sqrt{2}-\sqrt{2}=2\sqrt{2}$　また，HI＝IG＝GHより，∠HGI＝60°　△HPGにおいて，HP：PG＝$\sqrt{3}$：1，②より，GP＝DP＝$\sqrt{2}$だから，HP：$\sqrt{2}=\sqrt{3}$：1，HP＝$\sqrt{6}$　よって，ℓ＝BP＋PH＝$\underline{2\sqrt{2}+\sqrt{6}}$

〔問2〕 （途中の式や計算など） （例）Mから線分ALに引いた垂線をMKとするとMKは線分ALの垂直二等分線であり，MKは底面ABCに垂直である。△BACは，∠BAC＝90°の直角二等辺三角形であり，LB＝LCであるから，$AL=\dfrac{1}{\sqrt{2}}AB=\dfrac{3\sqrt{2}}{2}$　よって，$LM^2=MK^2+LK^2=3^2+\left(\dfrac{3\sqrt{2}}{2}\right.$

$\left.\times\dfrac{1}{2}\right)^2=\dfrac{81}{8}$　$IL^2=IA^2+AL^2=\left(\dfrac{3}{2}\right)^2+\left(\dfrac{3\sqrt{2}}{2}\right)^2=\dfrac{27}{4}=\dfrac{54}{8}$　さらに，△HIGは正三角形であり，

$GH=\dfrac{1}{2}EF=\dfrac{3\sqrt{2}}{2}$であるから，$MI=\dfrac{\sqrt{3}}{2}GI=\dfrac{\sqrt{3}}{2}GH=\dfrac{\sqrt{3}}{2}\times\dfrac{3\sqrt{2}}{2}=\dfrac{3\sqrt{6}}{4}$　よって，IL^2+

$MI^2=\dfrac{54}{8}+\left(\dfrac{3\sqrt{6}}{4}\right)^2=\dfrac{81}{8}=LM^2$が成り立ち，∠MIL＝90°　したがって，△ILMの面積をSとす

ると，$S=\dfrac{1}{2}\times IL\times MI=\dfrac{1}{2}\times\dfrac{3\sqrt{3}}{2}\times\dfrac{3\sqrt{6}}{4}=\dfrac{27\sqrt{2}}{16}$（cm²）

（補足説明）　点G，H，Iはそれぞれ辺DE，DF，DAの中点　4点D，A，L，Mは同一平面上にあり，この面と辺EFの交点をJとすれば，Jは辺EFの中点　またMはDJの中点　△ABLにおいて，AB：AL＝$\sqrt{2}$：1，3：AL＝$\sqrt{2}$：1，$\sqrt{2}$AL＝3，$AL=\dfrac{3\sqrt{2}}{2}$　△ILM＝台形DALM－△DIM－△IAL

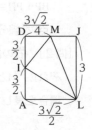

$=\dfrac{1}{2}\times\left(\dfrac{3\sqrt{2}}{4}+\dfrac{3\sqrt{2}}{2}\right)\times3-\dfrac{1}{2}\times\dfrac{3\sqrt{2}}{4}\times\dfrac{3}{2}-\dfrac{1}{2}\times\dfrac{3\sqrt{2}}{2}\times\dfrac{3}{2}=\dfrac{27\sqrt{2}}{8}-\dfrac{9\sqrt{2}}{16}-\dfrac{9\sqrt{2}}{8}$

$=\dfrac{27\sqrt{2}}{16}$（cm²）

7　右の図1に示した立体ABCD－EFGHは，AB＝AE＝4cm，AD＝$6\sqrt{2}$cmの直方体である。辺FG上の点をPとする。

頂点Aと点Pを結ぶ。線分APの中点をOとし，点Oと頂点B，点Oと頂点E，点Oと頂点Fをそれぞれ結ぶ。

次の各問に答えよ。　　　　　　　　　　　　　　（東京・立川）

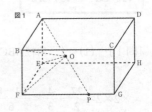

〔問1〕　図1において，点Oと頂点Gを結んだ場合を考える。FP＝$4\sqrt{2}$cmのとき，線分OGの長さは何cmか。

〔問2〕　右の図2は，図1において，点Pが頂点Gに一致するとき，辺AE，辺BF，辺CG，辺DH上にあり，AI＝BJ＝CK＝DL＝$x$cm（0＜x＜2）となる点をそれぞれI，J，K，L，この4点を含む平面と線分OA，線分OBとの交点をそれぞれQ，Rとし，点Iと点Q，点Jと点R，点Qと点Rをそれぞれ結んだ場合を表している。

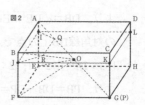

線分QRをQの方向に延ばした直線と，線分ILとの交点をSとした場合を考える。

次の(1)，(2)に答えよ。

(1) 線分ISの長さは何cmか，xを用いて表せ。

(2) $x=1$のとき，立体AIQ－BJRの体積は何cm³か。

ただし，答えだけでなく，答えを求める過程が分かるように，途中の式や計算なども書け。

解答・解説

［問1］　線分APは平面AFGD上にあるから点Oもこの平面上の点である。点Oを通りADと平行な直線と線分AF，DGの交点をそれぞれT，Uとすると，AO＝OPから，中点連結定理より点Tは線分AFの中点　また△AFPで，$TO=\dfrac{1}{2}FP=\dfrac{1}{2}\times4\sqrt{2}=2\sqrt{2}$　よって$OU=TU-TO=6\sqrt{2}-2\sqrt{2}=4\sqrt{2}$　また点Uも線分DGの中点だから，$UG=\dfrac{1}{2}DG$　△DCGで三平方の定理より，$DG=\sqrt{DC^2+CG^2}=\sqrt{4^2+4^2}=4\sqrt{2}$なので，$UG=\dfrac{1}{2}DG=\dfrac{1}{2}\times4\sqrt{2}=2\sqrt{2}$　△OUGで三平方の定理より，$OG=\sqrt{OU^2+UG^2}=\sqrt{(4\sqrt{2})^2+(2\sqrt{2})^2}=\underline{2\sqrt{10}\ (cm)}$

［問2］　(1)　線分AGは平面ABGHに含まれるから点Oもこの平面上にある。すると点Q，Rは平面ABGH上の点であり，また平面IJKL上の点でもあるから，直線QRは平面ABGHと平面IJKLの交線で，線分JKとの交点を右図のようにVとする　IL∥EHから△AEHで三角形の比の定理より，IS：EH＝AI：AE，$IS:6\sqrt{2}=x:4$，$4IS=6\sqrt{2}x$，$IS=\underline{\dfrac{3\sqrt{2}}{2}x\,(cm)}$

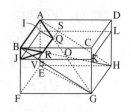

(2)　(途中の式や計算など)　(例)線分QRを延長して，線分JKと交わる点をTとする。$x=1$のとき，(1)より，$IS=\dfrac{3\sqrt{2}}{2}\,(cm)$となり，AS：AH＝IS：EH＝$\dfrac{3\sqrt{2}}{2}:6\sqrt{2}=1:4$となる。△AQSと△AGH（△APH）において，辺QSと辺GH（辺PH）が平行であるから，△AQS∽△AGHとわかり，その相似比は1：4となる。　GHの長さは4cmであるから，QSの長さは1cmである。求める立体AIQ－BJRの体積は，三角柱AIS-BJTの体積から，三角すいA－IQSの体積と三角すいB－JRTの体積を引いたものである。図の対称性より，三角すいA－IQSの体積と三角すいB－JRTの体積は，どちらも$\dfrac{1}{2}\times1\times\dfrac{3}{2}\sqrt{2}\times1\times\dfrac{1}{3}=\dfrac{\sqrt{2}}{4}$cm³となる。また，三角柱AIS－BJTの体積は，$\dfrac{1}{2}\times1\times\dfrac{3}{2}\sqrt{2}\times4=3\sqrt{2}\,(cm^3)$である。よって，求める立体AIQ－BJRの体積は，

$3\sqrt{2}-2\times\dfrac{\sqrt{2}}{4}=\dfrac{5\sqrt{2}}{2}\,(cm^3)$

8 右の図1に示した立体ABCD－EFGHは，1辺の長さが8cmの立方体である。辺EFおよび線分EFをFの方向に延ばした直線上にある点をPとする。次の各問に答えよ。

(東京・国立)

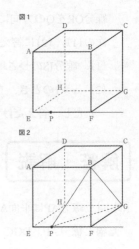

図1

[問1] 右の図2は，図1において，点Pと頂点B，頂点Bと頂点G，頂点Gと点Pをそれぞれ結んだ場合を表している。

(1) 点Pが辺EF上にあり，立体P－BFGの体積が立体ABCD－EFGHの体積の$\frac{1}{10}$倍になるとき，EPの長さは何cmか。

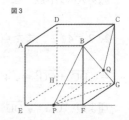

図2

(2) 右の図3は，図2において，EP＝4cmのとき，線分BG上にあり，頂点B，頂点Gのいずれにも一致しない点をQとし，点Pと点Q，頂点Cと点Qをそれぞれ結んだ場合を表している。PQ＋QCの長さが最も短くなるとき，△PQGと△BQCの面積の和は何cm²か。

ただし，答えだけでなく，答えを求める過程が分かるように，図や途中の式などもかけ。

図3

[問2] 下の図4は，図1において，EP=24cmのとき，辺CD，辺AE，辺FGの中点をそれぞれL，M，Nとし，辺CG上にあり，頂点C，頂点Gのいずれにも一致しない点をIとし，点Mと点N，点Nと点P，点Pと点M，点Lと点M，点Lと点N，点Lと点P，点Iと点M，点Iと点L，点Iと点Pをそれぞれ結んだ場合を表している。立体N－LMPと立体I－LMPの体積が等しいとき，IGの長さは何cmか。

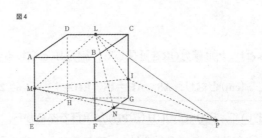

図4

解答・解説

[問1] (1) EP=$x$cmとするとき，立体P－BFGの体積は，$\frac{1}{3} \times \triangle BFG \times PF = \frac{1}{3} \times \left(\frac{1}{2} \times FG \times BF \right) \times (EF-EP) = \frac{1}{3} \times \left(\frac{1}{2} \times 8 \times 8 \right) \times (8-x) = \frac{32}{3}(8-x)$ (cm³)　これが立体ABCD－EFGHの体

積の$\frac{1}{10}$倍の$\frac{8^3}{10}$cm³になるとき，$\frac{32}{3}(8-x)=\frac{8^3}{10}$　これを解いて，$x=\frac{16}{5}$(cm)

(2)　（図や途中の式）　（例）立体PGCBの展開図の一部を考えて，点Qは線分BGと線分CPの交点である。ここで，CB＝CG＝8，PB＝PG＝$\sqrt{4^2+8^2}$＝$4\sqrt{5}$で△PBGと△CBGは二等辺三角形なので，QはBGの中点で，CP⊥BGである。CQ²＝8²－$(4\sqrt{2})^2$よりCQ＝$4\sqrt{2}$　PQ²＝$(4\sqrt{5})^2－(4\sqrt{2})^2$より

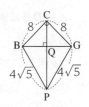

PQ＝$4\sqrt{3}$　よって　△PQG＋△CQB＝四角形PGCB×$\frac{1}{2}$＝$\left(BG×CQ×\frac{1}{2}+BG×PQ×\frac{1}{2}\right)$

$\times\frac{1}{2}$＝BG(CQ＋PQ)$\times\frac{1}{4}$＝$8\sqrt{2}(4\sqrt{2}+4\sqrt{3})\times\frac{1}{4}$＝$16+8\sqrt{6}$(cm²)

〔問2〕　辺EF，辺GHの中点をそれぞれR，Sとし，線分MPと辺BFとの交点をT，線分LPと面BFGCとの交点をUとする。また，点Uから辺FGへ垂線UVを引き，点Tから線分UVへ垂線TWを引く。立体N－LMPと立体I－LMPの体積が等しいとき，△LMPを共通の底面と考えると高さが等しいから，線分NI∥平面LMPである。また，線分NIと線分TUはともに面BFGC上にあり，かつ，線分TUは線分NIと平行な平面LMP上にもあるから，NI∥TUとなる。平行線と線分の比についての定理を用いると，TF：ME＝FP：EP＝(24－8)：24＝2：3　TF＝$\frac{2}{3}$ME＝$\frac{8}{3}$cm

UV：LS＝VP：SP＝FP：RP＝(24－8)：(24－4)＝4：5　UV＝$\frac{4}{5}$LS＝$\frac{32}{5}$cm　TW：RS＝

FV：RS＝FP：RP＝(24－8)：(24－4)＝4：5　TW＝$\frac{4}{5}$RS＝$\frac{32}{5}$cm　NI∥TUのとき，△NGI∽

△TWUとなるから，NG：IG＝TW：UW＝TW：(UV－WV)＝TW：(UV－TF)＝

$\frac{32}{5}:\left(\frac{32}{5}-\frac{8}{3}\right)$＝12：7　よって，IG＝$\frac{7}{12}$NG＝$\frac{7}{12}×4$＝$\frac{7}{3}$(cm)

さらに詳しい解説は　▶▶▶　イカの巻 で解き方を確認！

9 右の図1に示した立体ABCDE－FGHIJは，AB＝AE＝BC＝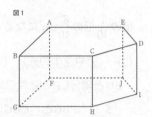
6cm，BG＝4cm，CD＝DE，∠ABC＝∠BAE＝∠CDE＝90°，
∠AEDと∠BCDはともに鈍角で，側面が全て長方形の五角柱で
ある。

次の各問に答えよ。 （東京・新宿）

［問1］ 頂点Aと頂点Hを結んだとき，線分AHの長さは何cmか。

［問2］ 右の図2は，図1において，五角形ABCDE上にある点を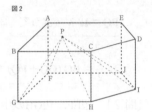
Pとし，点Pと頂点F，点Pと頂点G，点Pと頂点H，点Pと頂点I，
点Pと頂点Jをそれぞれ結んだ場合を表している。

次の(1)，(2)，(3)に答えよ。

(1) 頂点Gと頂点I，頂点Gと頂点Jをそれぞれ結んだ場合を考
える。点Pが，頂点Bと頂点Eを結んだ線分BE上にあるとき，
立体P－FGHIJの体積は，立体P－GIJの体積の何倍か。

(2) 右の図3は，図2において，点Pが，頂点Aと頂点C，頂点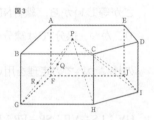
Bと頂点Eをそれぞれ結んだ線分ACと線分BEとの交点に一
致し，線分PF，線分PG上にある点をそれぞれQ，Rとした場
合を表している。

頂点Iと点Q，頂点Iと点R，点Qと点Rをそれぞれ結んだ場合
を考える。

PQ：QF＝2：1，PR：RG＝2：1のとき，△IQRの面積は何
cm²か。

(3) 右の図4は，図2において，点Pが，頂点Cと頂点Eを結ん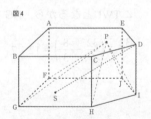
だ線分CEの中点に一致し，五角形FGHIJ上にある点をSと
し，頂点Dと点Sを結んだ場合を表している。

線分DSと線分PIが垂直に交わるとき，線分DSの長さは何cm
か。

解答・解説

［問1］ △AGHで，三平方の定理により，AH²＝AG²＋GH²＝AB²＋BG²＋GH²＝6²＋4²＋6²＝88
AH＞0より，AH＝$\underline{2\sqrt{22}}$ (cm)

［問2］ (1) 四角形FGHJは正方形，△HIJは直角二等辺三角形より，HJ＝6cm，HI＝IJ＝$\dfrac{HJ}{\sqrt{2}}$

＝$\dfrac{6\times\sqrt{2}}{2}$＝$3\sqrt{2}$ (cm) 五角形FGHIJの面積は，$6^2+\dfrac{1}{2}\times(3\sqrt{2})^2$＝45 (cm²) △GIJの面積は，

$45-\dfrac{1}{2}\times 6\times 6-\dfrac{1}{2}\times 6\times 3=18(\text{cm}^2)$　立体P－FGHIJと立体P－GIJの底面をそれぞれ五角形

FGHIJ，△GIJとすると，高さが等しいから，体積の比は底面積の比に等しい。よって，（立体

P－FGHIJ）：（立体P－GIJ）＝（五角形FGHIJ）：△GIJ＝45：18＝5：2より，$\underline{\dfrac{5}{2}}$倍。

(2)　PQ：PF＝PR：PG＝2：3なので，三角形と比の定理の逆により，

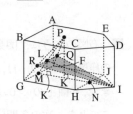

QR∥FG　よって，$QR=\dfrac{2}{3}FG=\dfrac{2}{3}\times 6=4(\text{cm})$　線分QR，FG，JH

の中点をそれぞれL，M，Nとし，点P，Lから線分IMに垂線PK，

LK′をそれぞれひく。点Kは線分MNの中点であり，△IJNは直角二

等辺三角形だから，MK＝KN＝NI＝3cm　△PMKで，LK′∥PKなので，三角形と比の定理

により，MK′：K′K＝ML：LP＝FQ：QP＝1：2　よって，$K'K=\dfrac{2}{3}MK=\dfrac{2}{3}\times 3=2(\text{cm})$

また，LK′：PK＝MK′：MK＝1：3より，$LK'=\dfrac{1}{3}PK=\dfrac{1}{3}\times 4=\dfrac{4}{3}(\text{cm})$　△LK′Iで，三平

方の定理により，$IL^2=LK'^2+K'I^2=\left(\dfrac{4}{3}\right)^2+(2+3+3)^2=\dfrac{592}{9}$　IL＞0より，$IL=\dfrac{4\sqrt{37}}{3}(\text{cm})$

したがって，△IQRの面積は，$\triangle IQR=\dfrac{1}{2}\times QR\times IL=\dfrac{1}{2}\times 4\times\dfrac{4\sqrt{37}}{3}=\underline{\dfrac{8\sqrt{37}}{3}}(\text{cm}^2)$

(3)　3点D，M，Iを通る平面を考える。△IDPと△SIDにおいて，

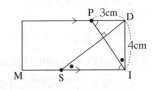

∠IDP＝∠SID＝90°…（ⅰ）　PD∥SIより，平行線の錯角は等し

いから，∠DPI＝∠SIP　よって，∠PID＝90°－∠DPI＝90°－

∠SIP＝∠DSI…（ⅱ）　（ⅰ），（ⅱ）より，2組の角がそれぞれ等

しいから，△IDP∽△SID　よって，PI：DS＝DP：ID　ここで，△IDPで，三平方の定理に

より，$PI^2=DP^2+DI^2=3^2+4^2=25$　PI＞0より，PI＝5(cm)　5：DS＝3：4　3DS＝20　DS

$=\underline{\dfrac{20}{3}}(\text{cm})$

3章　関数

関数，グラフと図形

1 右図のように，関数$y=ax^2$のグラフ上に3点A，B，Cがある。点A
の座標は，（−2，1），点B，Cのx座標は，それぞれ4，8である。
また，y軸上の$y>0$の範囲に，△ABC＝△DBCとなる点Dをとる。
このとき，次の各問いに答えなさい。　　　　　　　　　　（京都府）

(1) aの値を求めなさい。また，点Bのy座標を求めなさい。

(2) 直線ADの式を求めなさい。

解答・解説

(1) ┃グラフ上の点の座標は，グラフの式に代入して式が成り立つ。┃

だから，（−2，1）を$y=ax^2$に代入すると，$1=a×(−2)^2$　　$4a=1$　　$a=\dfrac{1}{4}$　　よって，この

グラフの式は，$y=\dfrac{1}{4}x^2$　　この式に，点Bのx座標を代入すると，$y=\dfrac{1}{4}×4^2=4$　　点Bのy座

標は<u>4</u>である。

(2) △ABCと△DBCはBCが共通なので，点A，点DからBCまでの距離が等しいときに面積が等

しくなる。┃平行線間の距離は一定である。┃　　よって，AD∥BCのときに，△ABC＝△DBCと

なる。┃平行な直線は傾きが等しい。┃　　そこで，点Cのy座標を求めて，BCの傾きを出す。点

Cのx座標が8だから，$y=\dfrac{1}{4}×8^2=16$　　C(8，16)　　┃直線の傾き＝$\dfrac{yの増加量}{xの増加量}$┃　　よって，直

線BCの傾きは，$\dfrac{16-4}{8-4}=3$　　直線ADの式を$y=3x+b$とおいて，（−2，1）を代入すると，$1=$

$3×(−2)+b$　　$b=7$　　よって，直線ADの式は，<u>$y=3x+7$</u>

2 右図のように，原点をOとし，関数$y=ax^2$のグラフ上に2点A$(-2,$ 1)，B$(6,$ $b)$がある。このとき，次の各問いに答えなさい。

(佐賀県)

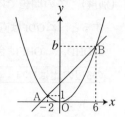

(1) a，bの値を求めなさい。

(2) 2点A，Bを通る直線の式を求めなさい。

(3) △OABの面積を求めなさい。

(4) 線分AB上に，OH⊥ABとなるように点Hをとるとき，OHの長さを求めなさい。

(5) 点Bを通り，x軸に平行な直線上に点Pをとり，△PABの面積が△OABの面積と等しくなるようにする。このとき，点Pのx座標を求めなさい。ただし，点Pのx座標は6より大きいものとする。

解答・解説

(1) A$(-2,$ 1)が$y=ax^2$のグラフ上にあるので，$1=a\times(-2)^2$　　$a=\underline{\dfrac{1}{4}}$　　よって，この関数の式は，$y=\dfrac{1}{4}x^2$であり，B$(6,$ $b)$はそのグラフ上の点だから，$b=\dfrac{1}{4}\times6^2=\underline{9}$

(2) 直線ABの傾きは，$\dfrac{9-1}{6-(-2)}=1$　　よって，$y=x+b$とおいて，$(-2,$ 1)を代入すると，$1=-2+b$　　$b=3$　　したがって，直線ABの式は，$\underline{y=x+3}$

(3) 直線ABとy軸との交点をDとすると，△OAB＝△OAD＋△OBD　　$\boxed{\text{△OAD，△OBDはODをそれぞれの底辺とみると，点A，点Bから}y\text{軸までの距離がそれぞれの三角形の高さとなる。}}$　D$(0,$ 3)なので，OD＝3　　点A，点Bからy軸までの距離はそれぞれ2，6　　よって，△OAB $=\dfrac{1}{2}\times3\times2+\dfrac{1}{2}\times3\times6=\underline{12}$

(4) △OABの面積を，$\dfrac{1}{2}\times$AB$\times$OHで求めることを考えると，ABの長さが求められれば，OHの長さがわかる。$\boxed{\text{2点}(x_1,\ y_1),\ (x_2,\ y_2)\text{間の距離は，三平方の定理を用いて，}\sqrt{(x_2-x_1)^2+(y_2-y_1)^2}\text{で求められる。}}$　　点Aを通りx軸に平行な直線と，点Bを通りy軸に平行な直線の交点をEとし，△AEBで三平方の定理を用いると，AB$=\sqrt{8^2+8^2}=\sqrt{128}=8\sqrt{2}$　　よって，△OAB$=\dfrac{1}{2}\times$ $8\sqrt{2}\times$OH$=12$　$\boxed{\text{分母が無理数の分数は，分母・分子に同じ数をかけて，分母を有理数に直す。}}$　　よって，OH$=\dfrac{12}{4\sqrt{2}}=\dfrac{3}{\sqrt{2}}=\underline{\dfrac{3\sqrt{2}}{2}}$

3章 関数

（別解）　この問題では，直線ABの傾きが1なので，ABとx軸の交点をFとすると，△ODFは直角二等辺三角形となるから，ABに垂線OHを引くと，△OHD，△OHFは合同な直角二等辺三角形となる。直角二等辺三角形の3辺の比は$1:1:\sqrt{2}$である。　　　よって，DF＝$3\sqrt{2}$，OH＝DH＝FH

$=\dfrac{3\sqrt{2}}{2}$

(5)　OP∥ABのときに，△PAB＝△OABとなる。平行な直線の傾きは等しいので，直線OPの傾きは1　　よって，直線OPの式は，$y＝x$　　点Pのy座標は9なので，点Pのx座標も<u>9</u>になる。

3　右図のように，関数$y＝x^2$のグラフ上に点A$(2,\ 4)$，y軸上に点B$(0,\ a)$がある。点Bを通り，OAに平行な直線と，関数$y＝x^2$のグラフとの2つの交点のうち，x座標が小さい方をC，大きい方をDとする。ただし，$a>0$とする。これについて，次の各問いに答えなさい。　　　　　　　　　　　　　　（広島県）

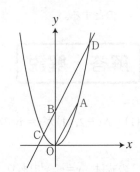

(1)　$a＝5$のとき，△ACOの面積を求めなさい。

(2)　四角形ABCOが平行四辺形となるとき，aの値を求めなさい。

(3)　点Dのy座標が点Cのy座標の16倍となるとき，点Cのx座標を求めなさい。

解答・解説

(1)　平行線間の距離は一定である。⇒面積の等しい三角形ができる。　　BC∥AOなので，△ACOと△ABOはAOを底辺とみたときの高さが等しいから面積が等しい。△ABOの面積は，BOを底辺とみると，点Aからy軸までの距離が高さとなる。よって，$\dfrac{1}{2}×5×2＝5$　　したがって，△ACOの面積は<u>5</u>である。

＊直線CDの式を求め，$y＝x^2$のグラフと直線CDの交点として点Cの座標を求める方法もあるが，この問題の場合には，点Cの座標が複雑な無理数となるので，たいへんなことになる。

(2)　平行四辺形の対角線はそれぞれの中点で交わる。　　四角形ABCOが平行四辺形となるとき，対角線ACとBOの交点をEとすると，点Eはy軸上にあり，AE＝CEとなる。よって，点Cのx座標は-2となるから，C$(-2,\ 4)$　　よって，E$(0,\ 4)$　　OE＝BEなので，B$(0,\ 8)$　　したがって，<u>$a＝8$</u>

（別解）　平行四辺形の対辺は平行であり，かつ，長さが等しい。　　　　点Bと点Cのx座標，y座標の差は，点Aと点Oのx座標，y座標の差に等しいから，C$(-2,\ a-4)$と表すことができる。この座標を$y=x^2$に代入すると，$a-4=(-2)^2$　　よって，$a=8$

(3)　点Cのx座標を$-m$とすると，C$(-m,\ m^2)$　　点Dのy座標は$16m^2$と表されるから，点Dのx座標は，$16m^2=x^2$　　$x>0$なので，$x=4m$　　直線CDの傾きをmを用いて表すと，

$\dfrac{16m^2-m^2}{4m-(-m)}=3m$　　これが直線OAの傾きに等しいから，$3m=2$　　$m=\dfrac{2}{3}$　　よって，点Cのx座標は，$-\dfrac{2}{3}$

4　右図において，①は関数$y=ax^2\ (a>0)$のグラフであり，②は放物線$y=-\dfrac{1}{2}x^2$のグラフである。点Aの座標は$(5,\ 0)$である。また，点Bは放物線②上の点であり，そのx座標は4である。このとき，次の各問いに答えなさい。　　　　　　　　　　　（静岡県）

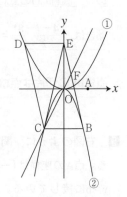

(1)　点Aを通り，傾きが3である直線の式を求めなさい。

(2)　xの変域が$-2\leqq x\leqq 5$であるとき，関数$y=ax^2$のyの変域を，aを用いて表しなさい。

(3)　点Bからy軸に引いた垂線の延長と放物線②との交点をCとする。放物線①上に点Dを，y軸上に点Eを，四角形DCBEが平行四辺形となるようにとる。直線COと直線EBとの交点をFとする。△EOCの面積が△EOFの面積の2倍となるときの，aの値を求めなさい。求める過程も書きなさい。

解答・解説

(1)　傾き3の直線の式を$y=3x+b$として，A$(5,\ 0)$を代入すると，$0=15+b$　　$b=-15$　　よって，$y=3x-15$

(2)　$y=ax^2$の関数では，xの変域が0をはさむとき，yの最小値，または，yの最大値は0である。　$x=-2,\ 0,\ 5$のときのyの値をaを用いて表すと，$y=4a,\ 0,\ 25a$　　$a>0$なので，yの変域は，$0\leqq y\leqq 25a$

(3) （求める過程）　点Bのx座標が4なので，y座標は，$y=-\dfrac{1}{2}\times 4^2=-8$　　B$(4,\ -8)$　　$\boxed{y=}$

$\boxed{ax^2\text{のグラフは}y\text{軸について対称である。}}$　　　よって，C$(-4,\ -8)$　　BC$=8$となる。四角形

DCBEは平行四辺形なので，DE$=$BC$=8$　　よって，点Dのx座標は-8，y座標はaを用いて，

$a\times(-8)^2=64a$　　よって，D$(-8,\ 64a)$，E$(0,\ 64a)$　　$\boxed{\text{底辺が等しい三角形では，面積の比}}$

$\boxed{\text{は高さの比に等しい。}}$

△EOCと△EOFはEOを底辺とみると，点C，点Fからy軸までの距離がそれぞれの高さとなる。

点Cのx座標が-4なので，△EOCの面積が△EOFの面積の2倍となるとき，点Fのx座標は2で

ある。直線COの式は，$y=2x$だから，点Fのy座標は4　　F$(2,\ 4)$　　直線BFの式を求めると，

傾きは，$\dfrac{4-(-8)}{2-4}=-6$　　$y=-6x+b$とおいて$(2,\ 4)$を代入すると，$4=-12+b$　　$b=16$

直線BFの切片は点Eのy座標だから，$64a=16$　　$a=\dfrac{1}{4}$

5　右図のように，関数$y=ax^2(a>0)$のグラフ上に2点A，Bがあ
る。点Aの座標は$(-3,\ 3)$で，点Bを中心とする円がy軸と直線
$y=6$に接している。次の各問いに答えなさい。ただし，座標
軸の単位の長さは1cmとする。　　　　　　　　　　（兵庫県）

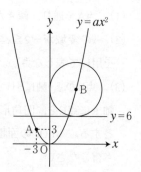

(1)　aの値を求めなさい。

(2)　点Bを中心とする円の半径を求めなさい。

(3)　円Bの周上に点Pをとり，線分APの長さが最も長くなる
　　ようにする。このとき，APの長さを求めなさい。

解答・解説

(1)　点Aが$y=ax^2$のグラフ上にあるので，$(-3,\ 3)$を代入すると，$3=a\times(-3)^2$　　$9a=3$

$a=\dfrac{1}{3}$

(2)　$\boxed{\text{円の接線は接点を通る半径に垂直である。}}$　　点Bのx座標をmとすると，円Bの半径はmで

ある。また，点Bは$y=\dfrac{1}{3}x^2$のグラフ上にあるので，y座標は$\dfrac{1}{3}m^2$と表せる。点Bからy軸までの

距離はm，直線$y=6$までの距離は$\dfrac{1}{3}m^2-6$であり，円の半径は一定だから，$\dfrac{1}{3}m^2-6=m$　　こ

の二次方程式を解けばmの値が求められる。mを移項して両辺を3倍すると，$m^2-3m-18=0$

左辺を因数分解して，$(m-6)(m+3)=0$　　$m>0$なので，$m=6$　　したがって，円Bの半径は**6cm**である。

(3)　円の弦のうち最大のものは直径である。　　線分APの長さが最も長くなるのは中心Bを通るときである。そのときのBPの長さは6なので，ABの長さを求めて6を加えればよい。

A$(-3, 3)$，B$(6, 6+6)$であり，点Aを通りx軸に平行な直線と，点Bを通りy軸に平行な直線との交点をCとすると，AC=BC=9となり，△ACBは直角二等辺三角形となる。よって，3辺の比が$1:1:\sqrt{2}$となるから，AB$=9\sqrt{2}$　　したがって，**AP$=6+9\sqrt{2}$ (cm)**

＊2点A，Bの座標がわかっているのだから，AB$=\sqrt{\{6-(-3)\}^2+(12-3)^2}$として求める方法もある。

6 右図のように，放物線$y=x^2$上に2点AとBを，放物線$y=-\dfrac{1}{2}x^2$上に

2点CとDをとる。ただし，線分ABと線分CDはx軸に平行で，線分ADと線分BCはy軸に平行である。　　　　　　　　　　　　（沖縄県）

問1　点Aのx座標が2のとき，次の各問いに答えなさい。

　(1)　点Aのy座標を求めなさい。

　(2)　四角形ABCDの対角線の交点の座標を求めなさい。

　(3)　点$(1, 3)$を通り，四角形ABCDの面積を二等分する直線の式を求めなさい。

問2　点Aのx座標をaとするとき，次の各問いに答えなさい。

　(1)　線分ADの長さをaを用いた式で表しなさい。

　(2)　四角形ABCDが正方形となるようなaの値を求めなさい。

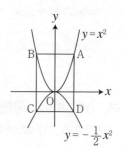

解答・解説

問1　(1)　点Aは$y=x^2$上の点なので，y座標は$y=2^2=$**4**

　(2)　放物線はy軸について対称なので，点Bのx座標は-2　　点Cのx座標も-2だから，点Cの

y座標は，$y=-\dfrac{1}{2}\times(-2)^2=-2$　　四角形ABCDは長方形である。長方形は平行四辺形の

仲間である。　　長方形の対角線はそれぞれの中点で交わるから，対角線の交点をEとすると，

点Eは線分ACの中点である。　　2点(x_1, y_1)，(x_2, y_2)の中点の座標は，$\left(\dfrac{x_1+x_2}{2}, \dfrac{y_1+y_2}{2}\right)$

である。　　A$(2, 4)$，C$(-2, -2)$なので，対角線の交点の座標は，$\left(\dfrac{2-2}{2}, \dfrac{4-2}{2}\right)$

つまり，**$(0, 1)$**である。

(3)　平行四辺形の対角線の交点を通る直線は，その平行四辺形の面積を二等分する。　点

(1，3)を通る直線が，長方形ABCDの対角線の交点(0，1)を通るとき，その直線は四角形

ABCDを二等分する。その直線の傾きは，$\dfrac{3-1}{1-0}=2$，切片は1なので，$\underline{y=2x+1}$

問2　(1)　点Aのx座標がaのとき，2点A，Dの座標をaを用いて表すと，$A(a,\ a^2)$，$D\left(a,\ -\dfrac{1}{2}a^2\right)$

よって，線分ADの長さは，$a^2-\left(-\dfrac{1}{2}a^2\right)=\underline{\dfrac{3}{2}a^2}$

(2)　四角形ABCDが正方形となるとき，AB＝AD　　AB＝$2a$と表せるので，二次方程式$\dfrac{3}{2}a^2$

＝$2a$の解を求めればよい。$2a$を移項して両辺を2倍すると，$3a^2-4a=0$　　$a(3a-4)=0$

$a>0$なので，$3a-4=0$　　$\underline{a=\dfrac{4}{3}}$

7　右図の①は，関数$y=ax^2$，②は①と2点A，Bで交わる直線のグラ
フである。点Aの座標は，$(-4，8)$，点Bのx座標は，$x=2$である。
また，②とx軸との交点をCとする。このとき，次の各問いに答え
なさい。
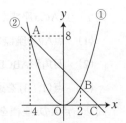
(鳥取県)

(1)　aの値を求めなさい。

(2)　①の関数$y=ax^2$について，xの値が-2から6まで変化するときの変化の割合を求めなさい。

(3)　点Bを通り，△OABの面積を二等分する直線の式を求めなさい。

(4)　△OACを，②の直線を軸として回転させてできる立体の体積を求めなさい。ただし，円
周率はπとする。

解答・解説

(1)　A$(-4，8)$が$y=ax^2$のグラフ上にあるので，$8=a\times(-4)^2$　　$16a=8$　　$a=\dfrac{8}{16}=\underline{\dfrac{1}{2}}$

(2)　①の関数は，$y=\dfrac{1}{2}x^2$なので，$x=-2$，$x=6$のときのyの値はそれぞれ，$y=\dfrac{1}{2}\times(-2)^2=2$，

$y=\dfrac{1}{2}\times6^2=18$　　よって，変化の割合$=\dfrac{y\text{の増加量}}{x\text{の増加量}}=\dfrac{18-2}{6-(-2)}=\underline{2}$

＊$-2\leqq x\leqq6$のときのyの変域は，$0\leqq y\leqq18$　　このことと混同しないように！

(3)　線分OAの中点をDとする。| 三角形の1つの頂点と，その点と向かい合う辺の中点を結ぶ直 |

| 線は，その三角形の面積を二等分する。|　　　△BOD，△BADの底辺をそれぞれOD，ADとみる

と，底辺も高さも等しいので，△BOD＝△BAD　　点Dの座標は，$\left(\dfrac{-4+0}{2}, \dfrac{8-0}{2}\right)=(-2, 4)$

点Bのy座標は，$y=\dfrac{1}{2}\times 2^2=2$　　よって，直線BDの傾きは，$\dfrac{2-4}{2-(-2)}=-\dfrac{1}{2}$　　$y=-\dfrac{1}{2}x$

$+b$とおいて，$(-2, 4)$を代入すると，$4=-\dfrac{1}{2}\times(-2)+b$　　$b=3$　　よって，△OABの面

積を二等分する直線の式は，$\underline{y=-\dfrac{1}{2}x+3}$

(4)　線分OA，OB，ABの長さをそれぞれ求めてみると，OA$=\sqrt{4^2+8^2}=\sqrt{80}=4\sqrt{5}$　　OB$=$

$\sqrt{2^2+2^2}=\sqrt{8}=2\sqrt{2}$　　AB$=\sqrt{(8-2)^2+(-4-2)^2}=\sqrt{72}=6\sqrt{2}$　　よって，OB$^2+$AB$^2=80$

$=$OA^2　　したがって，△OABは三平方の定理が成り立つので，∠OBA$=90°$の直角三角形で

ある。よって，OBは△OACをACを軸として回転させてできる2つの円錐の底面の半径となる。

| 円錐の体積は，$\dfrac{1}{3}\times$底面積$\times$高さで求められる。|　　直線ABの式は，$y=\dfrac{8-2}{-4-2}x+b$に$(2, 2)$

を代入すると$b=4$なので，$y=-x+4$　　$0=-x+4$から，$x=4$　　C$(4, 0)$　　よって，BC$=$

$\sqrt{2^2+(4-2)^2}=2\sqrt{2}$　　したがって，$\dfrac{1}{3}\times\pi\times(2\sqrt{2})^2\times6\sqrt{2}+\dfrac{1}{3}\times\pi\times(2\sqrt{2})^2\times2\sqrt{2}=\dfrac{1}{3}\times$

$\pi\times(2\sqrt{2})^2\times(6\sqrt{2}+2\sqrt{2})=\underline{\dfrac{64\sqrt{2}}{3}\pi}$

8　右図で，①は関数$y=ax^2$のグラフであり，点$(4, 8)$を通っ
ている。また，②はx軸に平行な直線である。2つの円の
中心A，Bは①上にあり，円Aはx軸，y軸，②に接し，円B
はy軸と②に接している。次の各問いに答えなさい。ただ
し，座標軸の単位の長さを1cmとする。　　　　　　（青森県）

(1)　aの値を求めなさい。

(2)　点Aの座標を求めなさい。

(3)　線分ABの長さを求めなさい。

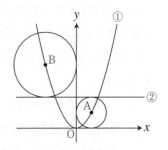

解答・解説

(1) 点$(4, 8)$が$y=ax^2$上にあるので，$8=a \times 4^2$ $\quad 16a=8$ $\quad \underline{a=\dfrac{1}{2}}$

(2) 点Aのx座標をmとすると，点Aは$y=\dfrac{1}{2}x^2$上の点だから，y座標は$\dfrac{1}{2}m^2$ $\quad$円Aがx軸，y軸に

接しているから，点Aからx軸，y軸までの距離は等しい。よって，$\dfrac{1}{2}m^2=m$ $\quad$両辺を2倍し

て整理すると，$m^2-2m=0$ $\quad m(m-2)=0$ $\quad m>0$より，$m=2$ $\quad \dfrac{1}{2} \times 2^2=2$ $\quad$よって，

<u>A$(2, 2)$</u>

(3) 円Aの直径は4なので，②の直線の式は，$y=4$ $\quad$点Bのx座標を$n(n<0)$とすると，y座標は，

$\dfrac{1}{2}n^2$ $\quad$点Bのy座標を用いて円Bの半径を表すと，$\dfrac{1}{2}n^2-4$ $\quad$点Bのx座標を用いて円Bの半径

を表すと，$-n$ $\quad$よって，$\dfrac{1}{2}n^2-4=-n$ $\quad$両辺を2倍して整理すると，$n^2+2n-8=0$ $\quad (n+$

$4)(n-2)=0$ $\quad n=-4, 2$ $\quad n<0$なので，$n=-4$ $\quad$点Bのy座標は，$\dfrac{1}{2} \times (-4)^2=8$ $\quad$よ

って，A$(2, 2)$，B$(-4, 8)$だから，線分ABの長さは，$\sqrt{(-4-2)^2+(8-2)^2}=\sqrt{72}=\underline{6\sqrt{2} \text{ (cm)}}$

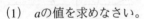

9 右の図のように，関数$y=\dfrac{1}{5}x^2$のグラフ上に点Aがあり，点Aを

通り，y軸に平行な直線と関数$y=ax^2$のグラフとの交点をBとする。
点Aのx座標は5で，点Bのy座標は-15である。また，2点A，Bと
y軸に関して対称な点をそれぞれC，Dとし，長方形ACDBをつく
る。このとき，次の(1)～(3)の問いに答えなさい。ただし，$a<0$
とする。 $\quad$（千葉県）

(1) aの値を求めなさい。

(2) 2点B，Cを通る直線の式を求めなさい。

(3) 右の図のように，長方形ACDBと合同な長方形CEBFをかい
た。このとき，2点E，Fを通る直線の式を求めなさい。

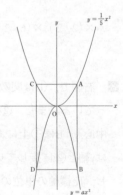

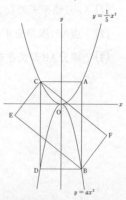

解答・解説

(1) 問題の条件より，点Bの座標はB$(5, -15)$　関数$y=ax^2$は点Bを通るから，$-15=a\times5^2=$
$25a$　$\underline{a=-\dfrac{3}{5}}$

(2) 点Aは$y=\dfrac{1}{5}x^2$上にあるから，そのy座標は$y=\dfrac{1}{5}\times5^2=5$よって，A$(5, 5)$これより，放物線
がy軸に関して線対称であることを考慮すると，C$(-5, 5)$　直線BCの傾きは$\dfrac{5-(-15)}{-5-5}=$
-2　直線BCの式を$y=-2x+b$とおくと，点Cを通るから，$5=-2\times(-5)+b$　$b=-5$　直線
BCの式は$\underline{y=-2x-5}$

(3) 長方形ACDBがy軸に関して線対称であることと，直線BCの切片が-5であることから，対
角線BCの中点は$(0, -5)$である。また，対角線BCは長方形CEBFの対角線でもあることから，
対角線EFの中点も$(0, -5)$であり，直線EFの式は$y=ax-5\cdots$①　とおくことができる。辺AB
と辺CFの交点をPとすると，$\triangle$ACP$\equiv\triangle$FBPである。これより，BP$=x$とおくと，FP$=$AP$=$AB
$-$BP$=\{5-(-15)\}-x=20-x$　$\triangle$FBPに三平方の定理を用いると，BP$^2=$FB$^2+$FP$^2=$AC$^2+$FP^2
これより，$x^2=\{5-(-5)\}^2+(20-x)^2$　これを解いて，$x=$BP$=\dfrac{25}{2}$，FP$=20-\dfrac{25}{2}=\dfrac{15}{2}$　点Fか
ら辺BPへ垂線FHを引く。$\triangle$FBPの底辺と高さの位置を変えて面積を考えると，$\dfrac{1}{2}\times$BP$\times$FH
$=\dfrac{1}{2}\times$FB$\times$FP　これより，FH$=$FB$\times$FP$\div$BP$=10\times\dfrac{15}{2}\div\dfrac{25}{2}=6$　$\triangle$HBFに三平方の定理を用
いると，FB$^2=$HB$^2+$FH^2　これより，HB$^2=$FB$^2-$FH$^2=10^2-6^2=64$　HB>0よりHB$=\sqrt{64}=8$
よって，点Fの座標は，点Bの座標から，x軸の正方向にFHの長さ分移動し，またy軸の正方向
にHBの長さ分移動するからF$(11, -7)$　　直線EFは点Fを通るから，①に代入して，$-7=$
$11a-5$　$a=-\dfrac{2}{11}$　直線EFの式は$\underline{y=-\dfrac{2}{11}x-5}$

(補足説明：$\triangle$ACP$\equiv\triangle$FBPに関して)　AC$=$FB$\cdots$②　$\angle$CAP$=\angle$BFP$\cdots$③　$\angle$APC$=\angle$FPB$\cdots$
④　③，④より，$\angle$ACP$=180°-\angle$CAP$-\angle$APC$=180°-\angle$BFP$-\angle$FPB$=\angle$FBP$\cdots$⑤　②，
③，⑤より，1組の辺とその両端の角がそれぞれ等しいので$\triangle$ACP$\equiv\triangle$FBP

[10] 図1のように，関数$y=\dfrac{1}{4}x^2\cdots$① のグラフ上に2点

A，Bがあり，直線ABはx軸に平行で，点Aのx座標は6である。下の問1〜問3に答えなさい。（島根県）

問1　次の1，2に答えなさい。

1　点Bのx座標を求めなさい。

2　関数①について，xの値が0から6まで増加するときの変化の割合を求めなさい。

問2　図2のように四角形OAPBがひし形になるようにy軸上に点Pをとり，直線OA上にx座標が正である点Cをとる。下の1，2に答えなさい。

1　四角形OAPBの面積を求めなさい。

2　△PBAと△CBAの面積が等しくなるときの点Cの座標を求めなさい。

問3　図3のように，関数①と反比例$y=-\dfrac{12}{x}\ (x>0)$

…② のグラフがある。さらにx軸に平行な直線ℓを関数②と交わるようにひく。このとき，直線ℓとy軸との交点をQ，直線ℓと関数②との交点をRとする。点Qのy座標が-3のとき，下の1，2に答えなさい。

1　点Rのx座標を求めなさい。

2　図4のように，関数①のグラフ上に2点D，Eをとる。点D, Eのx座標は，それぞれ正，負とし，四角形DEQRが平行四辺形になるとき，下の(1)，(2)に答えなさい。

(1)　点Dの座標を求めなさい。

(2)　点Rを通る直線で平行四辺形DEQRを2つに分け，大きいほうと小さいほうの面積比を3：1にするには，どのような直線をひけばよいか。そのうちの1本について，「点Rと ☐☐☐ を通る直線」という形で答えなさい。ただし， ☐☐☐ には[例1][例2]などのように平行四辺形DEQRの周上の点を示す言葉や座標を入れること。

[例1]　| 辺RDを1：2に分ける点 |

[例2]　| 点(1，-3) |

図1
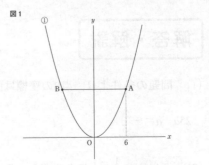

図2
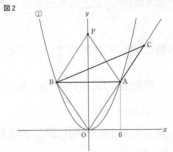

図3
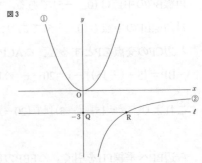

図4
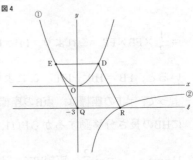

解答・解説

問1 1 2点A，Bはy軸について対称だから，点Bのx座標は$\underline{-6}$

2 xの増加量は，$6-0=6$　yの増加量は，$\dfrac{1}{4}\times6^2-\dfrac{1}{4}\times0^2=9$　（変化の割合）$=\dfrac{y\text{の増加量}}{x\text{の増加量}}=$

$\dfrac{9}{6}=\underline{\dfrac{3}{2}}$

問2 1 点Aのy座標は，$y=\dfrac{1}{4}x^2$に$x=6$を代入して，$y=\dfrac{1}{4}\times6^2=9$　ひし形の対角線はそれぞれ

の中点で直角に交わるから，点Pの座標は$(0，18)$　よって，四角形のOAPBの面積は，$\triangle$OAP

$\times2=\left(\dfrac{1}{2}\times18\times6\right)\times2=\underline{108}$

2 直線OAの式は$y=\dfrac{3}{2}x\cdots$③　$\triangle$PBA$=\triangle$CBAのとき，平行線と面積の関係より，AB∥CPで

あるから，点Cのy座標は18　③に$y=18$を代入して，$18=\dfrac{3}{2}x$　$x=12$　よって，$\underline{\text{C}(12，18)}$

問3 1 点Rは②のグラフ上の点だから，x座標は$y=-\dfrac{12}{x}$に$y=-3$を代入して，$-3=-\dfrac{12}{x}$

$x=\underline{4}$

2 (1) 平行四辺形の向かいあう辺は等しいから，ED=QR=4　2点D，Eはy軸について対称

だから，点Dのx座標は2であり，y座標は，$y=\dfrac{1}{4}x^2$に$x=2$を代入して，$y=\dfrac{1}{4}\times2^2=1$　よっ

て，点Dの座標は$\underline{(2，1)}$

(2) 平行四辺形の対角線は面積を2等分するから，$\triangle$EDR$=\triangle$EQR　よって，点Rと<u>辺DEの</u>
<u>中点</u>を通る直線，または，点Rと<u>辺EQの中点</u>を通る直線は，直線で分けられた2つの図形
の面積を3：1にする。

Ⅱ 　関数$y=x^2$…①，関数$y=ax^2$…②のグラフがある。直線$x=2$と①，②，x軸との交点をそれぞれA，P，Qとする。直線$x=3$と②，x軸との交点をそれぞれC，Rとする。また，点Aを通りx軸に平行な直線と直線$x=3$との交点をD，点Pを通りx軸に平行な直線と直線$x=3$との交点をSとし，点Cを通りx軸に平行な直線と直線$x=2$との交点をBとする。このとき，次の問いに答えよ。　　　　　　　　　　（福井県）

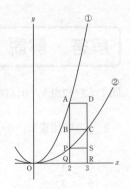

(1) 　$a=\dfrac{1}{3}$のとき，線分CDの長さを求めよ。

(2) 　長方形BPSCの面積と長方形PQRSの面積は等しくならないことを，言葉や数，式などを使って説明せよ。

(3) 　下の【説明文】は，aの値を変化させたときの2点C，Dのy座標の大小関係について説明したものである。

【説明文】

　　$a=\boxed{ア}$のとき，点Cのy座標と点Dのy座標は等しい。

　　だから，$0<a<\boxed{ア}$のとき，点Cのy座標は点Dのy座標より$\boxed{イ}$。

　　　　　$\boxed{ア}<a<1$のとき，点Cのy座標は点Dのy座標より$\boxed{ウ}$。

　　【説明文】の中の$\boxed{ア}$に当てはまる数を書け。また，$\boxed{イ}$，$\boxed{ウ}$に当てはまる言葉を書け。

(4) 　長方形ABCDの面積と長方形PQRSの面積が等しくなるようなaの値をすべて求めよ。

(5) 　長方形APSD全体が，点Bを中心とする半径$\sqrt{5}$の円の内側にあるようなaの値のうち，最も小さい値と最も大きな値を求めよ。ただし，長方形全体とは長方形の内部と4つの辺をあわせた部分とし，円の内側とは円の内部と円周をあわせた部分とする。

解答・解説

(1) 　点Aは$y=x^2$上にあるから，そのy座標は$y=2^2=4$　よって，A(2, 4)，D(3, 4)　点Cは$y=\dfrac{1}{3}x^2$上にあるから，そのy座標は$y=\dfrac{1}{3}×3^2=3$　よって，C(3, 3)　CD＝（点Dのy座標）－（点Cのy座標）＝$4-3=\underline{1}$

(2) 　(説明)　(例)点B(2, 9a)，P(2, 4a)，Q(2, 0)，C(3, 9a)，S(3, 4a)，R(3, 0)だから，長方形BPSCの面積は$5a×1=5a$，長方形PQRSの面積は$4a×1=4a$である。$0<a<1$において，つねに面積比は5：4だから面積は等しくならない。

(3) 　C(3, 9a)，D(3, 4)だから，点Cのy座標と点Dのy座標が等しくなるのは，$9a=4$より，$a=\dfrac{4}{9}$(ア)のとき。関数$y=ax^2$のグラフは，aの絶対値が小さいほど，グラフの開きぐあいは大きくなり，aの絶対値が大きいほど，グラフの開きぐあいは小さくなるから，$0<a<\dfrac{4}{9}$のとき，関数$y=ax^2$の開きぐあいは，関数$y=\dfrac{4}{9}x^2$のグラフより大きくなり，点Cのy座標は点Dのy座標

より<u>小さい</u>。（イ）。また，$\frac{4}{9}<a<1$のとき，関数$y=ax^2$の開きぐあいは，関数$y=\frac{4}{9}x^2$のグラフより小さくなり，点Cのy座標は点Dのy座標より<u>大きい</u>（ウ）。

(4)　右図で，②のグラフは$0<a<\frac{4}{9}$のときの関数$y=ax^2$のグラフを表

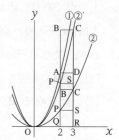

し，②′のグラフは$\frac{4}{9}<a<1$のときの関数$y=ax^2$のグラフを表す。点

A$(2, 4)$，B$(2, 9a)$，P$(2, 4a)$，Q$(2, 0)$，D$(3, 4)$，C$(3, 9a)$，S$(3, 4a)$，

R$(3, 0)$だから，$0<a<\frac{4}{9}$のとき，長方形ABCDの面積は$(4-9a)\times 1$

$=4-9a$，長方形PQRSの面積は$4a\times 1=4a$であり，長方形ABCDの面積と長方形PQRSの面積が

等しくなるようなaの値は，$4-9a=4a$より，$\underline{a=\dfrac{4}{13}}$　また，$\frac{4}{9}<a<1$のとき，長方形ABCDの

面積は$(9a-4)\times 1=9a-4$，長方形PQRSの面積は$4a\times 1=4a$であり，長方形ABCDの面積と長方

形PQRSの面積が等しくなるようなaの値は，$9a-4=4a$より，$\underline{a=\dfrac{4}{5}}$

(5)　$0<a<\frac{4}{9}$のとき（点Cのy座標が点Dのy座標より小さいとき），長方形APSD全体が，点Bを

中心とする半径$\sqrt{5}$の円の内側にあるようなaの値のうち，aの値が最も小さくなるのは，円B

の円周上に点Dがあるときで，△BCDで三平方の定理を用いると，$BC^2+CD^2=BD^2$より，1^2+

$(4-9a)^2=(\sqrt{5})^2$これを解いて，$a=\dfrac{2}{9}$，$\dfrac{2}{3}$　$0<a<\frac{4}{9}$だから，$a=\dfrac{2}{9}$　また，aの値が最も

大きくなるのは，円Bの円周上に点Sがあるときで，△BCSで三平方の定理を用いると，BC^2+

$CS^2=BS^2$より，$1^2+(9a-4a)^2=(\sqrt{5})^2$　これを解いて，$a=\pm\dfrac{2}{5}$　$0<a<\frac{4}{9}$だから，$a=\dfrac{2}{5}$

$a=\frac{4}{9}$のとき（点Cのy座標と点Dのy座標が等しいとき），B$(2, 4)$，C$(3, 4)$，S$\left(3, \dfrac{16}{9}\right)$であり，

△BCSで三平方の定理を用いると，$BS=\sqrt{1^2+\left(4-\dfrac{16}{9}\right)^2}=\dfrac{\sqrt{481}}{9}$　また，$\sqrt{5}=\dfrac{9\sqrt{5}}{9}=\dfrac{\sqrt{405}}{9}$

であるから，$\dfrac{\sqrt{481}}{9}>\sqrt{5}$であり，長方形APSD全体は，点Bを中心とする半径$\sqrt{5}$の円の内側

にはない。このことと，$CS=9a-4a=5a$より，線分CSの長さはaの値が増加するにともなって

長くなることを考慮すると，$\frac{4}{9}<a<1$のとき（点Cのy座標が点Dのy座標より大きいとき），長

方形APSD全体が，点Bを中心とする半径$\sqrt{5}$の円の内側にあるようなaの値はない。以上より，

長方形APSD全体が，点Bを中心とする半径$\sqrt{5}$の円の内側にあるようなaの値のうち，最も小

さな値は$\underline{a=\dfrac{2}{9}}$，最も大きな値は$\underline{a=\dfrac{2}{5}}$である。

さらに詳しい解説は　▶▶▶　イカの巻 で解き方を確認！

⑫　右の図は，関数$y=\dfrac{1}{4}x^2$のグラフで，点A，Bはこのグラフ

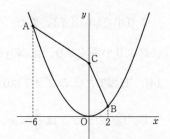

上の点であり，点A，Bのx座標はそれぞれ-6，2である。y軸
上に点Cをとり，点Aと点C，点Bと点Cをそれぞれ結ぶ。この
とき，次の(1)~(3)の問いに答えなさい。　　　　　　（高知県）

(1)　点Aの座標を求めよ。

(2)　線分ACと線分BCの長さの和AC＋CBを考える。AC＋CBが最小となる点Cの座標を求め
よ。

(3)　2点A，Bからy軸へそれぞれ垂線をひき，y軸との交点をそれぞれD，Eとする。ただし，
点Cは線分DE上の点とする。三角形ACDと三角形CEBについて，y軸を軸として1回転させた
ときにできる立体の体積をそれぞれ考える。三角形ACDを1回転させてできる立体の体積
が，三角形CEBを1回転させてできる立体の体積の7倍となるときの線分CEの長さを求めよ。

解答・解説

(1)　点Aは関数$y=\dfrac{1}{4}x^2$のグラフ上の点で，そのx座標は-6だから，y座標は，$y=\dfrac{1}{4}\times(-6)^2=9$
よって，点Aの座標は$\underline{(-6,\ 9)}$

(2)　3点A，C，Bが一直線上にあるとき，AC＋CBが最小となる。点Bのy座標は，$y=\dfrac{1}{4}x^2$に$x=$
2を代入して，$y=\dfrac{1}{4}\times2^2=1$　よって，B$(2,\ 1)$　直線ABの式は，傾きが，$\dfrac{1-9}{2-(-6)}=-1$な
ので，$y=-x+b$とおいて$(2,\ 1)$を代入すると，$1=-2+b$　$b=3$　よって，$y=-x+3$　した
がって，点Cの座標は$\underline{(0,\ 3)}$

(3)　点Cのy座標を$t$$(1\leqq t\leqq9)$とする。△ACDを$y$軸を軸として1

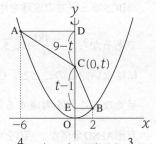

回転させたときにできる立体は，底面の円の半径が6，高さが
$(9-t)$の円錐だから，体積は，$\dfrac{1}{3}\pi\times6^2\times(9-t)=12\pi(9-t)$

…①　△CEBをy軸を軸として1回転させたときにできる立体
は，底面の円の半径が2，高さが$(t-1)$の円錐だから，体積は，
$\dfrac{1}{3}\pi\times2^2\times(t-1)=\dfrac{4}{3}\pi(t-1)$…②　①，②より，$12\pi(9-t)=7\times\dfrac{4}{3}\pi(t-1)$　両辺を$\dfrac{3}{4}\pi$

倍して，$9(9-t)=7(t-1)$　$81-9t=7t-7$　$-16t=-88$　$t=\dfrac{11}{2}$　よって，点Cの座標は$\left(0,\ \dfrac{11}{2}\right)$

より，CE$=\dfrac{11}{2}-1=\dfrac{9}{2}$

⑬ 右の図において，直線①は関数$y=-x$のグラフであり，曲線②は関数$y=ax^2$のグラフである。点Aは直線①と曲線②との交点で，そのx座標は-5である。点Bは曲線②上の点で，線分ABはx軸に平行である。点Cは線分AB上の点で，AC：CB＝2：1である。

また，原点をOとするとき，点Dは直線①上の点でAO：OD＝5：3であり，そのx座標は正である。

さらに，点Eは点Dとy軸について対称な点である。

このとき，次の問いに答えなさい。

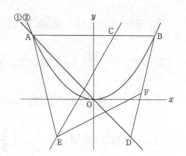

(神奈川県)

（ア） 曲線②の式$y=ax^2$のaの値として正しいものを次の1〜6の中から1つ選び，その番号を答えなさい。

　　1. $a=-\dfrac{1}{2}$　　2. $a=-\dfrac{2}{5}$　　3. $a=-\dfrac{1}{5}$　　4. $a=\dfrac{1}{5}$　　5. $a=\dfrac{2}{5}$　　6. $a=\dfrac{1}{2}$

（イ） 直線CEの式を$y=mx+n$とするときの（ⅰ）mの値と，（ⅱ）nの値として正しいものを，それぞれ次の1〜6の中から1つ選び，その番号を答えなさい。

　（ⅰ）　mの値

　　1. $m=\dfrac{7}{5}$　　2. $m=\dfrac{3}{2}$　　3. $m=\dfrac{8}{5}$　　4. $m=\dfrac{12}{7}$　　5. $m=\dfrac{24}{13}$　　6. $m=\dfrac{27}{14}$

　（ⅱ）　nの値

　　1. $n=\dfrac{6}{5}$　　2. $n=\dfrac{9}{7}$　　3. $n=\dfrac{3}{2}$　　4. $n=\dfrac{23}{14}$　　5. $n=\dfrac{9}{5}$　　6. $n=\dfrac{15}{7}$

（ウ） 点Fは線分BD上の点である。三角形AECと四角形BCEFの面積が等しくなるとき，点Fの座標を求めなさい。

解答・解説

（ア） 点Aは直線①上の点だから，y座標は，$y=-x$に$x=-5$を代入して，$y=-(-5)=5$　よって，A$(-5,\ 5)$　点Aは曲線②上の点でもあるから，$y=ax^2$に$x=-5$，$y=5$を代入して，$5=a\times(-5)^2$　$25a=5$，$\underline{a=\dfrac{1}{5}}$

（イ） 2点A，Bはy軸について対称だから，B$(5,\ 5)$　AB$=5-(-5)=10$より，点Cのx座標は，$-5+10\times\dfrac{2}{3}=\dfrac{5}{3}$　よって，C$\left(\dfrac{5}{3},\ 5\right)$　また，AO：OD＝5：3より，点Dのx座標は3　y座標は，$y=-x$に$x=3$を代入して，$y=-3$　よって，D$(3,\ -3)$　2点D，Eはy軸について対称だか

ら，E$(-3, -3)$　直線CEの式は，傾きmが，$\{5-(-3)\} \div \left\{\dfrac{5}{3}-(-3)\right\}=8 \div \dfrac{14}{3}=8 \times \dfrac{3}{14}=\underline{\dfrac{12}{7}}$

なので，$y=\dfrac{12}{7}x+n$とおいて，$x=-3$，$y=-3$を代入すると，$-3=\dfrac{12}{7} \times (-3)+n$　$n=\underline{\dfrac{15}{7}}$　し

たがって，直線CEの式は，$y=\dfrac{12}{7}x+\dfrac{15}{7}$

（ウ）　△AECの面積は，$\dfrac{1}{2} \times \left\{\dfrac{5}{3}-(-5)\right\} \times \{5-(-3)\}=\dfrac{1}{2} \times \dfrac{20}{3} \times 8=\dfrac{80}{3}$　直線BDの式は，傾

きが，$\{5-(-3)\} \div (5-3)=8 \div 2=4$なので，$y=4x+c$とおいて，$x=5$，$y=5$を代入すると，$5=4 \times 5+c$　$c=-15$　よって，直線BDの式は，$y=4x-15$　点Fの座標を$(t, 4t-15)$とすると，

四角形BCEFの面積は，台形BCEDの面積から△DFEの面積をひいて，$\dfrac{1}{2} \times \left[\left(5-\dfrac{5}{3}\right)+\{3-$

$(-3)\}\right] \times \{5-(-3)\}-\dfrac{1}{2} \times \{3-(-3)\} \times \{(4t-15)-(-3)\}=\dfrac{1}{2} \times \left(\dfrac{10}{3}+6\right) \times 8-\dfrac{1}{2} \times 6 \times (4t$

$-12)=-12t+\dfrac{220}{3}$　△AEC＝（四角形BCEF）のとき，$\dfrac{80}{3}=-12t+\dfrac{220}{3}$　$12t=\dfrac{140}{3}$　$t=\dfrac{35}{9}$

したがって，$\underline{\mathrm{F}\left(\dfrac{35}{9}, \dfrac{5}{9}\right)}$

14　図1，図2のように，2つの関数$y=\dfrac{1}{2}x^2$と$y=x+12$のグラフ

が2点A，Bで交わっている。点Aのx座標は-4，点Bのx座標
は6である。(1)・(2)に答えなさい。　　　　　　　　（徳島県）

(1)　図1について，(a)・(b)に答えなさい。

　(a)　点Aのy座標を求めなさい。

　(b)　関数$y=x+12$のグラフとx軸について線対称となるグ
　　　ラフの式を求めなさい。

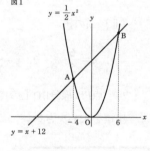
図1

(2)　図2のように，関数$y=\dfrac{1}{2}x^2$のグラフ上を点Aから点Bま

で動く点Pをとり，点Pからx軸に平行な直線をひき，関数
$y=x+12$のグラフとの交点をQとする。また，点P，Qから
x軸へ垂線をひき，x軸との交点をそれぞれR，Sとする。

　(a)・(b)に答えなさい。

　(a)　点Pのx座標が2のとき，原点を通り，長方形PQSRの面積を2等分する直線の式を求めな
　　　さい。

　(b)　長方形PQSRが正方形になるときのPRの長さをすべて求めなさい。

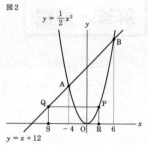
図2

解答・解説

(1) (a) 点Aは$y=x+12$上にあるから、そのy座標は $y=-4+12=\underline{8}$ よって、A$(-4,\ 8)$

(b) 関数$y=x+12$のグラフとx軸について線対称となるグラフの切片は-12だから、その直線の式は、$y=ax-12$と表される。この直線は、x軸について点Aと線対称となる点$(-4,\ -8)$を通るから、$-8=a\times(-4)-12$ $a=-1$ よって、関数$y=x+12$のグラフとx軸について線対称となるグラフの式は、$\underline{y=-x-12}$

(2) (a) 点Pは$y=\dfrac{1}{2}x^2$上にあるから、そのy座標は $y=\dfrac{1}{2}\times 2^2=2$ よって、P$(2,\ 2)$ 点Qは$y=x+12$上にあり、そのy座標は点Pのy座標と等しく2だから、x座標は$2=x+12$ $x=-10$よって、Q$(-10,\ 2)$ これより、S$(-10,\ 0)$ 長方形は対角線の交点を対称の中心とする点対称な図形だから、図形の対称性より、長方形の対角線の交点を通る直線は、その長方形の面積を2等分する。長方形PQSRの対角線の交点をCとすると、点Cは対角線PSの中点であり、2点$(x_1,\ y_1)$、$(x_2,\ y_2)$の中点の座標は、$\left(\dfrac{x_1+x_2}{2},\ \dfrac{y_1+y_2}{2}\right)$で求められるので、C$\left(\dfrac{2+(-10)}{2},\ \dfrac{2+0}{2}\right)=C(-4,\ 1)$ 以上より、原点を通り、長方形PQSRの面積を2等分する直線の式を$y=ax$とおくと、それは点Cを通るから、$1=a\times(-4)$ $a=-\dfrac{1}{4}$ 求める直線の式は $\underline{y=-\dfrac{1}{4}x}$

(b) 点Pのx座標をpとすると、前問(a)と同様に考えて、P$\left(p,\ \dfrac{1}{2}p^2\right)$、Q$\left(\dfrac{1}{2}p^2-12,\ \dfrac{1}{2}p^2\right)$、S$\left(\dfrac{1}{2}p^2-12,\ 0\right)$これより、PQ$=p-\left(\dfrac{1}{2}p^2-12\right)=-\dfrac{1}{2}p^2+p+12\cdots$①、QS$=\dfrac{1}{2}p^2-0=\dfrac{1}{2}p^2$ $\cdots$② 長方形PQSRが正方形になるのはPQ=QSになるときで、①、②より、$-\dfrac{1}{2}p^2+p+12=\dfrac{1}{2}p^2$が成り立つ。整理して、$p^2-p-12=0$ $(p+3)(p-4)=0$ よって、$p=-3,\ 4$

以上より、長方形PQSRが正方形になるときのPRの長さは、$\dfrac{1}{2}\times(-3)^2=\underline{\dfrac{9}{2}}$と、$\dfrac{1}{2}\times 4^2=\underline{8}$

⓯ 図1のように，関数$y=x^2$のグラフがある。Aはグラフ上の点で，x座標は-1である。また，2点P，Qはグラフ上を動くものとする。このとき，次の(1)〜(3)に答えなさい。ただし，円周率はπとする。 （石川県）

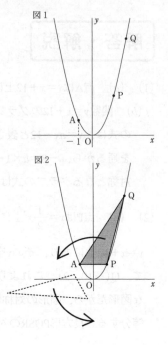

図1

(1) 関数$y=x^2$について，xの変域が$-3\leqq x\leqq 2$のときのyの変域を求めなさい。

(2) 2点P，Qのx座標をそれぞれ1と3とする。図2のように，△APQを原点Oを中心として矢印の方向に360°回転移動させ，△APQが回転移動しながら通った部分に色をつけた。このとき，色がついている図形の面積を求めなさい。

図2

(3) 2点P，Qのx座標をそれぞれ3と4とする。直線OA上に，四角形OPQAと△OPRの面積が等しくなるように点Rを取るとき，Rの座標を求めなさい。ただし，Rのx座標は負とする。なお，途中の計算も書くこと。

解答・解説

(1) グラフは右図の太線部分が変域内となり，$x=-3$のとき$y=9$，$x=2$のとき$y=4$なので，yの変域は，**$0\leqq y\leqq 9$**

(2) 原点を中心に図形が回転するので，色がついている図形は，原点を中心とした円で作られる。△APQの内部または周上の点で，原点から最も遠い点は点Q(3, 9)であり，線分OQの長さは，三平方の定理より，$OQ^2=3^2+9^2=9+81=90$ よって，$OQ=\sqrt{90}=3\sqrt{10}$ また，原点から最も近い点は，辺APとy軸の交点でMとすると，M(0, 1)であり，線分OMの長さは1である。よって，求める面積は右図の斜線部分となり，半径$3\sqrt{10}$の円から半径1の円を引けばよいので，$(3\sqrt{10})^2\pi-1^2\pi=\underline{\textbf{89}\boldsymbol{\pi}}$

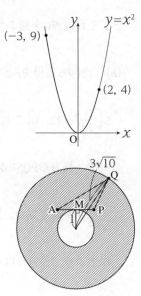

(3) ［計算］（例）四角形OPQA＝△OPA＋△APQ Rのx座標は負となり，△OPR＝△OPA＋△APR したがって，△APQ＝△APR

となるRの座標を求める。直線APの傾き$\frac{8}{4}=2$より，傾きが2で，

Q(4, 16)を通る直線の式は，$y=2x+8$ また，直線OAの式は，$y=-x$

よって，$2x+8=-x$ これを解いて，$x=-\frac{8}{3}$ ゆえに，$\underline{\left(-\dfrac{8}{3}, \dfrac{8}{3}\right)}$

3章　関数

点や図形の移動

1 右図のように，AC＝6cm，BC＝8cm，∠C＝90°の直角三角形ABC
がある。点P，Qは，点Cを同時に出発し，点Pは毎秒1cmの速さで辺
CA，AB上を点Aを通って点Bまで動き，点Qは毎秒2cmの速さで辺CB
上を点Bまで動く。また，点P，Qどちらの点も点Bに到達した後は動
かないものとする。点P，Qが点Cを出発してからx秒後の△CPQの面
積を$y$cm²とする。ただし，$x＝0$のとき，$y＝0$とする。

このとき，次の各問いに答えなさい。　　　　　　　　　（愛媛県）

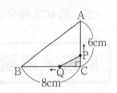

(1)　辺ABの長さを求めなさい。

(2)　次のそれぞれの場合について，yをxの式で表し，そのグラフを書きな
さい。

　① $0 \leqq x \leqq 4$のとき

　② $4 \leqq x \leqq 6$のとき

解答・解説

(1)　直角三角形では三平方の定理が成り立つ。　　△ABCで三平方の定理を
用いると，　$AB^2＝AC^2＋BC^2＝100$　　AB＞0なので，**AB＝10（cm）**

(2)　① $0 \leqq x \leqq 4$ のとき，点P，点Qはそれぞれ，辺AC上，辺BC上にあり，

PC＝x，QC＝$2x$である。よって，△CPQ＝$y＝\dfrac{1}{2} \times x \times 2x ＝ \underline{x^2}$　　グラフは

右図の放物線となる。

② $4 \leqq x \leqq 6$ のとき，点PはAC上にあり，PC＝xである。点Qは点B上にあ

り，QC＝8である。よって，△CPQ＝$y＝\dfrac{1}{2} \times x \times 8 ＝ \underline{4x}$　　グラフは右図

の直線となる。

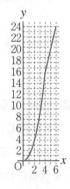

2 右図のように，AB＝8cm，BC＝6cm，∠B＝90°の直角三角形ABC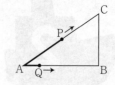
がある。点Pは頂点Aを出発し，辺AC，CB，BA上を秒速3cmで動い
て頂点Aまで戻る。また，点Qは，頂点Aを出発し，辺AB上を秒速
1cmで頂点Bまで動く。2点P，Qは頂点Aを同時に出発する。
このとき，次の各問いに答えなさい。　　　　　　　　　　　（茨城県）

(1) 2点P，Qが出会うのは，出発してから何秒後か求めなさい。

(2) 辺ACと線分QPが平行になるのは，出発してから何秒後か求めなさい。

解答・解説

(1) △ABCで三平方の定理を用いると，$AC^2＝AB^2＋BC^2＝100$　　$AC>0$なので，$AC＝10$

よって，$AC＋CB＝16$なので，点Pは点Bを通過するまでに，$\frac{16}{3}$秒かかり，点Qは点Bに到達す

るまでに8秒かかる。$\frac{16}{3}<8$なので，点Pは点QとAB上で出会う。出発してからx秒後に出会う

として，それまでに点Pは$3x$cm，点Qは$x$cm動き，その合計が△ABCの周の長さに等しいから，
$3x＋x＝24$　　$4x＝24$　　$x＝6$　　よって，出発してから**6秒後**に出会う。

(2) 平行線によって区切られる線分の比は等しい。　　$AC / \! / PQ$となるとき，$BP:BQ＝BC:$
BA　　y秒後に$AC / \! / PQ$となるとすると，そのときのBPは，$AC＋CB－3y＝16－3y$　　BQは8
$－y$　　よって，$(16－3y):(8－y)＝6:8＝3:4$　　比例式の内項の積と外項の積は等しい。

$3(8－y)＝4(16－3y)$　　$24－3y＝64－12y$　　$9y＝40$　　$y＝\frac{40}{9}$　　よって，出発してから

$\frac{40}{9}$秒後である。

3 図1のような，AB＝3cm，BC＝4cmの長方形ABCDがある。点Pは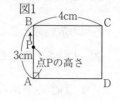
Aを出発し，毎秒1cmの速さで，辺AB上をAからBに，辺BC上をB
からCに，辺CD上をCからDに向かって動く。点Pはそれぞれの辺上
を戻ることなく動き，Dについたときに止まる。
このときの点Pと辺ADとの距離を，点Pの高さとする。ただし，点
PがA，D上にあるときは，点Pの高さを0cmとする。
図2は，点PがAを出発してからDに着くまでの，時間と点P
の高さとを表したグラフである。次の各問いに答えなさい。

　　　　　　　　　　　　　　　　　　　　　　　　（宮城県）

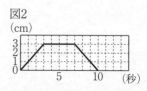

(1) 点PがAを出発してから8秒後の点Pの高さは何cmですか。

(2) 点PがAを出発してからx秒後の点Pの高さを$y$cmとする。点Pが辺CD上を動くとき，yをxの式で表しなさい。

(3) 図3は，図1において，対角線ACとDBを引いたものである。点QはAを出発し，毎秒1cmの速さで対角線AC上をAからCに，辺CD上をCからDに，対角線DB上をDからBに向かって動く。点Qはそれぞれの対角線と辺上を戻ることなく動き，Bについたときに止まる。

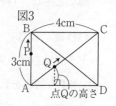
図3

このときの，点QとADとの距離を，点Qの高さとする。ただし，点QがA，D上にあるときは，点Qの高さを0cmとする。

2つの点P，QがAを同時に出発するとき，あとの各問いに答えなさい。

① 点Qが対角線AC上を動くとき，点Qの高さは1秒間に何cmずつ増えますか。

② 点QがAを出発してからBに着くまでの，時間と点Qの高さとの関係を表すグラフを，右図に書き入れなさい。

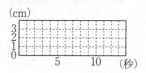

③ 点Qが対角線DB上を動くとき，2つの点P，Qが同時に同じ高さになるのは，2つの点P，QがAを出発してから何秒後ですか。

解答・解説

(1) 点PがBを通りCに着くまでに7秒かかるので，点PはAを出発してから8秒後にはCD上のCから1cmの点にいる。よって，そのときの点Pの高さは**2cm**

(2) 点PがCにくるとき，$x=7$，$y=3$　　CD上を動くとき，xが1増加するとyは1減少する。

　$\boxed{変化の割合が一定な関数は一次関数である。}$　　$y=-x+b$とおいて，$x=7$，$y=3$を代入すると，

　$3=-7+b$　　$b=10$　　よって，$\underline{y=-x+10}$

(3) ① 点QからADに垂線QHを引くと，QH∥CDなので，AQ：AC＝QH：CD　　△ADCで三平方の定理を用いると，$AC^2=AD^2+CD^2=25$　　AC＞0なので，AC＝5　　よって，AQ：5＝

QH：3　　5QH＝3AQ　　$QH=\dfrac{3}{5}AQ$　　したがって，AQが1増加するとQHは$\dfrac{3}{5}$増加するので，点Qの高さは1秒間に$\underline{\dfrac{3}{5}}$cmずつ増える。

② 点Cに着くのは出発して5秒後で，そのとき点Qの高さは3cm　　CD上を動くときは1秒間に1cmずつ減って，点Dに着くのは出発して8秒後で，そのとき点Qの高さは0cm　　DB上を動くときは，1秒間に$\frac{3}{5}$cmずつ増加し，点Bには出発して

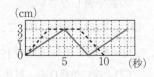

13秒後に着き，そのときの点Qの高さは3cm　　よって，グラフは右図の実線となる。

③ 点Pの動きを表す式を②のグラフに点線で書き込むと，図のように，$8 \leqq x \leqq 10$の範囲で交点ができる。グラフの交点の座標は，グラフを表す式を連立方程式とみたときの解と一致する。　点Qが対角線BD上を動くとき，点QがAを出発してからx秒後の点Qの高さを$y$cmとして，yをxの式で表すと，傾きは$\frac{3}{5}$なので，$y=\frac{3}{5}x+b$とおいて，$x=8$，$y=0$を代入して，

$0=\frac{24}{5}+b$　よって，$b=-\frac{24}{5}$　$y=\frac{3}{5}x-\frac{24}{5}$　この式と(2)で求めた点Pの動きを表す

式，$y=-x+10$を連立方程式としてxの値を求めると，$\frac{3}{5}x-\frac{24}{5}=-x+10$　両辺を5倍し

て，$3x-24=-5x+50$　$8x=74$　$x=\frac{74}{8}=\frac{37}{4}$　$8<\frac{37}{4}<10$だから，$\frac{37}{4}$秒後である。

4　右図のように，AB // DCで高さが4cmの台形ABCDの辺上を動く点Pがあり，点Aから出発して，B，Cを通ってDまで動くものとする。また，点Pが点Aから$x$cm動いたときの△APDの面積を$y$cm²とする。次の各問いに答えなさい。　　　　　　　　　　　　　　（大分県）

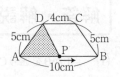

(1)　点Pが辺AB上を動くとき，yをxの式で表しなさい。ただし，xの変域は書かなくてもよい。

(2)　点PがAからDまで動くときの△APDの面積の変化のようすを右図にグラフで表しなさい。

(3)　△APDの面積が台形ABCDの面積の半分になるときのxの値を求めなさい。

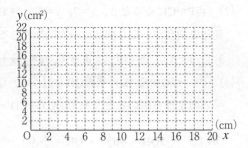

解答・解説

(1)　点Pが辺AB上を動くとき，△APDの底辺をAPとすると，AP＝$x$cmであり，高さは台形ABCDの高さに等しく4cmである。よって，$y=△APD=\frac{1}{2}\times x\times 4=2x$

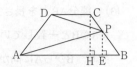

(2) $0 \leqq x \leqq 10$ の範囲では，$y=2x$　　$10 \leqq x \leqq 15$ の範囲では，やや複雑な求め方をしなければならない。　　$\triangle APD =$ 台形$ABCD$ $-\triangle ABP - \triangle DCP$ に着目する。$\triangle ABP$ については，$AB+BP=x$ なので，$BP=x-10$　　右図のように，点PからABに垂線PEを引くと，PEが，底辺をABとみたときの$\triangle ABP$の高さとなる。PEの長さを求めるために，点CからABに垂線CHを引くと，$CH=4$

$PE \parallel CH$ なので，$BP:BC=PE:CH$　　$(x-10):5=PE:4$　　$PE=\dfrac{4}{5}(x-10)$　　よって，

$\triangle ABP = \dfrac{1}{2}\times 10 \times \dfrac{4}{5}(x-10)=4x-40$　　$\triangle DCP$ の高さは，$4-\dfrac{4}{5}(x-10)=12-\dfrac{4}{5}x$

$\triangle DCP = \dfrac{1}{2}\times 4 \times \left(12-\dfrac{4}{5}x\right)=24-\dfrac{8}{5}x$　　台形$ABCD$の面積は $\dfrac{1}{2}\times(4+10)\times 4 = 28$　　した

がって，$y=\triangle APD = 28-(4x-40)-\left(24-\dfrac{8}{5}x\right)=44-\dfrac{20}{5}x+\dfrac{8}{5}x=44-\dfrac{12}{5}x$　　$15 \leqq x \leqq 19$ の範

囲では，$\triangle APD$ の面積は，DPを底辺，高さを 4として求められる。　　$DP=AB+BC+CD-x$

$=19-x$　　よって，$y=\dfrac{1}{2}\times(19-x)\times 4 = 38$

$-2x$　　したがって，グラフは図のようになる。

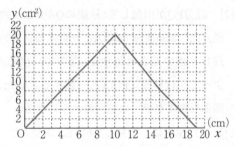

(3) $\triangle APD$ の面積が台形$ABCD$の面積の半分になるとき，$y=14$　　グラフから，$y=14$ となるのは，$0 \leqq x \leqq 10$ の範囲で1回，$10 \leqq x \leqq 15$ の範

囲で1回ある。　　よって，$2x=14$ から，$x=\underline{7}$　　$44-\dfrac{12}{5}x=14$ から，$\dfrac{12}{5}x=30$　　$x=\dfrac{150}{12}=\underline{\dfrac{25}{2}}$

5 図1のように，長さ9cmの線分AB上を動く長さ1cmの線分PQがある。PがAと一致している状態から線分PQは出発し，AからBに向かって毎秒1cmの速さで進む。線分PQはQがBに一致すると，BからAに向かって毎秒2cmの速さで進み，再びPがAと一致すると停止する。このとき，次の各問いに答えなさい。　　　(栃木県)

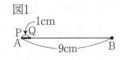

図1

(1) 線分PQが出発してから5秒後の，AからQまでの距離を求めなさい。

(2) 線分PQが出発してからx秒後のAからPまでの距離を$y$cmとする。図2のグラフは，線分PQが出発してから2秒後までのxとyの関係を表したものである。線分PQが出発して2秒後から停止するまでのxとyの関係を表すグラフを書きなさい。

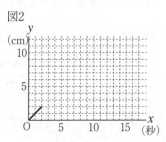

3章

関数

(3) 線分AB上を長さ3cmの線分RSも動く。線分RSは，図3のように 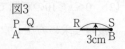 SがBと一致している状態から，線分PQが出発すると同時に出発し，BからAに向かって毎秒1cmの速さで進む。線分RSは，RがAと一致すると，AからBに向かって毎秒1cmの速さで進み，再びSがBと一致すると停止する。このとき，次の各問いに答えなさい。

① QとRが2回目に一致するのは，2つの線分が出発してから何秒後か求めなさい。ただし，途中の計算も書くこと。

② 2つの線分が出発してから停止するまでに，線分PQのすべてが線分RSと重なっている時間の合計を求めなさい。

解答・解説

(1) 出発して5秒後には，PはAから5cmのところにくるので，AからQまでの距離は**6cm**である。

(2) 線分PQが出発して8秒後にQがBと一致する。その後，逆方向に8cm進んでPはAと一致する。BからAに向かって進むときの速さは毎秒2cmなので，戻るのに4秒かかる。よって，12秒後にPはAと一致する。したがって，xとyの関係を表すグラフは右図のようになる。

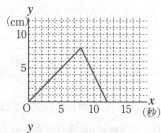

(3) ① 点Rは，出発して6秒後にRがAと一致し，その後，AからBに向かって進み，出発してから12秒後にSがBと一致する。点P，Q，R，Sの動きについて，出発してからx秒後にAから$y$cmの地点にいるものとして，4点のxとyの関係をグラフに表すと右図のようになる。

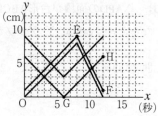

グラフから，QとRが2回目に一致するのは直線EFと直線GHの交わるときである。直線EFの式は，傾きが-2なので，$y=-2x+b$とおいて，$x=8$，$y=9$を代入すると，$9=-16+b$　$b=25$よって，$y=-2x+25$　　直線GHの式は，$y=x+c$に$x=6$，$y=0$を代入して，$0=6+c$　$c=-6$グラフが重なる点が，QとRの一致する点であり，そのxの値は，$y=-2x+25$と$y=x-6$を連立

方程式とみて解くことで求められる。よって，$-2x+25=x-6$　$3x=31$　　$\underline{x=\dfrac{31}{3}}$（秒後）

（別解）　QがBと一致するのは出発して8秒後であり，そのとき，線分RSはAからBに向かって動き出して2秒がたっている。よって，RとQは7cm離れている。Rは毎秒1cm，Qは毎秒2cmで進むので，そのときからRとQが出会うまでにz秒かかるとすると，$z+2z=7$　　$3z=7$

$z=\dfrac{7}{3}$（秒）　　したがって，2つの線分が出発してから，$8+\dfrac{7}{3}=\dfrac{31}{3}$（秒後）

② 右のグラフで示すように，PがグラフのHからI，JからK
を移動する間が，線分PQのすべてが線分RSと重なってい
る。出発してからの時間は，Hが3秒後，Iが4秒後，Kが10
秒後である。Jについては，直線EFと直線CDの交点を求め
ればよい。直線CDの式は，$y=x+d$に$x=6$，$y=3$を代入し
て，$3=6+d$　　$d=-3$　　よって，$y=x-3$　　直線EF

の式は，$y=-2x+25$　　$x-3=-2x+25$から，$x=\dfrac{28}{3}$　　したがって，$(4-3)+\left(10-\dfrac{28}{3}\right)$

$=\dfrac{5}{3}$(秒)

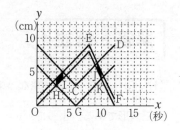

6　図1のように，AB＝6cmの長方形ABCDと，∠RPQ＝90°の直角三
角形PQRがある。4つの頂点A，B，P，Qは直線ℓ上にあり，2つの
頂点A，Qは重なっている。図2のように，直角三角形PQRを，直線
ℓに沿って，頂点Qが頂点Bに重なるまで，矢印の向きに移動させ
る。

2点A，Qの距離を$x$cmとしたとき，長方形ABCDと直角三角形PQR
の重なっている部分の面積を$y$cm²とする。このとき，次の各問い
に答えなさい。ただし，頂点Aと頂点Qが重なっているときは，$y=$
0とする。　　　　　　　　　　　　　　　　　　　　　　　　（新潟県）

図1

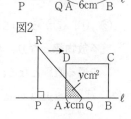

図2

(1)　図1において，BC＝4cm，PQ＝6cm，PR＝6cmとするとき，次の各
問いに答えなさい。

①　$x=2$，$x=5$のときのyの値を，それぞれ答えなさい。

②　次の(ア)，(イ)について，yをxの式で表しなさい。

（ア）　$0≦x≦4$

（イ）　$4≦x≦6$

③　$0≦x≦6$のとき，xとyの関係を表すグラフをかきなさい。

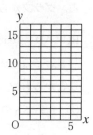

(2)　図1で，辺BC，PQ，PRを(1)の場合と変えた長方形ABCDと直角三
角形PQRを，図2のように移動させる。右のグラフは，このときのxと
yの関係を表したものである。このグラフは，$0≦x≦3$では放物線，3
$≦x≦5$では直線，$5≦x≦6$ではx軸に平行な直線になっている。このと
き，次の各問いに答えなさい。

①　辺BCの長さを求めなさい。

②　直角三角形PQRの面積を求めなさい。

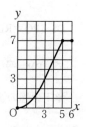

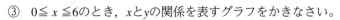

解答・解説

(1) ① $x=2$ のとき，重なっている部分は等しい辺が2cmの直角二等辺

三角形である。よって，$y=\dfrac{1}{2}\times 2\times 2=\underline{2}$　　$x=5$ のときには，右図で

示すように，重なっている部分は台形である。右図で，△DEFも直角

二等辺三角形となり，AE＝AQ＝5，AD＝BC＝4なので，DF＝DE＝1

よって，$y=\dfrac{1}{2}\times(1+5)\times 4=\underline{12}$

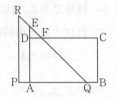

② （ア）　$0\leqq x\leqq 4$ のとき，重なっている部分は直角二等辺三角形である。よって，$\underline{y=\dfrac{1}{2}\times}$

$\underline{x\times x=\dfrac{1}{2}x^2}$

　　（イ）　$4\leqq x\leqq 6$ のとき，重なっている部分は台形である。右上の図で，DF＝DE＝AE－AD＝

　　　$x-4$　　よって，$y=\dfrac{1}{2}\times(x-4+x)\times 4=\underline{4x-8}$

③　①，②から，$0\leqq x\leqq 4$ のときには，グラフは，(0, 0)，(4, 8)を通

　る放物線となり，$4\leqq x\leqq 6$ のときには，グラフは，(4, 8)，(6, 16)

　を通る直線となる。

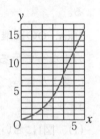

(2) ①　$0\leqq x\leqq 3$ のときが放物線となるので，重なる部分は三角形であ

　る。グラフから，$x=3$ のときに $y=3$ だから，$\dfrac{1}{2}\times 3\times AD=3$　　よって，

BC＝AD＝$\underline{2}$（cm）

($3\leqq x\leqq 5$ のときには，一次関数のグラフとなり，x の値が1増加すると y の値は2増加する。その

ことからもBC＝AD＝2であることがわかる。)

②　$5\leqq x\leqq 6$ のときに重なる部分は台形で，その面積は一定である。$x=5$ のときについて，CD

　とQRの交点をSとすると，$y=7$ だから，$\dfrac{1}{2}\times(DS+5)\times 2=7$　　DS＝2　　DS∥PQなので，

　DS：PQ＝RD：RP　　RD＝z とすると，2：5＝z：$(z+2)$　　$5z=2z+4$　　$z=\dfrac{4}{3}$　　よっ

　て，RP＝$\dfrac{4}{3}+2=\dfrac{10}{3}$　　したがって，直角三角形PQRの面積は，$\dfrac{1}{2}\times 5\times\dfrac{10}{3}=\underline{\dfrac{25}{3}}$（cm²）

　＊下の図のように，図形を動かしながら考えるとわかりやすい。

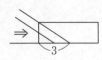 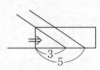 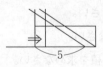

7 下の図1のように，AB＝10cm，BC＝acmの長方形ABCDと，∠P＝90°，PQ＝PR＝bcmの直角二等辺三角形PQRがある。長方形ABCDの辺ABと直角二等辺三角形PQRの辺PQは直線ℓ上にあり，点Aと点Qは同じ位置にある。

この状態から，下の図2のように，直角二等辺三角形PQRを直線ℓにそって，矢印の向きに，点Qが点Bに重なるまで移動させる。AQ＝xcmのときの，2つの図形が重なっている部分の面積をycm²とする。このとき，次の問いに答えなさい。 　　　　　　　　　　　　　　　　（愛媛県）

図1 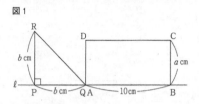 　　図2 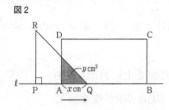 　　図3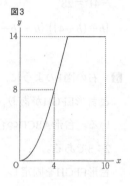

1　a＝5，b＝6とする。x＝3のとき，yの値を求めよ。

2　xとyの関係が右の図3のようなグラフで表され，0≦x≦4では原点を頂点とする放物線，4≦x≦10では右上がりの直線の一部と，x軸に平行な直線の一部であるとき，

　（1）　0≦x≦4のとき，yをxの式で表せ。

　（2）　a，bの値をそれぞれ求めよ。

解答・解説

1　図2で，辺DAと辺RQの交点をEとすると，a＝5，b＝6で，x＝3のとき，△AQEはAQ＝AE＝3cmの直角二等辺三角形だから，$y＝△AQE＝\dfrac{1}{2}×AQ×AE＝\dfrac{1}{2}×3×3＝\underline{\dfrac{9}{2}}$

2　（1）　原点を頂点とする放物線は$y＝cx^2$と表され，図3よりx＝4のときy＝8だから，

$8＝c×4^2＝16c$　　$c＝\dfrac{8}{16}＝\dfrac{1}{2}$

よって，0≦x≦4のとき，

$\underline{y＝\dfrac{1}{2}x^2}$

図4 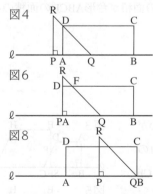 　　図5

図6 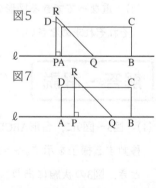 　　図7

図8

（2）　4≦x≦10の状態を図4〜8に示す。ここで，図3のグラフで，右上がりの直線の右側の端点の座標を(s，14)とすると，図4はx＝4のときの状態を，図5は4＜x＜sのときの状態を，図6はx＝sのときの状態，図7はs＜x＜10のときの状態を，図8はx＝10のときの状態をそれぞれ表す。図4

に関して，△AQDはAQ＝AD＝$a$cmの直角二等辺三角形で，その面積が8cm^{2}だから，$\frac{1}{2}a^2=8$

$a^2=16$　$a>0$より$a=\sqrt{16}=\underline{4}$　また，図6に関して，$\triangle PQR=\frac{1}{2}PQ^2=\frac{1}{2}b^2$(cm^2)　$\triangle DFR=$

$\frac{1}{2}DF^2=\frac{1}{2}DR^2=\frac{1}{2}(PR-DA)^2=\frac{1}{2}(b-a)^2=\frac{1}{2}(b-4)^2$(cm^2)　そして，台形PQFDの面積が

14cm^{2}であることから，（台形PQFDの面積）＝$\triangle PQR-\triangle DFR=\frac{1}{2}b^2-\frac{1}{2}(b-4)^2=14$　$b^2-(b$

$-4)^2=28$

$\{b+(b-4)\}\{b-(b-4)\}=28$　$(2b-4)\times 4=28$　$b=\underline{\dfrac{11}{2}}$

8　右の図1のように，直線ℓ上に台形ABCD
と台形EFGHがあり，点Cと点Fが重なって
いる。台形ABCD∽台形EFGHで，相似比は
2：3である。

台形EFGHを固定し，台形ABCDを直線ℓに
そって，矢印の向きに毎秒1cmの速さで動
かし，点Aが辺HG上にくるまで移動させる。
図2のように，x秒後に2つの台形が重なって
できる図形の面積を$y$cm^{2}とする。

このとき，あとの問いに答えなさい。

（富山県）

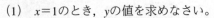

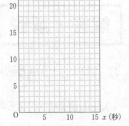

(1)　$x=1$のとき，yの値を求めなさい。

(2)　台形ABCDを動かしはじめてから，点Aが辺HG上にくるまでの
　　xの変域を求めなさい。また，そのときのxとyの関係を表したグラ
　　フをかきなさい。

(3)　重なってできる図形の面積が台形ABCDの面積の半分となるxの値は2つある。その値を
　　それぞれ求めなさい。

解答・解説

(1)　図3〜図9に，台形ABCDが
　　移動する様子を示す。$x=1$の
　　とき，図3の状態にあり，CF
　　＝毎秒1cm×1秒＝1cm
　　また，△PCF∽△DCSであり，
　　PF：CF＝DS：CS＝AB：(BC
　　−AD)＝4：(6−4)＝2：1

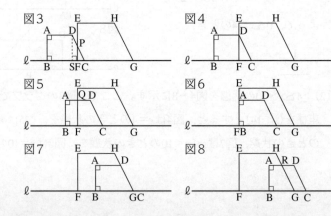

PF＝2CF＝2×1＝2(cm)

よって，$y=\triangle PCF=\dfrac{1}{2}\times CF\times PF=\dfrac{1}{2}\times 1\times 2=\underline{1}$

図9

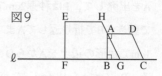

(2) 点Aが辺HG上にあるときの状態を図9に示す。このとき，四角形AGCDは平行四辺形である

ことから，$CF=FG+CG=\dfrac{3}{2}BC+AD=\dfrac{3}{2}\times 6+4=13$　よって，このときのxの値は，$x=CF$

÷毎秒1cm＝13÷1＝13　よって，台形ABCDを動かしはじめてから，点Aが辺HG上にくるま

でのxの変域は$\underline{0\leqq x\leqq 13}$である。次に，$0\leqq x\leqq 13$における$x$と$y$の関係を考える。$0\leqq x\leqq 2$のとき

(図1～図4)，図3において(1)と同様に考えて，$CF=x$cm　$PF=2CF=2x$cm　よって，$y=\triangle PCF$

$=\dfrac{1}{2}\times CF\times PF=\dfrac{1}{2}\times x\times 2x=x^2(cm^2)$　$2\leqq x\leqq 6$のとき(図4～図6)，図5において，$CF=x$cm

$DQ=CF-(BC-AD)=x-(6-4)=x-2(cm)$　よって，$y=$台形$QFCD=\dfrac{1}{2}\times(DQ+CF)\times QF=$

$\dfrac{1}{2}\times\{(x-2)+x\}\times 4=4x-4(cm^2)$　$6\leqq x\leqq 9$のとき(図6～図7)，yは台形ABCDの面積に等しく，

よって，$y=\dfrac{1}{2}\times(AD+BC)\times AB=\dfrac{1}{2}\times(4+6)\times 4=20(cm^2)$　$9\leqq x\leqq 13$のとき(図7～図9)，図

8において，$CG=CF-FG=x-9(cm)$　よって，$y=$台形ABCD－平行四辺形RGCD＝$20-CG\times$

$AB=20-(x-9)\times 4=-4x+56(cm^2)$　以上より，$0\leqq x\leqq 13$におけるxとyの関係を表したグラ

フは，点(0, 0)，(1, 1)，(2, 4)を通る放物線と，点(2, 4)，(6, 20)，(9, 20)，(13, 4)を

線分で結んだグラフとなる。

(3) 重なってできる図形の面積が台形ABCDの面積の半分の$\dfrac{20}{2}=10(cm^2)$となるのは，(2)のグ

ラフより，$2\leqq x\leqq 6$と$9\leqq x\leqq 13$のときだから，$y=4x-4$に$y=10$を代入して，$10=4x-4$　$x=\underline{\dfrac{7}{2}}$

$y=-4x+56$に$y=10$を代入して，$10=-4x+56$　$x=\underline{\dfrac{23}{2}}$

3章

関数

9 右の図のような台形ABCDがある。点P，Qが同時に
Aを出発して，Pは秒速2cmで台形の辺上をAからBま
で動き，Bで折り返してAまで動いて止まり，Qは秒速
1cmで台形の辺上をAからDを通ってCまで動いて止ま
る。P，QがAを出発してからx秒後$\triangle$APQの面積を
$y$cm²とする。

次の(1)〜(4)の問いに答えなさい。　　　　（岐阜県）

(1)　表中のア，イに当てはまる数を求めなさい。

(2)　xの変域を次の(ア)，(イ)とするとき，yをxの式
　　で表しなさい。

　　(ア)　$0\leqq x\leqq4$のとき

　　(イ)　$4\leqq x\leqq8$のとき

(3)　xとyの関係を表すグラフをかきなさい。（$0\leqq x\leqq8$）

(4)　$\triangle$APQの面積と，台形ABCDから$\triangle$APQを除いた面積の比が，3：5になるのは，P，Qが
　　Aを出発してから何秒後と何秒後であるかを求めなさい。

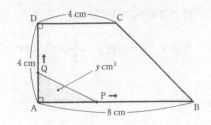

x(秒)	0	…	4	…	6	…	8
y(cm²)	0	…	ア	…	イ	…	0

解答・解説

(1)　ア　$x=4$のとき，点Pが動いた道のりは$2\times4=8$(cm)より，頂点Bに一致し，点Qが動いた

　　道のりは$1\times4=4$(cm)より，頂点Dに一致するから，$y=\dfrac{1}{2}\times$AB$\times$AD$=\dfrac{1}{2}\times8\times4=\underline{\textbf{16}}$

　　イ　$x=6$のとき，点Pが動いた道のりは$2\times6=12$(cm)より，AP$=8\times2-12=4$(cm)　点Qが動

　　いた道のりは$1\times6=6$(cm)より，辺DC上にあるから，$y=\dfrac{1}{2}\times$AP$\times$AD$=\dfrac{1}{2}\times4\times4=\underline{\textbf{8}}$

(2)　(ア)　$0\leqq x\leqq4$のとき，AP$=2\times x=2x$(cm)，AQ$=1\times x=x$(cm)だから，$y=\dfrac{1}{2}\times$AP$\times$AQ$=$

$\dfrac{1}{2}\times2x\times x=\underline{x^2}$

　　(イ)　$4\leqq x\leqq8$のとき，AP$=8\times2-2\times x=(16-2x)$(cm)，点Qは辺DC上にあるから，$y=\dfrac{1}{2}\times$

　　　AP$\times$AD$=\dfrac{1}{2}\times(16-2x)\times4=\underline{-4x+32}$

(3)　(2)より，$0\leqq x\leqq4$のとき，$x=0$で$y=0^2=0$，$x=1$で$y=1^2=1$，$x=2$で$y=2^2=4$，$x=3$で$y=3^2$
　　$=9$，$x=4$で$y=4^2=16$より，xとyの関係を表すグラフは，点(0，0)，(1，1)，(2，4)，(3，9)，
　　(4，16)をなめらかな曲線で結んだ放物線となる。また，$4\leqq x\leqq8$のとき，$x=4$で$y=-4\times4+$

$32=16$, $x=8$で$y=-4×8+32=0$より，xとyの関係を表すグラフは，2点$(4，16)$，$(8，0)$を結んだ直線となる。

(4) （△APQの面積）：（台形ABCDから△APQを除いた面積）$=3：5$になるとき，（△APQの面積）：（台形ABCDの面積）$=3：(3+5)=3：8$だから，（△APQの面積）$=$（台形ABCDの面積）$×$

$\dfrac{3}{8}=\dfrac{1}{2}×(4+8)×4×\dfrac{3}{8}=9(\text{cm}^2)$となる。(3)のグラフより，$y=9$となるのは，$0≦x≦4$と$4≦$

$x≦8$でそれぞれ1回ずつある。$0≦x≦4$のとき，(2)（ア）より，$x^2=9$　これを解いて，$x=\underline{3(秒後)}$

$4≦x≦8$のとき，(2)（イ）より，$-4x+32=9$　これを解いて，$x=\underline{5.75(秒後)}$

10 右の図のように，1辺8cmの正方形ABCDにおいて，辺AB，CDの中点をそれぞれF，Iとし，辺AD，BC上にAG＝HD＝BE＝JC＝3cmとなる点G，H，E，Jをとり，六角形EFGHIJを作る。点Pは，Eを出発し，毎秒1cmの速さで六角形の辺上をE→F→G→H→I→Jの順に動き，Jで停止する。Pが出発してからx秒後の，三角形EJPの面積を$y\text{cm}^2$とする。

次の(1)〜(3)の問いに答えなさい。　　　　　（群馬県）

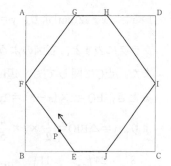

(1) 点PがJに到着するのは，Eを出発してから何秒後か，求めなさい。

(2) 点Pが，六角形EFGHIJにおいて，次の①，②の辺上にあるとき，yをxの式で表しなさい。

　① 辺EF

　② 辺HI

(3) 点Pと異なる点Qは，Pが出発してから3秒後にEを出発し，毎秒2cmの速さで六角形の辺上をE→F→G→H→I→Jの順に動き，Jで停止する。点Qが移動している間で，三角形EJPの面積と三角形EJQの面積が等しくなるようなxとそのときのyの組をすべて求め，それぞれ$[x=a$のとき$y=b]$のような形で答えなさい。

解答・解説

(1) △BFEに三平方の定理を用いると，$EF=\sqrt{BF^2+BE^2}=\sqrt{4^2+3^2}=5(\text{cm})$　△AFG≡△BFE≡△CIJ≡△DIHであることを考慮すると，点PがJに到着するのは，Eを出発してから$(EF+FG+GH+HI+IJ)÷1=(4EF+GH)÷1=(4×5+2)÷1=22÷1=\underline{22(秒後)}$である。

(2) ① 点Pから辺BCへ垂線PKを引く。△BFE∽△KPEであり，$EF：BF=5：4$であることを考慮すると，Pが出発してからx秒後のとき，$EP=$毎秒$1\text{cm}×x$秒$=x(\text{cm})$，$KP=EP×\dfrac{BF}{EF}=x×\dfrac{4}{5}$

$=\dfrac{4}{5}x(\text{cm})$　よって，$y=△EJP=\dfrac{1}{2}×EJ×KP=\dfrac{1}{2}×2×\dfrac{4}{5}x=\dfrac{4}{5}x$

② 点Pから辺ADへ垂線PLを引く。△BFE≡△DIHであることを考慮し，①と同様に考えると，Pが出発してからx秒後のとき，HP＝（EF＋FG＋GH＋HP）−（EF＋FG＋GH）＝（毎秒1cm ×x秒）−（5＋5＋2）cm＝$x-12$（cm），LP＝HP×$\dfrac{\text{BF}}{\text{EF}}$＝$(x-12)\times\dfrac{4}{5}=\dfrac{4}{5}(x-12)$（cm）　よって，$y=\triangle \text{EJP}=\dfrac{1}{2}\times\text{EJ}\times(\text{DC}-\text{LP})=\dfrac{1}{2}\times2\times\left\{8-\dfrac{4}{5}(x-12)\right\}=-\dfrac{4}{5}x+\dfrac{88}{5}$

(3)　(2)と同様に考えて，点Pが，辺FG上にあるとき，PG＝（EF＋FG）−（EF＋FP）＝$10-1\times x=-x+10$（cm）より，$y=\dfrac{1}{2}\times2\times\left\{8-\dfrac{4}{5}(-x+10)\right\}=\dfrac{4}{5}x$（$5\leqq x\leqq10$）　GH上にあるとき，$y=8$（$10\leqq x\leqq12$）　IJ上にあるとき，PJ＝（EF＋FG＋GH＋HI＋IJ）−（EF＋FG＋GH＋HI＋IP）＝$22-1\times x=-x+22$（cm）より，$y=\dfrac{1}{2}\times2\times\dfrac{4}{5}(-x+22)=-\dfrac{4}{5}x+\dfrac{88}{5}$（$17\leqq x\leqq22$）となる。　これをグラフに表すと，右図のようになる。また，点Qに関しても，辺EF上にあるとき，EQ＝$2\times(x-3)=2x-6$（cm）より，$y=\triangle \text{EJQ}=\dfrac{1}{2}\times2\times\dfrac{4}{5}(2x-6)$

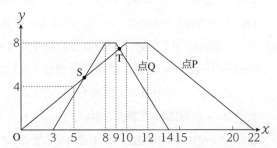

$=\dfrac{8}{5}x-\dfrac{24}{5}$（$3\leqq x\leqq\dfrac{11}{2}$）　辺FG上にあるとき，QG＝（EF＋FG）−（EF＋FQ）＝$10-2\times(x-3)=-2x+16$（cm）より，$y=\dfrac{1}{2}\times2\times\left\{8-\dfrac{4}{5}(-2x+16)\right\}=\dfrac{8}{5}x-\dfrac{24}{5}$（$\dfrac{11}{2}\leqq x\leqq8$）　辺GH上にあるとき，$y=8$（$8\leqq x\leqq9$）　辺HI上にあるとき，HQ＝（EF＋FG＋GH＋HQ）−（EF＋FG＋GH）＝$2\times(x-3)-12=2x-18$（cm）より，$y=\dfrac{1}{2}\times2\times\left\{8-\dfrac{4}{5}(2x-18)\right\}=-\dfrac{8}{5}x+\dfrac{112}{5}$（$9\leqq x\leqq\dfrac{23}{2}$）　辺IJ上にあるとき，QJ＝（EF＋FG＋GH＋HI＋IJ）−（EF＋FG＋GH＋HI＋IQ）＝$22-2\times(x-3)=-2x+28$（cm）より，$y=\dfrac{1}{2}\times2\times\dfrac{4}{5}(-2x+28)=-\dfrac{8}{5}x+\dfrac{112}{5}$（$\dfrac{23}{2}\leqq x\leqq14$）　これをグラフに表すと，上図のようになる。上図のグラフより，点Qが移動している間で（$3\leqq x\leqq14$），△EJP＝△EJQとなるのは，$5\leqq x\leqq10$で点Sと点Tの2点ある。点Sは$y=\dfrac{4}{5}x$と$y=\dfrac{8}{5}x-\dfrac{24}{5}$の交点で，この連立方程式を解いて，$\text{S}\left(6,\ \dfrac{24}{5}\right)$　点Tは$y=\dfrac{4}{5}x$と$y=-\dfrac{8}{5}x+\dfrac{112}{5}$の交点で，この連立方程式を解いて，$\text{T}\left(\dfrac{28}{3},\ \dfrac{112}{15}\right)$である。よって，$\left[x=6のときy=\dfrac{24}{5}\right]$と$\left[x=\dfrac{28}{3}のときy=\dfrac{112}{15}\right]$である。

11 右の図のように，点Oを中心とし，線分AB，CDを直径 図
とする2つの半円がある。点PはAを，点QはDを同時に出
発する。Aを出発した点Pは，$\overgroup{AB}$上を一定の速さで移動し，
→B→A→B→A→……の動きをくり返す。

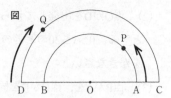

Dを出発した点Qは，$\overgroup{CD}$上を一定の速さで移動し，C→D→C→D→……の動きをくり返す。
$\overgroup{AB}$＝60cm，$\overgroup{CD}$＝90cm，2点P，Qの移動する速さを，それぞれ秒速4cm，秒速9cmとするとき，
次の会話文を読み，あとの(1)～(5)の問いに答えなさい。 (千葉県)

【会話文】

教師T：3点O，P，Qが，この順に一直線上に並ぶ場合について考えます。点PがAを,点Q
がDを同時に出発してからx秒後の2点P，Qの位置関係を確認してみましょう。

生徒X：点Pの動きについて考えてみます。

$\overgroup{AB}$＝60cmで，点Pの速さが秒速4cmだから，点
PがAを出発してから，Bにはじめて到着するの
は15秒後だとわかります。点Pが出発してから，
xと$\overgroup{AP}$の長さの関係をグラフに表すと，右のよ
うになりました。

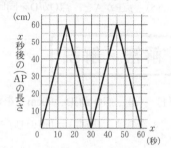

生徒Y：Qの動きについて考えてみると，$\overgroup{CD}$＝90cmで，点Qの速さが秒速9cmだから，点
QがDを出発してから，Cにはじめて到着するのは $\boxed{(a)}$ 秒後です。$\overgroup{DQ}$の変化の
ようすをグラフに表すと何かわかるかな。

生徒X：$\overgroup{AP}$と$\overgroup{DQ}$の変化のようすがわかっても，点Pと点Qは異なる円周上を動くから，3
点O，P，Qが，この順に一直線上に並ぶ場合を考えるのは難しいですね。

教師T：右の図のように，直線OPと$\overgroup{CD}$との交点をR
とすると，点Pが$\overgroup{AB}$上を移動する速さが秒速
4cmだから，点Rが$\overgroup{CD}$上を移動する速さは秒
速 $\boxed{(b)}$ cmだと考えることができます。

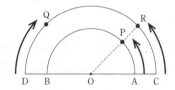

生徒Y：同じ$\overgroup{CD}$上で，2点Q，Rの動きをみることができるので，考えやすくなりました。
3点O，P，Qが，この順に一直線上に並ぶのは，$\overgroup{CR}$＋$\overgroup{DQ}$＝90cmのときだね。

生徒X：$\overgroup{CR}$＝90－$\overgroup{DQ}$＝$\overgroup{CQ}$だから，$\overgroup{CQ}$＝$\overgroup{CR}$のときとも考えられますね。まず，$\overgroup{CQ}$の変化
のようすを調べてみます。点QがDを出発してからx秒後の$\overgroup{CQ}$の長さを$y$cmとする
と，点QがCにはじめて到着するまでのxとyの関係を表す式は$y＝90－9x$になりま
す。

---

(1) 会話文中の(a)，(b)にあてはまる数として最も適当なものを，次のア～カのうちからそ
れぞれ1つずつ選び，符号で答えなさい。

ア 4　　　イ 6　　　ウ 8　　　エ 10　　　オ 12　　　カ 14

(2) 点QがDを出発してからx秒後の$\overset{\frown}{\text{CQ}}$の長さを$y$cm
とする。$0 \leqq x \leqq 30$のときのxとyの関係を表すグラフ
をかきなさい。

(3) 点PがAを，点QがDを同時に出発してから，3点
O，P，Qが，はじめてこの順に一直線上に並ぶの
は何秒後か，求めなさい。

(4) 点PがAを，点QがDを同時に出発してから，点P
がAに，点QがDにはじめて同時に到着した。2点P，
Qが同時に出発してからこのときまでに，3点O，P，
Qが，この順に一直線上に並ぶのは何回あったか，求めなさい。

(5) 点PがAを，点QがDを同時に出発してから，144秒後の∠POQの大きさを求めなさい。

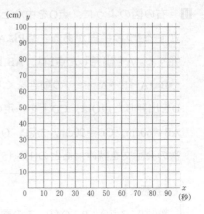

解答・解説

(1) (a) 点Qは$\overset{\frown}{\text{CD}}=90$cm上を秒速9cmで移動するから，Dを出発してから，Cにはじめて到着
するのは，（時間）＝（道のり）÷（速さ）より，$90 \div 9 = \underline{10}$（秒）後である。

(b) おうぎ形OAPとおうぎ形OCRは相似で，相似比はOA：OC$= \left(2\pi \times \text{OA} \times \dfrac{1}{2}\right) : \left(2\pi \times \text{OC}\right.$

$\left. \times \dfrac{1}{2}\right) = \overset{\frown}{\text{AB}} : \overset{\frown}{\text{CD}} = 60 : 90 = 2 : 3$だから，点Rが$\overset{\frown}{\text{CD}}$上を移動する速さを秒速$x$cmとすると，

$4 : x = 2 : 3$より，$x = \dfrac{4 \times 3}{2} = 6$　点Rが$\overset{\frown}{\text{CD}}$上を移動する速さは秒速$\underline{6}$cmだと考えることがで

きる。

(2) $0 \leqq x \leqq 10$のとき点QはD→Cに移動するから，$\overset{\frown}{\text{CQ}} = 90 - \overset{\frown}{\text{DQ}} = 90 - 9 \times x = -9x + 90$　同様に
考えると，$10 \leqq x \leqq 20$のとき，$\overset{\frown}{\text{CQ}} = 9 \times (x - 10) = 9x - 90$　$20 \leqq x \leqq 30$のとき，$\overset{\frown}{\text{CQ}} = 90 - \overset{\frown}{\text{DQ}} = 90$
$-9 \times (x - 20) = -9x + 270$　よって，求めるグラフは，4点$(0, 90)$，$(10, 0)$，$(20, 90)$，$(30, 0)$
を線分で結んだ折れ線となる。

(3) 右のグラフは$0≦x≦60$において，$\overset{\frown}{\text{CR}}$のグラフ
（実線）と$\overset{\frown}{\text{CQ}}$のグラフ（破線）を重ねてかいたもの
である。3点O，P，Qが，この順に一直線上に並
ぶのは，$\overset{\frown}{\text{CR}}=\overset{\frown}{\text{CQ}}$となるとき，つまり，$\overset{\frown}{\text{CR}}$のグ
ラフと$\overset{\frown}{\text{CQ}}$のグラフが交わるとき（グラフ上の●印
の位置）である。よって，はじめて一直線上に並
ぶのは，右のグラフの直線OAと直線BCの交点の
位置である。直線OAの式は$y=6x$　直線BCの式
は$y=-9x+90$　これらを連立させて解くと，$x=$
6　以上より，3点O，P，Qが，はじめてこの順に

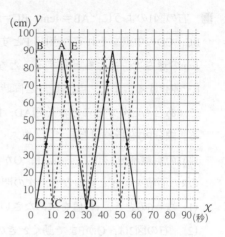

一直線上に並ぶのは，点PがAを，点QがDを同時に出発してから**6秒後**である。

(4) 点Pは$\overset{\frown}{\text{AB}}$を1往復するのに$15×2=30$（秒）かかり，点Qは$\overset{\frown}{\text{CD}}$を1往復するのに$10×2=20$（秒）
かかるから，点PがAを，点QがDを同時に出発してから，点PがAに，点QがDにはじめて同時
に到着するまでに，30秒と20秒の最小公倍数の60秒かかる。2点P，Qが同時に出発してからこ
のときまでに，3点O，P，Qが，この順に一直線上に並ぶのは，上のグラフの●印で示した**5回**
ある。

(5) (4)より，2点P，Qの移動の状態は，$0≦x≦60$の移動の状態を繰り返すから，点PがAを，点
QがDを同時に出発してから，144秒後の状態は，上のグラフの$144-60×2=24$（秒）の状態と同
じである。直線ADの式は$y=-6x+180$…①　直線EDの式は$y=-9x+270$…②　これより，点
PがAを，点QがDを同時に出発してから24秒後の$\overset{\frown}{\text{CR}}$と$\overset{\frown}{\text{CQ}}$の長さは，①，②にそれぞれ$x=24$を
代入して$\overset{\frown}{\text{CR}}=-6×24+180=36$　$\overset{\frown}{\text{CQ}}=-9×24+270=54$　以上より，$∠POQ=∠ROQ=180°$
$×\dfrac{\overset{\frown}{\text{CQ}}-\overset{\frown}{\text{CR}}}{90}=180°×\dfrac{54-36}{90}=\underline{\textbf{36}°}$

12 右の図1のように，AB＝4cm，BC＝8cmの長方形ABCDがあり，辺BC，CDの中点をそれぞれ点E，Fとする。点Pは，Aを出発し，毎秒1cmの速さで，あともどりすることなく辺AB，BC上をEまで動き，Eで停止する。また，点Qは，Pと同時にAを出発し，毎秒1cmの速さで，あともどりすることなく辺AD，DC上をFまで動き，Fで停止する。線分PQを折り目として，Aをふくむ図形を折り返し，その図形（図1の斜線部分）をRとする。P，Qが同時にAを出発してからx秒後のRの面積を$y$cm²とするとき，次の問いに答えなさい。　（富山県）

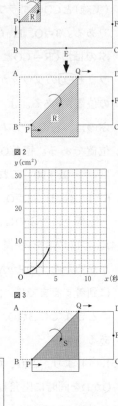

図1

図2

(1) $x=6$のとき，yの値を求めなさい。

(2) 右の図2は，QがFまで動くときのxとyの関係を表したグラフの一部である。このグラフを完成させなさい。

(3) 右の図3のように，図1の図形Rと長方形ABCDとが重なってできる図形をSとする。P，Qが同時にAを出発してからQがFで停止するまでの時間と，図形Sの面積との関係を表すグラフに最も近いものを，下のア～オの中から1つ選び，記号で答えなさい。

図3

ア

イ
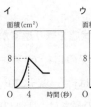

ウ

エ

オ
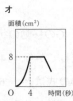

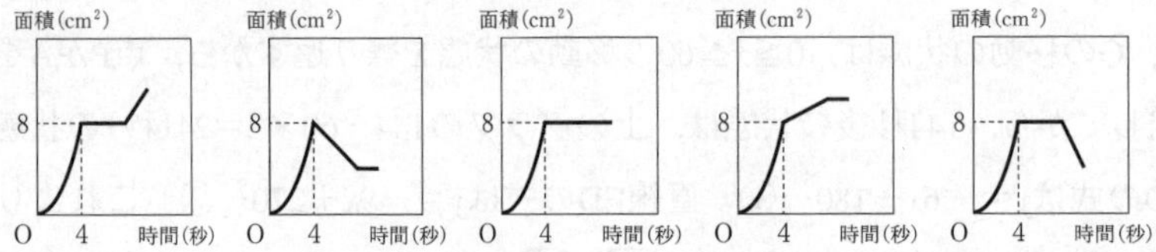

(4) P，Qが同時にAを出発してから，経過した時間毎に図形Rと図形Sの面積を比較したとき，面積比が5：2となるのは，P，Qが同時にAを出発してから何秒後か求めなさい。

解答・解説

(1) $x=6$のとき，点Pは辺BC上にあり，BP＝毎秒1cm×6秒－AB＝6cm－4cm＝2cm，点Qは辺AD上にあり，AQ＝毎秒1cm×6秒＝6cmだから，y＝（台形ABPQの面積）＝$\dfrac{1}{2}$×（BP＋AQ）×AB

$=\dfrac{1}{2}×(2+6)×4=\underline{16}$

(2) 3つの場合（Ⅰ～Ⅲ）に分けて考える。【場合Ⅰ】点Pが辺AB上にあるとき，つまり$0≦x≦4$のとき，点Qは辺AD上にあり，AP＝毎秒1cm×x秒＝$x$cm，AQ＝毎秒1cm×x秒＝$x$cmだから，y

$=△APQ=\dfrac{1}{2}×AP×AQ=\dfrac{1}{2}×x×x=\dfrac{1}{2}x^2$（cm²）…① 【場合Ⅱ】点Pが辺BC上にあり，点Qが辺AD上にあるとき，つまり$4≦x≦8$のとき，BP＝毎秒1cm×x秒－AB＝$x$cm－4cm＝$(x-4)$cm，

$AQ = $ 毎秒$1\text{cm} \times x$秒$= x\text{cm}$だから，$y = $ 台形$ABPQ = \dfrac{1}{2} \times (BP+AQ) \times AB = \dfrac{1}{2} \times \{(x-4)+x\} \times 4$

$= (4x-8)\text{cm}^2 \cdots ②$　【場合Ⅲ】点Pは点Eで停止し，点Qが辺DC上にあるとき，つまり$8 \leqq x \leqq 10$

のとき，$DQ = $ 毎秒$1\text{cm} \times x$秒$-AD = x\text{cm}-8\text{cm} = (x-8)\text{cm}$だから，$y = $ 台形$ABED + \triangle DEQ = \dfrac{1}{2}$

$\times (BE+AD) \times AB + \dfrac{1}{2} \times DQ \times CE = \dfrac{1}{2} \times (4+8) \times 4 + \dfrac{1}{2} \times (x-8) \times 4 = (2x+8)\text{cm}^2 \cdots ③$　①よ

り，$x=0$のとき，$y = \dfrac{1}{2} \times 0^2 = 0$，$x=4$のとき，$y = \dfrac{1}{2} \times 4^2 = 8$　②より，$x=4$のとき，$y = 4 \times 4$

$-8 = 8$，$x=8$のとき，$y = 4 \times 8 - 8 = 24$　③より，$x=8$のとき，$y = 2 \times 8 + 8 = 24$，$x=10$のとき，

$y = 2 \times 10 + 8 = 28$　以上より，xとyの関係を表すグラフは，2点$(0, 0)$，$(4, 8)$を通る放物線と，2

点$(4, 8)$，$(8, 24)$を通る直線と，2点$(8, 24)$，$(10, 28)$を通る直線を組み合わせたグラフとなる。

(3)　P，Qが同時にAを出発してからx秒後のSの面積を$y'\text{cm}^2$とする。3つの場合（Ⅰ～Ⅲ）に分け
て考える。【場合Ⅰ】点Pが辺AB上にあるとき，つまり$0 \leqq x \leqq 4$のとき，図形S$\equiv$図形Rだから，
xとy'の関係を表すグラフは，前問(2)のグラフと同じである。　【場合Ⅱ】点Pが辺BC上にあり，
点Qが辺AD上にあるとき，つまり$4 \leqq x \leqq 8$のとき，点Pから辺ADへ垂線PTを引くと，$y' = \triangle$

$PQT = \dfrac{1}{2} \times PT \times QT = \dfrac{1}{2} \times AB \times AB = \dfrac{1}{2} \times 4 \times 4 = 8\text{cm}^2 \cdots ④$　【場合Ⅲ】点Pは点Eで停止し，点Q

が辺DC上にあるとき，つまり$8 \leqq x \leqq 10$のとき，$DQ = (x-8)\text{cm}$だから，$y' = \triangle CEQ = \dfrac{1}{2} \times CQ$

$\times CE = \dfrac{1}{2} \times (DC-DQ) \times CE = \dfrac{1}{2} \times \{4-(x-8)\} \times 4 = (-2x+24)\text{cm}^2 \cdots ⑤$　⑤より，$x=8$のと

き，$y = -2 \times 8 + 24 = 8$，$x=10$のとき，$y = -2 \times 10 + 24 = 4$　以上より，xとy'の関係を表すグ
ラフは，2点$(0, 0)$，$(4, 8)$を通る放物線と，2点$(4, 8)$，$(8, 8)$を通る直線と，2点$(8, 8)$，$(10, 4)$
を通る直線を組み合わせたグラフとなる。オのグラフが最も近い。

(4)　前問(2)(3)の結果を利用する。$0 \leqq x \leqq 4$のとき，図形R$\equiv$図形Sだから，図形Rと図形Sの面
積比が$5:2$になることはない。$4 \leqq x \leqq 8$のとき，$y:y' = 5:2$となるのは，②，④より，$(4x-8):$
$8 = 5:2$　$2(4x-8) = 40$　これを解いて，$x=7$　これは問題に適している。$8 \leqq x \leqq 10$のとき，
$y:y' = 5:2$となるのは，③，⑤より，$(2x+8):(-2x+24) = 5:2$　$2(2x+8) = 5(-2x+24)$

これを解いて，$x = \dfrac{52}{7} = 7\dfrac{3}{7}$　これは問題に適してない。以上より，図形Rと図形Sの面積比が

$5:2$になるのは，P，Qが同時にAを出発してから<u>7秒後</u>。

さらに詳しい解説は　▶▶▶　イカの巻　　で解き方を確認！

3章　関数

関数とグラフ

1 関数とグラフの問題

(1) 右図において，曲線①は関数$y=\dfrac{1}{2}x^2$のグラフであり，曲線②は関

数$y=ax^2$のグラフである。

4点A，B，C，Dはすべて曲線①上の点で，点Aのx座標は-2であり，点Cのx座標は負である。線分ABと線分CDはともにx軸に平行で，線分CDの長さは線分ABの長さの2倍である。

また，点Eは直線BDとx軸との交点であり，点Fは曲線②と線分ABとの交点で，そのx座標は負である。

原点をOとするとき，次の各問いに答えなさい。

(ア) 点Eの座標を求めなさい。

(イ) 三角形BDFの面積が三角形AEBの面積の$\dfrac{21}{8}$倍であるとき，曲線②の式$y=ax^2$のaの値を

求めなさい。

（神奈川・独自問題実施校共通問題）

(2) 右の図1で，点Oは原点，曲線ℓは関数$y=\dfrac{k}{x}$（$k>0$）のグラフで

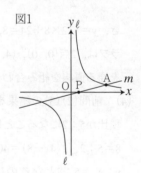

図1

ある。曲線ℓ上にあり，x座標が6である点をAとする。

点Pは原点Oを出発し，x軸上を正の向きに毎秒1cmの一定の速さで動く。

点Aと点Pを通る直線をmとする。

原点Oから点$(1, 0)$までの距離，および原点Oから点$(0, 1)$までの距離をそれぞれ1cmとして，次の各問いに答えなさい。

問1　点Pが原点Oを出発してから1秒後に，直線mの傾きが$\dfrac{4}{15}$となるとき，kの値を求めなさい。

問2　右の図2は，図1において，$k=12$とし，関数$y=-\dfrac{1}{3}x^2$で表される曲線nをかき加え，曲線n上にあり，x座標が-3である点をBとした場合を表している。直線mが点Bを通るのは，点Pが原点Oを出発してから何秒後ですか。

ただし，答えだけでなく，答えを求める過程がわかるように，途中の式や計算なども書きなさい。

図2

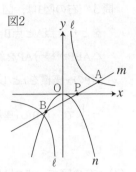

問3　右の図3は，図2において，直線mの式が$y=\dfrac{2}{3}x-2$となったとき，曲線n上にx座標が3以上6以下である点Qをとった場合を表している。点Aと点Q，点Pと点Qをそれぞれ結んでできる△APQの面積が9cm^2となるとき，点Qの座標を求めなさい。

（東京・国分寺）

図3

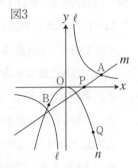

(3)　右の図1で，点Oは原点，点Aの座標は$(-5,\ 0)$で，曲線fは関数$y=ax^2$のグラフ，曲線gは関数$y=bx^2$のグラフを表している。ただし，$0<a<b$である。

曲線f上にあり，x座標が正の数である点をBとする。次の各問いに答えなさい。

図1

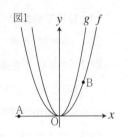

問1　$a=\dfrac{4}{9}$，点Bのx座標が3のとき，次の各問いに答えなさい。

（ア）　直線ABを表す式を求めなさい。

（イ）　直線ABと曲線gの2つの交点のうち，x座標が正である点のx座標が2であるとき，bの値を求めなさい。

問2　右の図2は，図1において点Bを通りx軸に平行な直線を引き，曲線gとの交点のうち，x座標が負の数である点をC，x座標が正である点をDとした場合を表している。$a=\dfrac{1}{3}$で，点Cのx座標が-3，

△ABDの面積が四角形AOBCの面積の$\dfrac{3}{14}$倍になるとき，bの値を求めなさい。ただし，答えだけでなく，答えを求める過程がわかるように，途中の式や計算も書くこと。

図2

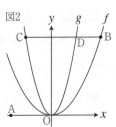

問3　右の図3は，図1において，曲線g上にx座標が正の数である点P
　　をとり，点Aと点B，点Bと点P，点Pと点Aをそれぞれ結んでできる
　　△ABPが線分APを斜辺とする直角三角形となる場合を表している。
　　点Pのx座標をtとし，tとbがともに自然数であるときを考える。a

　　$=\dfrac{1}{5}$で，点Bのx座標が5のとき，tとbの値の組をすべて求めな

　　い。　　　　　　　　　　　　　　　　　　　　　　　　（東京・八王子東）

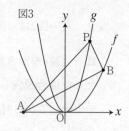

図3

(4)　右の図で，点Oは原点，曲線fは$y=x^2$のグラフ，曲線gは$y=ax^2$
　　$(a>1)$のグラフを表している。点Aは曲線f上にあり，x座標は$p(p$
　　$<0)$である。点Aを通りx軸に平行な直線を引き，曲線fとの交点の
　　うち，点Aと異なる点をBとする。点Bを通りy軸に平行な直線を引
　　き，曲線gとの交点をCとする。点Aを通りy軸に平行な直線を引
　　き，曲線gとの交点をDとする。2点C，Dを通る直線を引き，曲線f
　　との交点のうち，x座標が負の数である点をE，x座標が正の数であ
　　る点をFとする。点Oから点$(1, 0)$までの距離，および点Oから点
　　$(0, 1)$までの距離をそれぞれ1cmとして，次の各問に答えよ。

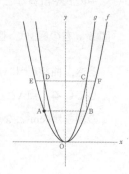

問1　$a=2$のとき，点Fの座標をpを用いて表せ。

問2　2点A，Fを通る直線と2点B，Dを通る直線との交点をGとした場合を考える。$a=4$，$p=$
　　-1のとき，点Gの座標を求めよ。ただし，答えだけでなく，答えを求める過程が分かるよ
　　うに，途中の式や計算なども書け。

問3　点Aと点C，点Aと点O，点Cと点Oをそれぞれ結んだ場合を考える。$p=-2$のとき，
　　△AOCの面積は何cm²か。aを用いた式で表せ。

（東京・日比谷）

(5)　右の図1で，点Oは原点，点Aの座標は$(-1, 0)$，点Bの座標は$(0,$
　　$1)$であり，曲線fは関数$y=x^2$のグラフを表している。2点C，Pはとも
　　に曲線f上にあり，点Cのx座標は-2，点Pのx座標は$t(t>-1)$である。
　　点Oから点$(1, 0)$までの距離，および点Oから点$(0, 1)$までの距離を
　　それぞれ1cmとして，次の各問に答えよ。

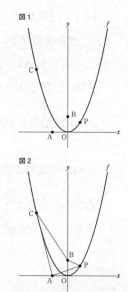

図1

問1　$t=\dfrac{3}{2}$のとき，2点C，Pの間の距離は何cmか。

問2　右の図2は，図1において，点Aと点P，点Pと点B，点Bと点C，
　　点Cと点Aをそれぞれ結んだ場合を表している。このとき，線分AP，
　　線分PB，線分BC，線分CAで作られる図形をDとする。
　　次の(1)，(2)に答えよ。

(1)　図形Dが三角形となるとき，tの値を全て求めよ。ただし，答

図2

えだけでなく，答えを求める過程が分かるように，途中の式や計算なども書け。

(2) 右の図3は，図2において 図形Dが2つの三角形からなる場合を表しており，この2つの三角形の面積の和を図形Dの面積とする。$t=3$のとき，図形Dの面積は何cm^2か。

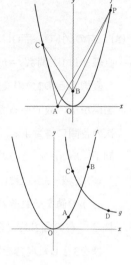

図3

(東京・西)

(6) 右の図で，点Oは原点，曲線fは関数$y=x^2$のグラフ，曲線gは関数$y=\dfrac{b}{x}$($1<b<8$)のグラフの$x>0$の部分を表している。点A，点Bはともに曲線f上にあり，点Aのx座標はa，点Bのx座標は$a+1$である。ただし，$a>0$とする。点C，点Dはともに曲線g上にあり，点Cのx座標は1，点Dのx座標はbである。

次の各問に答えよ。

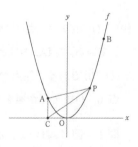

問1　関数$y=\dfrac{b}{x}$において，xの値が2から5まで変化するときの変化の割合が$-\dfrac{1}{3}$であるとき，bの値を求めよ。

問2　2点A，Dを通る直線を引き，直線ADがx軸と平行になるとき，点Aと点C，点Cと点B，点Bと点Dをそれぞれ結んだ場合を考える。四角形ADBCの面積が7cm^2のとき，aとbの値を求めよ。ただし，原点から点(1，0)までの距離，および原点から点(0，1)までの距離をそれぞれ1cmとする。

問3　$b=6$のとき，y軸を対称の軸として点Aと線対称な点をEとし，2点B，Eを通る直線が点Cを通る場合を考える。aの値を求めよ。ただし，答えだけでなく，答えを求める過程が分かるように，途中の式や計算なども書け。

(東京・戸山)

(7) 右の図で，点Oは原点，曲線fは関数$y=\dfrac{1}{2}x^2$のグラフを表している。3点A，B，Pは全て曲線f上にあり，点Aのx座標は-2，点Bのx座標は4であり，点Pのx座標をpとする。x軸上にあり，x座標が点Aのx座標と等しい点をCとする。点Aと点C，点Cと点P，点Pと点Aをそれぞれ結ぶ。点Oから点(1，0)までの距離，および点Oから点(0，1)までの距離をそれぞれ1cmとして，次の各問に答えよ。

問1　△ACPがPA＝PCの二等辺三角形となるとき，pの値を全て求めよ。

問2　∠ACP＝45°のとき，pの値を全て求めよ。

問3　図において，点Aと点B，点Pと点Bをそれぞれ結んだ場合を考える。

　$-2<p<4$のとき，△ACPの面積と△ABPの面積が等しくなるような，pの値を求めよ。ただ

し，答えだけでなく，答えを求める過程が分かるように，途中の式や計算なども書け。

(8) 右の図1で，点Oは原点，曲線 f は関数 $y=ax^2(a>0)$ のグラフ，直線 ℓ は1次関数 $y=bx+c(c>0)$ のグラフを表している。曲線 f と直線 ℓ との2つの交点のうち，x 座標が負の数である点をA，x 座標が正の数である点をBとする。

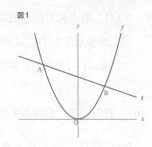

図1

次の各問に答えよ。

問1　$b<0$，$c=1$ の場合を考える。

x の変域 $-3\leqq x\leqq 2$ に対する，関数 $y=ax^2$ の y の変域と関数 $y=bx+c$ の y の変域が一致するとき，a，b の値をそれぞれ求めよ。

問2　右の図2は，図1において，点Aの x 座標を -2，点Bの x 座標を3とした場合を表している。

線分ABを直径とする円が点Oを通るとき，a の値を求めよ。

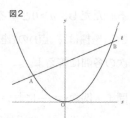

図2

問3　右の図3は，図1において，$a=1$，Aの x 座標が -1，点Bの x 座標が $\frac{3}{2}$ のとき，曲線 f 上にあり，x 座標が $p\left(0<p<\frac{3}{2}\right)$ である点をP，点Pを通り点Oと点Aを結んでできる線分OAに平行に引いた直線と x 軸との交点をQとし，点Oと点B，点Aと点Qをそれぞれ結んだ場合を表している。

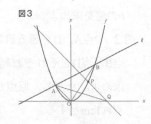

図3

△AOQの面積が△AOBの面積の $\frac{8}{15}$ 倍になるとき，p の値を求めよ。ただし，解答欄には，答えだけでなく，答えを求める過程が分かるように，途中の式や計算なども書け。

(9) 右の図1で，点Oは原点，曲線 f は $y=ax^2(a>0)$ のグラフを表している。2点A，Bはともに曲線 f 上にあり，x 座標はそれぞれ2，$s(s<0)$ である。原点から点 $(1,\ 0)$ までの距離，および原点から点 $(0,\ 1)$ までの距離をそれぞれ1cmとして，次の各問に答えよ。

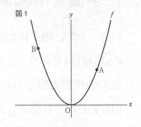

図1

問1　図1において，$a=\frac{1}{2}$，$s=-3$ のとき，2点A，Bを通る直線の式を求めよ。

問2　右の図2は，図1において，$a=\dfrac{1}{4}$，$s=-\dfrac{8}{3}$のとき，点C

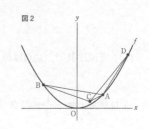
図2

を$\left(1,\ \dfrac{1}{2}\right)$，曲線$f$上にあり，$x$座標が$t\,(t>2)$である点をDと

し，点Aと点B，点Aと点C，点Aと点D，点Bと点C，点Cと点

Dをそれぞれ結んだ場合を表している。

　　△ABCの面積と△ADCの面積が等しくなるとき，tの値を求めよ。ただし，答えだけでなく，

答えを求める過程が分かるように，途中の式や計算なども書け。

問3　図1において，$s=-1$のとき，点Oと点A，点Oと点B，点Aと点Bをそれぞれ結んだ場合

を考える。∠AOB＝90°となるときのaの値をp，∠OBA＝90°となるときのaの値をqとし，a

の値がpからqまで増加するとき，点Aが動く距離は何cmか。

（東京・立川）

(10)　右の図1で，点Oは原点，曲線fは関数$y=-\dfrac{1}{2}x^2$のグラフを

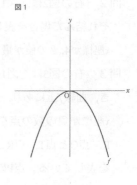
図1

表している。原点から点$(1,\ 0)$までの距離，および原点から点

$(0,\ 1)$までの距離をそれぞれ1cmとする。

次の各問に答えよ。

問1　関数$y=-\dfrac{1}{2}x^2$について，xの変域が$-2a\leqq x\leqq a\,(a>0)$で

あるとき，yの変域を不等号とaを用いて　　　　$\leqq y\leqq$　　　　で

表せ。

問2　右の図2は，図1において，曲線f上にありx座標が$-2a$，a

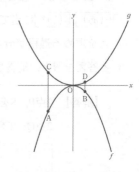
図2

$(a>0)$である点をそれぞれA，Bとし，曲線gは関数$y=px^2\,(p$

$>0)$のグラフで，曲線g上にありx座標が$-2a$，aである点を

それぞれC，Dとし，点Aと点C，点Bと点Dをそれぞれ結んだ

場合を表している。

(1)　$a=\dfrac{1}{3}$，$p=\dfrac{1}{4}$のとき，2点A，Bを通る直線と2点C，D

を通る直線との交点をE，曲線g上にあり，x座標がtで点Cと

異なる点をFとし，点Aと点F，点Eと点Fを結んだ場合を考える。△AECの面積と△AEFの

面積が等しくなるとき，tの値を求めよ。ただし，答えだけではなく，答えを求める過程

が分かるように，途中の式や計算なども書け。

(2)　点Oと点A，点Oと点B，点Oと点C，点Oと点Dをそれぞれ結んだ場合を考える。△OAC，

△OBDの面積をそれぞれScm²，Tcm²とするとき，S＋Tをa，pを用いて表せ。また，a，p

がともに自然数のとき，S＋Tの値が自然数になるもののうち，最も小さい値を求めよ。

(11) 右の図1で，点Oは原点，曲線fは関数$y=\dfrac{1}{2}x^2$のグラフ，曲線

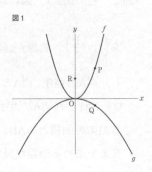

図1

gは関数$y=-\dfrac{1}{9}x^2$のグラフを表している。曲線f上にあり，x座

標が正の数である点をP，曲線g上にあり，x座標が点Pと等しい

点をQとする。y軸上にあり，y座標が正の数である点をRとする。

原点から点(1, 0)までの距離，および原点から点(0, 1)までの

距離をそれぞれ1cmとして，次の各問に答えよ。

問1　点Pと点Qを結んだ場合を考える。点Pのx座標が$\dfrac{3}{2}$，点Pと点Rのy座標が等しいとき，

線分PQの長さは，線分ORの長さの何倍か。

問2　右の図2は，図1において，点Pと点R，点Qと点Rをそれ

ぞれ結んだ場合を表している。PR＋QR＝ℓ cmとする。点Pの

x座標が4，ℓの値が最も小さくなるとき，点Rのy座標を求めよ。

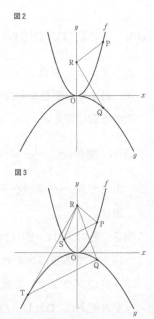

図2

問3　右の図3は，図1において，点Rのy座標が3より大きいと

き，曲線f上にあり，x座標が負の数の点をS，曲線g上にあり，

x座標が負の数の点をTとし，点Pと点R，点Pと点S，点Qと点

R，点Qと点T，点Rと点S，点Rと点Tをそれぞれ結んだ場合

を表している。点Pのx座標が3，点Rのy座標がr，点Sのx座標

が-2，PS∥QTのとき，△PRSの面積と△QRTの面積の比が

5：21となるrの値を下の□□□□の中のように求めた。

□(あ)□，□(い)□に当てはまる式をそれぞれ求め，□(う)□には答

えを求める過程が分かるように，途中の式や計算などの続き

と答えを書き，解答を完成させよ。

【解答】　2点P，Sを通る直線の式は$y=$□(あ)□である。

　　　　　2点Q，Tを通る直線の式は$y=$□(い)□である。

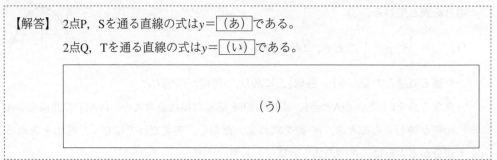

(う)

(12) 右の図1で，点Oは原点，曲線fは関数$y=\dfrac{1}{2}x^2$のグラフを表し

ている。点A，点B，点Cは全て曲線f上にあり，x座標はそれぞれ

2，8，−6である。y軸上にある点をDとし，点Dのy座標をt $(t>0)$

とする。原点から点(1，0)までの距離，および原点から点(0，1)

までの距離をそれぞれ1cmとして，次の各問に答えよ。

問1　2点B，Dを通る直線の傾きが2であるとき，tの値を求めよ。

問2　右の図2は，図1において，点Aと点B，点Aと点D，点Bと

点Dをそれぞれ結んだ場合を表している。△ABDの面積は何

cm²か，tを用いた式で表せ。ただし，答えだけでなく，答えを

求める過程が分かるように，途中の式や計算なども書け。

問3　右の図3は，図1において，点Aと点B，点Aと点Cをそれぞ

れ結び，点Bと点Cを結んだ線分BC上に点Dがあるとき，線分

AB上にある点をEとし，点Dと点Eを結んだ場合を表している。

線分DEが△ABCの面積を二等分するとき，点Eのx座標を求め

よ。

(東京・国分寺)

図1
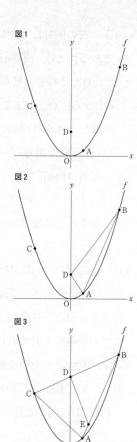

(13)　右の図1で，点Oは原点，曲線mは関数$y=ax^2$ $(a>0)$のグラ

フ，直線nは一次関数$y=\dfrac{1}{2}x-1$のグラフを表している。

点Pは曲線m上にあり，x座標はtである。

次の各問に答えよ。

問1　関数$y=ax^2$について，xの変域$-3\leqq x\leqq2$に対するyの変域

が$0\leqq y\leqq4$であるようなとき，aの値を求めよ。

問2　右の図2は，図1において，$a=\dfrac{1}{2}$，$t>0$とした場合を表

している。点Pを点Oを中心として180°回転移動した点が直線

n上にあるとき，tの値を求めよ。ただし，$t>0$とする。

図1
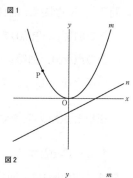

図2
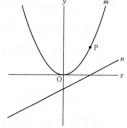

問3　右の図3は，図2において，直線n上にありx座標が正の数
　　である点をQ，直線nとy軸との交点をRとし，点Oと点P，点P
　　と点Qをそれぞれ結んだ場合を表している。

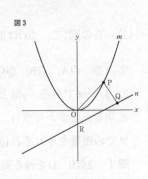

図3

　　点Oから点(1, 0)までの距離，および点Oから点(0, 1)までの
　　距離をそれぞれ1cmとして，次の(1)，(2)に答えよ。

(1)　四角形OPQRが平行四辺形になるとき，四角形OPQRの
　　　面積は何cm²か。

(2)　t=2で，四角形OPQRの面積が6cm²のとき，点Qの座標を求めよ。ただし，答えだけで
　　　なく，答えを求める過程が分かるように，途中の式や計算なども書け。

(東京・墨田川)

(14)　右の図1で，点Oは原点，四角形ABCDは正方形である。頂
　　点Aの座標を(8, 5)，頂点Bの座標を(4, 8)，頂点Dの座標を(5, 1)
　　とする。原点から点(1, 0)までの距離，および原点から点(0, 1)
　　までの距離をそれぞれ1cmとして，次の各問に答えよ。

問1　2点A，Cを通る直線の式を求めよ。

問2　右の図2は，図1において，四角形ABCDの対角線ACと対
　　角線BDの交点と原点Oを通る直線を引き，辺AB，辺CDとの
　　交点をそれぞれE，Fとした場合を表している。台形AEFDの
　　面積は何cm²か。

問3　右の図3は，図1において，頂点Aを通る関数y=ax²のグラ
　　フを曲線f，頂点Dを通る関数y=bx²のグラフを曲線g，曲線f
　　上の点をM，曲線g上の点をNとし，点Mと点Nのx座標が等し
　　い場合を表している。点Mと点Nのx座標をsとする。点Mのy

　　座標と点Nのy座標の差が$\frac{61}{9}$であるとき，sの値を求めよ。た

　　だし，s>0とする。

問4　右の図4は，図1において，頂点Bを通る関数y=cx²のグラ
　　フを曲線hとし，曲線h上にあり，x座標が6である点をQ，y軸
　　上にあり，y座標がtである点をRとし，頂点Bと点Q，点Qと点
　　R，点Rと頂点Bをそれぞれ結んだ場合を表している。ただ
　　し，t>0とする。△BQRが直角三角形となるときのtの値をす
　　べて求めよ。ただし，答えだけでなく，答えを求める過程が
　　分かるように途中の式や計算なども書け。

(東京・立川)

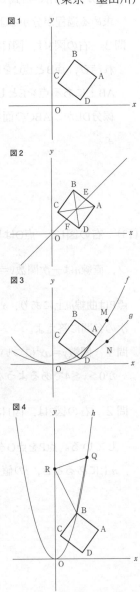

(15) 右の図1で，点Oは原点，曲線ℓは関数$y=\dfrac{1}{4}x^2$のグラフを

表している。点Aは曲線ℓ上にあり，x座標は-2である。曲線

ℓ上にあり，x座標が$t(t \geqq 0)$点をPとする。

次の各問に答えよ。

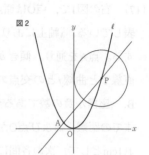

図1

問1　点Pが$2 \leqq t \leqq 4$の範囲で動くとき，線分APの長さNのとる

値の範囲を不等号を使って，$\boxed{} \leqq N \leqq \boxed{}$で表せ。

問2　$t=3$のとき，直線APとy軸との交点の座標を求めよ。

問3　右の図2は，図1において，点Pを中心とした円を円Pと

し，円Pがy軸に接している場合を表している。次の(1)，(2)

に答えよ。

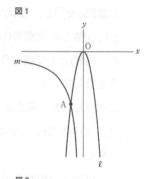

図2

(1)　直線APの傾きが1となる場合の円Pの周の長さは何cm

か。ただし，円周率をπとし，原点から点$(1, 0)$までの距

離，および点$(0, 1)$までの距離をそれぞれ1cmとする。

(2)　原点を通り，傾きが正である直線が，円Pと接するとき，接点をBとし，原点と点P，

原点と点Bを結んだ場合を考える。$\angle POB=30°$となるとき，tの値を求めよ。ただし，答

えだけでなく，答えを求める過程が分かるように，途中の式や計算なども書け。

（東京・墨田川）

(16)　右の図1で，点Oは原点，曲線ℓは$y=ax^2(a<0)$，曲線mはy

$=\dfrac{36}{x}(x<0)$のグラフを表している。

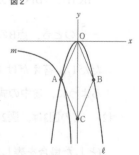

図1

曲線ℓと曲線mとの交点をAとする。

次の各問に答えよ。

問1　点Aのx座標が-3のとき，aの値を求めよ。

問2　右の図2は，図1において，点Aのx座標を-4，y軸を対称

の軸として点Aと線対称な点をB，y軸上にある点をCとし，点

Oと点A，点Oと点B，点Aと点C，点Bと点Cをそれぞれ結ん

だ四角形OACBがひし形となる場合を表している。2点B，C

を通る直線と曲線ℓとの交点のうち，点Bと異なる点をDとし

た場合を考える。点Dの座標を求めよ。ただし，答えだけで

なく，答えを求める過程が分かるように，途中の式や計算な

ども書け。

図2

問3　右の図3は，図1において点Aのx座標とy座標が等しいと
　　き，曲線m上にあり，x座標が-12である点をE，曲線ℓ上に
　　あり，2点A，Eを通る直線AE上にはなく，点Oにも一致しな
　　い点をPとし，点Oと点A，点Oと点E，点Aと点E，点Aと点P，
　　点Eと点Pをそれぞれ結んだ場合を表している。△OAEの面積
　　と△AEPの面積が等しくなるときの点Pのx座標を全て求めよ。

（東京・立川）

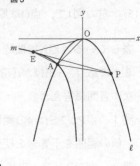

図3

(17)　右の図1で，点Oは原点，曲線fは関数$y=x^2$のグラフを
　　表している。x軸上にあり，x座標が正の数である点をAと
　　する。点Aを通り，傾きが負の数である直線をℓとする。
　　直線ℓと曲線fとの交点のうちx座標が正の数である点を
　　B，x座標が負の数である点をCとする。点Oから点(1，0)
　　までの距離，および点Oから点(0，1)までの距離をそれぞ
　　れ1cmとして，次の各問に答えよ。

図1

問1　線分ACとy軸との交点をD，線分OAの中点をEとし，

　2点D，Eを通る直線の傾きが$-\dfrac{3}{2}$，点Bのx座標が$\dfrac{5}{4}$であるとき，直線ℓの式を求めよ。

問2　右の図2は，図1において，点Cを通り，x軸に平行
　　な直線mを引き，曲線fとの交点のうち，点Cと異なる点
　　をF，y軸との交点をGとし，2点B，Gを通る直線nを引
　　き，曲線fとの交点のうち，点Bと異なる点をHとした場
　　合を表している。
　　次の(1)，(2)に答えよ。

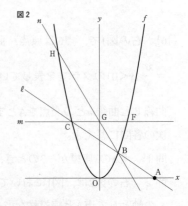

図2

(1)　点Bと点F，点Cと点Hをそれぞれ結んだ場合を考
　　える。
　　　△BCHと△BFGの面積の比が13：4，直線nの傾きが

　　$-\dfrac{5}{3}$のとき，点Bのx座標をtとして，tの値を求めよ。

　　ただし，答えだけでなく，答えを求める過程が分か
　　るように，途中の式や計算なども書け。

(2)　右の図3は，図2において，直線nとx軸との交点を
　　Iとした場合を表している。AB：BC＝4：5，AI＝$\dfrac{48}{35}$

　　cmのとき，直線nの傾きを求めよ。

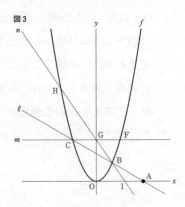

図3

（東京・日比谷）

(18) 右の図1で，点Oは原点，曲線mは関数$y=\dfrac{a}{x}(a>0)$のグ

ラフを表している。点Aは曲線m上にあり，x座標は2である。次の各問に答えよ。

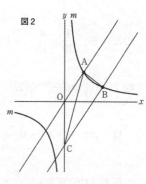

図1

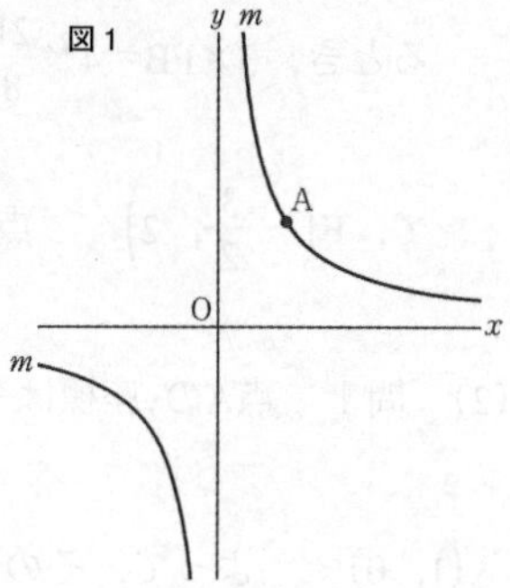

問1　$a=\dfrac{3}{4}$のとき，点Aのy座標を求めよ。

問2　関数$y=a^2x^2$のグラフが点Aを通る場合を考える。正の数aの値を求めよ。

問3　右の図2は，図1において，$a=6$のとき，曲線m上にあり，x座標が4である点をB，点Oと点Aを結んだ直線OAに平行な直線で点Bを通る直線とy軸との交点をCとし，点Aと点B，点Aと点Cをそれぞれ結んだ場合を表している。点Oから点(1，0)までの距離，および点Oから点(0，1)までの距離をそれぞれ1cmとして，次の(1)，(2)に答えよ。

図2

(1)　直線ABの傾きを求めよ。

(2)　△ABCの面積は何cm^2か。ただし，答えだけでなく，答えを求める過程が分かるように，途中の式や計算なども書け。

(東京・墨田川)

解答・解説

(1)　(ア)　点Aはx座標が-2で$y=\dfrac{1}{2}x^2$上の点だから，そのy座標は$y=\dfrac{1}{2}\times(-2)^2=2$　　曲線①

はy軸について対称なグラフだから，B(2，2)　　線分CDの長さが線分ABの長さの2倍なので，

CD=8　　点Dのx座標は4　　y座標は，$y=\dfrac{1}{2}\times4^2=8$　　D(4，8)　　直線BDの傾きは，$\dfrac{8-2}{4-2}$

=3　　直線BDの式を$y=3x+b$とおいて(2，2)を代入すると，$2=6+b$　　$b=-4$　　よって，

$y=3x-4$　　点Eは直線BDとx軸の交点であり，y座標は0だから，$0=3x-4$　　$x=\dfrac{4}{3}$　　よっ

て，$\underline{E\left(\dfrac{4}{3}，0\right)}$

(イ)　△AEBの面積は，ABを底辺として，$\dfrac{1}{2}\times4\times2=4$　　△BDFの面積は，FBを底辺とす

ると，高さが点Bと点Dのy座標の差なので，$\dfrac{1}{2}\times FB\times(8-2)=3\times FB$　　これが4の$\dfrac{21}{8}$とな

るとき，$3 \times FB = 4 \times \dfrac{21}{8}$　　$FB = \dfrac{7}{2}$　　よって，点Fとy軸との距離は，$\dfrac{7}{2} - 2 = \dfrac{3}{2}$　　よっ

て，$F\left(-\dfrac{3}{2},\ 2\right)$　　点Fが曲線$y = ax^2$上にあるので，$2 = a \times \left(-\dfrac{3}{2}\right)^2$　　したがって，$\underline{a = \dfrac{8}{9}}$

(2)　問1　点Aのy座標は$\dfrac{k}{6}$と表すことができる。点Pが原点Oを出発して1秒後の点Pの座標は，

$(1,\ 0)$　　よって，そのときの直線mの傾きは，$\left(\dfrac{k}{6} - 0\right) \div (6 - 1) = \dfrac{k}{30}$　　これが$\dfrac{4}{15}$に等しい

のだから，$\dfrac{k}{30} = \dfrac{4}{15}$　　$\underline{k = 8}$

問2　（途中の式や計算）　$k = 12$のとき，点Aのy座標は，$y = \dfrac{12}{6} = 2$　　$A(6,\ 2)$　　点Bのy座標

は，$y = -\dfrac{1}{3} \times (-3)^2 = -3$　　$B(-3,\ -3)$　　直線ABの傾きは，$(-3 - 2) \div (-3 - 6) = \dfrac{5}{9}$

直線ABの式を$y = \dfrac{5}{9}x + b$とおいて$(-3,\ -3)$を代入すると，$-3 = -\dfrac{5}{3} + b$　　$b = -\dfrac{4}{3}$

よって，$y = \dfrac{5}{9}x - \dfrac{4}{3}$　　点Pのy座標は0だから，$0 = \dfrac{5}{9}x - \dfrac{4}{3}$　　$x = \dfrac{12}{5}$　　よって，$\underline{\dfrac{12}{5}}$秒

後である。

（別解）　$A(6,\ 2)$，$B(-3,\ -3)$を求めた後で，点Pの座標を$(p,\ 0)$とおき，BPの傾きとPAの

傾きが等しいことを利用してもよい。　　$\dfrac{-3}{-3 - p} = \dfrac{2}{6 - p}$　　$\dfrac{A}{B} = \dfrac{C}{D}$のとき，$AD = BC$

$-3(6 - p) = 2(-3 - p)$　　$5p = 12$　　$p = \dfrac{12}{5}$

問3　直線mの式が$y = \dfrac{2}{3}x - 2$のとき，点Pのx座標は，$0 = \dfrac{2}{3}x - 2$

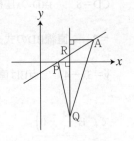

$x = 3$　　点Aのy座標は，x座標が6なので，$y = \dfrac{2}{3} \times 6 - 2 = 2$

よって，$A(6,\ 2)$　　点Qのx座標をqとするとy座標は，$-\dfrac{1}{3}q^2$

点Qを通るy軸に平行な直線と直線mとの交点をRとすると，$R\left(q,\ \dfrac{2}{3}q - 2\right)$　　よって，RQ

$= \dfrac{2}{3}q - 2 - \left(-\dfrac{1}{3}q^2\right) = \dfrac{1}{3}q^2 + \dfrac{2}{3}q - 2$　　$\triangle APQ = \triangle ARQ + \triangle PRQ = \dfrac{1}{2} \times RQ \times (6 - q) + \dfrac{1}{2}$

$\times RQ \times (q-3) = \dfrac{1}{2} \times RQ \times 3 = \dfrac{3}{2}\left(\dfrac{1}{3}q^2 + \dfrac{2}{3}q - 2\right) = \dfrac{1}{2}q^2 + q - 3$　これが9となるとき，$\dfrac{1}{2}q^2$

$+q-3=9$　$q^2+2q-24=0$　$(q+6)(q-4)=0$　$3 \le q \le 6$なので，$q=4$　点Qのy座標は，

$-\dfrac{1}{3} \times 4^2 = -\dfrac{16}{3}$　したがって，$\underline{Q\left(4, -\dfrac{16}{3}\right)}$

(3)　問1　（ア）$a=\dfrac{4}{9}$で，点Bのx座標が3のとき，点Bのy座標は，$y=\dfrac{4}{9} \times 3^2 = 4$　よって，

B(3, 4)　直線ABの傾きは$\dfrac{4-0}{3-(-5)} = \dfrac{1}{2}$　$y=\dfrac{1}{2}x + b$とおいて，$(-5, 0)$を代入すると，

$0 = -\dfrac{5}{2} + b$　$b = \dfrac{5}{2}$　よって，直線ABの式は，$\underline{y = \dfrac{1}{2}x + \dfrac{5}{2}}$

（イ）直線AB上でx座標が2の点のy座標は，$y = \dfrac{1}{2} \times 2 + \dfrac{5}{2} = \dfrac{7}{2}$　よって，$\left(2, \dfrac{7}{2}\right)$を$y=$

bx^2に代入して，$\dfrac{7}{2} = 4b$　$\underline{b = \dfrac{7}{8}}$

問2　(途中の式や計算)　点Cのx座標が-3のとき，点Cのy座標は，$y = b \times (-3)^2 = 9b$と表せ

る。関数gのグラフはy軸について対称なので，C$(-3, 9b)$，D$(3, 9b)$　$a = \dfrac{1}{3}$であり，

点Bのy座標が$9b$だから，点Bのx座標をbを用いて表すと，$9b = \dfrac{1}{3}x^2$　$x^2 = 27b$　$x>0$な

ので，$x = \sqrt{27b} = 3\sqrt{3b}$　$\triangle ABD = \dfrac{1}{2} \times (3\sqrt{3b} - 3) \times 9b$　四角形AOBC $= \dfrac{1}{2} \times (3\sqrt{3b} +$

$3+5) \times 9b$　よって，$3\sqrt{3b} - 3 = \dfrac{3}{14}(3\sqrt{3b} + 8)$　両辺に$\dfrac{14}{3}$をかけて整理すると，$14\sqrt{3b}$

$-14 = 3\sqrt{3b} + 8$　$\sqrt{3b} = 2$　$3b = 4$　$b = \dfrac{4}{3}$

(別解)　とりあえずBD$=m$とおいてみるのもよい。三角形と台形の高さが共通であるとき，その面積の比は，底辺と(上底＋下底)の比に等しいことを利用すると，$m:(6+m+5) = 3:14$

$14m = 3m+33$　$m=3$　よって，B$(6, 9b)$と表せるので，$9b = \dfrac{1}{3} \times 6^2 = 12$　$b = \dfrac{4}{3}$

問3　$a = \dfrac{1}{5}$のときなので，点Bのy座標は，$y = \dfrac{1}{5} \times 5^2 = 5$　よって，B(5, 5)　点Pのx座標をtとしたとき，点Pのy座標は，bt^2　よって，P(t, bt^2)　2点(x_1, y_1)，(x_2, y_2)の距離をℓとすると，$\ell^2 = (x_2 - x_1)^2 + (y_2 - y_1)^2$　$\triangle ABP$で三平方の定理が成り立つから，$AP^2 = AB^2 + BP^2$　よって，$(t+5)^2 + (bt^2)^2 = (5+5)^2 + 5^2 + (5-t)^2 + (5-bt^2)^2$　$t^2 + 10t + 25 + b^2t^4$

$=100+25+25-10t+t^2+25-10bt^2+b^2t^4$ $10bt^2+20t-150=0$ $bt^2+2t-15=0$ tは自然数であり，$0<a<b$なので，$t<5$ よって，$t=1$，2，3，4が考えられる。 $bt^2+2t-15=0$に $t=1$，2，3，4を代入してbの値を求めると，$t=1$のとき$b=13$，$t=2$のとき$b=\dfrac{11}{4}$，$t=3$のとき$b=1$，$t=4$のとき$b=\dfrac{7}{16}$ よって，$\underline{(t,\ b)=(1,\ 13),\ (3,\ 1)}$

（別解） $bt^2+2t-15=0$を他の方法で求めることができる。<u>垂直に交わる2直線の傾きの積は-1である。</u> 直線ABの傾きは，$\dfrac{5}{5-(-5)}=\dfrac{1}{2}$ 直線PBは直線ABに垂直なので，その傾きは-2である。$y=-2x+p$とおいて$(5,\ 5)$を代入すると，$5=-10+p$ $p=15$ よって，$y=-2x+15$ 点Pは関数$y=bx^2$と直線$y=-2x+15$の交点なので，そのx座標は方程式$bx^2=-2x+15$の解として求められる。 よって，$bx^2+2x-15=0$ 点Pのx座標がtのときなので，$bt^2+2t-15=0$

(4) 問1 点Aのx座標がp($p<0$)であるとき，$A(p,\ p^2)$ これより，放物線がy軸に関して線対称であることを考慮すると，$B(-p,\ p^2)$，$C(-p,\ 2p^2)$。ここで，点Fのx座標をf($f>0$)とすると，$F(f,\ f^2)$ また，点Fのy座標は点Cのy座標と等しいから，$f^2=2p^2$ 両辺をp^2で割って，$\dfrac{f^2}{p^2}=2$ $\left(\dfrac{f}{p}\right)^2=2$ ここで，$p<0$，$f>0$だから$\dfrac{f}{p}<0$より，$\dfrac{f}{p}=-\sqrt{2}$ $f=-\sqrt{2}\,p$ よって，$\underline{F(-\sqrt{2}\,p,\ 2p^2)}$である。

問2 （途中の式や計算）<u>（例）$A(-1,\ 1)$，$F(2,\ 4)$より 直線AFの傾きは$\dfrac{4-1}{2-(-1)}=1$ 直線AFの方程式を$y=x+m$とすると，点$A(-1,\ 1)$を通るから $1=-1+m$ $m=2$ よって直線AFの方程式は $y=x+2\cdots①$ 一方，$B(1,\ 1)$，$D(-1,\ 4)$より 直線BDの傾きは$\dfrac{4-1}{-1-1}=-\dfrac{3}{2}$ 直線BDの方程式を$y=-\dfrac{3}{2}x+n$とすると，点$B(1,\ 1)$を通るから $1=-\dfrac{3}{2}+n$ $n=\dfrac{5}{2}$ よって，直線BDの方程式は $y=-\dfrac{3}{2}x+\dfrac{5}{2}\cdots②$ ①，②より $x+2=-\dfrac{3}{2}x+\dfrac{5}{2}$ $x=\dfrac{1}{5}$ ①より $y=\dfrac{1}{5}+2=\dfrac{11}{5}$ よって $G\left(\dfrac{1}{5},\ \dfrac{11}{5}\right)$</u>

問3 $A(-2,\ 4)$，$C(2,\ 4a)$より 直線ACの傾きは $\dfrac{4a-4}{2-(-2)}=a-1$ 直線ACの方程式を$y=(a-1)x+m$とすると，点$A(-2,\ 4)$を通るから $4=(a-1)\times(-2)+m$ $m=2a+2$ よって，直線ACの方程式は$y=(a-1)x+(2a+2)$ これより，直線ACとy軸との交点をPとすると，$P(0,\ 2a+2)$ 以上より，$\triangle AOC=\triangle AOP+\triangle COP=\dfrac{1}{2}\times OP\times$（点Aの$x$座標の絶対値）

$+\dfrac{1}{2}\times\mathrm{OP}\times(点Cの x 座標の絶対値)=\dfrac{1}{2}\times(2a+2)\times2+\dfrac{1}{2}\times(2a+2)\times2=\underline{(4a+4)\,\mathrm{cm}^2}$

(5)　問1　点C，Pは $y=x^2$ 上にあるから，y 座標はそれぞれ $y=(-2)^2=4$，$y=\left(\dfrac{3}{2}\right)^2=\dfrac{9}{4}$　よって，

C$(-2,\ 4)$，P$\left(\dfrac{3}{2},\ \dfrac{9}{4}\right)$　三平方の定理を用いて，2点C，P間の距離 $=\sqrt{\left\{\dfrac{3}{2}-(-2)\right\}^2+\left(\dfrac{9}{4}-4\right)^2}$

$=\sqrt{\left(\dfrac{7}{2}\right)^2+\left(-\dfrac{7}{4}\right)^2}=\sqrt{\dfrac{49}{4}+\dfrac{49}{16}}=\underline{\dfrac{7\sqrt{5}}{4}}\,(\mathrm{cm})$

問2　(1)　(途中の式や計算)　(例)図形Dが三角形となる場合は，次の[1]と[2]に限られる。[1] $-1<t<0$ で，3点A，P，Bがこの順に一直線上に並ぶとき　[2] $0<t<1$ で，3点C，B，Pがこの順に一直線上に並ぶとき　[1]のとき　直線ABの式を $y=ax+b$ とする。点Bを通るので，$b=1\cdots$①　点Aを通るので，$-a+b=0\cdots$②　①，②より，$a=1$，$b=1$　よって，直線ABの式は，$y=x+1$　点P$(t,\ t^2)$ は直線AB上にあるので，$t^2=t+1$　よって，$t^2-t-1=0$を解の公式を用いて解くと　$t=\dfrac{-(-1)\pm\sqrt{(-1)^2-4\times1\times(-1)}}{2\times1}=\dfrac{1\pm\sqrt{5}}{2}$　$-1<t<0$より

$t=\dfrac{1-\sqrt{5}}{2}$　[2]のとき[1]と同様にして直線CBの式は $y=-\dfrac{3}{2}x+1$　点P$(t,\ t^2)$ は直線CB上にあるので，$t^2=-\dfrac{3}{2}t+1$　よって，$2t^2+3t-2=0$を解の公式を用いて解くと

$t=\dfrac{-3\pm\sqrt{3^2-4\times2\times(-2)}}{2\times2}=\dfrac{-3\pm\sqrt{25}}{4}=\dfrac{-3\pm5}{4}$　$0<t<1$より　$t=\dfrac{1}{2}$　[1]，[2]より，

求める t の値は $t=\dfrac{1-\sqrt{5}}{2},\ \dfrac{1}{2}$

(2)　線分APと線分CBの交点をSとする。$t=3$のとき，P$(3,\ 9)$　(1)より，(直線ABの傾き)$=1$　また，(直線CPの傾き)$=\dfrac{9-4}{3-(-2)}=1$より，(直線ABの傾き)$=$(直線CPの傾き)で，CP∥AB だから，平行線と面積の関係より，△ACB$=$△APB　これより，△ACS$=$△ACB$-$△ASB$=$△APB$-$△ASB$=$△BPS　よって，(図形Dの面積)$=$△ACS$+$△BPS$=2$△ACS　(1)より，直線CBの式は $y=-\dfrac{3}{2}x+1\cdots$①　また，直線APの式は $y=\dfrac{9}{4}x+\dfrac{9}{4}\cdots$②　だから，交点Sの座標は，①と②の連立方程式を解いて，S$\left(-\dfrac{1}{3},\ \dfrac{3}{2}\right)$　点Aを通り，y軸に平行な直線と直線CBとの交点をTとすると，その x 座標は点Aの x 座標と等しく-1で，$y=-\dfrac{3}{2}x+1$

上にあるから，$T\left(-1,\ \dfrac{5}{2}\right)$　以上より，（図形Dの面積）$=2\triangle ACS=2(\triangle ACT+\triangle AST)=$

$2\left[\dfrac{1}{2}\times AT\times\{(点Aのx座標)-(点Cのx座標)\}+\dfrac{1}{2}\times AT\times\{(点Sのx座標)-(点Aのx座標)\}\right]$

$=AT\times\{(点Sのx座標)-(点Cのx座標)\}=\dfrac{5}{2}\times\left\{-\dfrac{1}{3}-(-2)\right\}=\underline{\dfrac{25}{6}}(cm^2)$

(6)　問1　関数$y=\dfrac{b}{x}$において，$x=2$のとき$y=\dfrac{b}{2}$，$x=5$のとき$y=\dfrac{b}{5}$　よって，xの値が2から5

まで増加するときの変化の割合は，（yの増加量）÷（xの増加量）$=\left(\dfrac{b}{5}-\dfrac{b}{2}\right)\div(5-2)=-\dfrac{1}{10}b$

これが$-\dfrac{1}{3}$に等しいとき，$-\dfrac{1}{10}b=-\dfrac{1}{3}$　$b=\underline{\dfrac{10}{3}}$

問2　点C，Dは$y=\dfrac{b}{x}$上にあるから，そのy座標はそれぞれ$y=\dfrac{b}{1}=b$，$y=\dfrac{b}{b}=1$　よって，C

$(1,\ b)$，$D(b,\ 1)$　$AD\ /\!/\ x$軸より，点Aのy座標は点Dのy座標と等しく1　点Aは$y=x^2$上にあ

るから，$1=a^2$　$a>0$より，$a=\sqrt{1}=\underline{1}$　よって，$A(1,\ 1)$　これより，点Bのx座標は$a+1=$

$1+1=2$　点Bは$y=x^2$上にあるから，$y=2^2=4$　よって，$B(2,\ 4)$　以上より，四角形$ADBC=$

$\triangle ABC+\triangle ABD=\dfrac{1}{2}\times AC\times(点Bのx座標-点Aのx座標)+\dfrac{1}{2}\times AD\times(点Bのy座標-点Aのy$

座標$)=\dfrac{1}{2}\times(b-1)\times(2-1)+\dfrac{1}{2}\times(b-1)\times(4-1)=(2b-2)cm^2$　これが$7cm^2$に等しいと

き，$2b-2=7$　$b=\underline{\dfrac{9}{2}}$

問3　<u>（途中の式や計算）（例）点B，C，Eの座標はそれぞれ$(a+1,\ (a+1)^2)$，$(1,\ 6)$，$(-a,$

$a^2)$となる。直線BEの傾きは$\dfrac{(a+1)^2-a^2}{(a+1)-(-a)}=\dfrac{2a+1}{2a+1}=1$　切片をnとすると，直線BEの式

は$y=x+n$　と表せる。点$C(1,\ 6)$を通るから，$6=1+n$　よって，$n=5$となり，直線BEの

式は，$y=x+5$　この直線が点$E(-a,\ a^2)$を通るから，$a^2=-a+5$　すなわち　$a^2+a-5=0$

$a>0$　であるから　$a=\dfrac{-1+\sqrt{21}}{2}$</u>

(7)　問1　右図のように，線分ACの垂直二等分線と放物線の

交点が点Pとなる。したがって，点Pのy座標である$\dfrac{1}{2}p^2$の値

が1となればよいので，$\dfrac{1}{2}p^2=1$　これを解いて，$p^2=2$

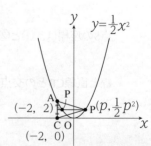

$p=\pm\sqrt{2}$

問2　∠ACP＝45°のとき，直線CPとx軸の正の方向とのなす角（∠PCO）は45°であるので，直線CPの傾きは1となる。したがって，2点C$(-2,\ 0)$，P$\left(p,\ \dfrac{1}{2}p^2\right)$より（$y$の増加量）÷（$x$の増加量）＝1となればよいので，$\left(\dfrac{1}{2}p^2-0\right)\div\{p-(-2)\}=1$　$\dfrac{1}{2}p^2=p+2$　$p^2-2p-4=0$

$p=1\pm\sqrt{5}$

問3　（途中の式や計算）　（例）△ACPの面積は，$\dfrac{1}{2}\times2\times\{p-(-2)\}=p+2\cdots①$　2点A$(-2,\ 2)$，B$(4,\ 8)$を通る直線の方程式を$y=ax+b$とすると，A$(-2,\ 2)$を通るから，$2=-2a+b\cdots②$　B$(4,\ 8)$を通るから，$8=4a+b\cdots③$　②，③より，$a=1$，$b=4$　よって，2点A，Bを通る直線の方程式は，$y=x+4$　点Pからx軸に垂直な直線を引き，この直線との交点をQとすると，点Qの座標は$(p,\ p+4)$　よって，△APBの面積は，$\dfrac{1}{2}\times\left(p+4-\dfrac{1}{2}p^2\right)\times\{4-(-2)\}=3\left(p+4-\dfrac{1}{2}p^2\right)\cdots④$　①，④より，$p+2=3\left(p+4-\dfrac{1}{2}p^2\right)$から$3p^2-4p-20=0$　これを解くと，$p=\dfrac{-(-4)\pm\sqrt{(-4)^2-4\times3\times(-20)}}{2\times3}=\dfrac{4\pm\sqrt{256}}{6}=\dfrac{4\pm16}{6}$　よって，$p=-2,\ \dfrac{10}{3}$　ここで，$-2<p<4$だから，$p=\dfrac{10}{3}$

(8)　問1　$y=ax^2(a>0)$において，$-3\leqq x\leqq2$のとき，$y=a\times(-3)^2=9a$，$y=a\times2^2=4a$だから，$0\leqq y\leqq9a(\cdots①)$　$y=bx+1(b<0)$において，$y=b\times2+1=2b+1$，$y=b\times(-3)+1=-3b+1$だから，$2b+1\leqq y\leqq-3b+1(\cdots②)$　①，②より$2b+1=0$，$2b=-1$，$b=-\dfrac{1}{2}$　$9a=-3b+1$，$9a=-3\times\left(-\dfrac{1}{2}\right)+1$，$9a=\dfrac{5}{2}$，$a=\dfrac{5}{18}$

問2　点Aは曲線f上の点だから$y=a\times(-2)^2=4a$，よってA$(-2,\ 4a)$　点Bは曲線f上の点だから$y=a\times3^2=9a$，よってB$(3,\ 9a)$　線分ABは円の直径だから円周上の点Oとで作る角の∠AOB＝90°　図のように直角三角形BIOとAHOを作れば，∠OBI＝90°－∠BOI＝∠AOH，これと∠BIO＝∠OHA＝90°から，2組の角がそれぞれ等しく，△BIO∽△OHA　対応する辺の比をとれば，

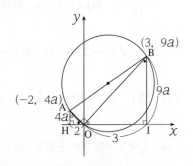

BI：OH＝IO：HA，$9a:2=3:4a$，$36a^2=6$，$6a^2=1$，$a>0$より$a=\dfrac{1}{\sqrt{6}}=\dfrac{\sqrt{6}}{6}$

問3 （途中の式や計算など） （例）OAに平行な直線の式は，$y=-x+n$と表せる。点$\mathrm{P}(p,\ p^2)$を通るとき，$p^2=-p+n$　$n=p^2+p$であるから，$y=-x+(p^2+p)$　この直線とx軸との交点Qの座標は，$y=0$より，$x=p^2+p$であるから，$\mathrm{Q}(p^2+p,\ 0)$　同様に点$\mathrm{B}\left(\dfrac{3}{2},\ \dfrac{9}{4}\right)$を通りOAに平行な直線の式は，$y=-x+\dfrac{15}{4}$　この直線とx軸との交点Rの座標は，$y=0$より$x=\dfrac{15}{4}$であるから，$\mathrm{R}\left(\dfrac{15}{4},\ 0\right)$　点Aと点Rを結ぶ。$\triangle\mathrm{AOB}$と$\triangle\mathrm{AOR}$の面積は等しく，$\triangle\mathrm{AOQ}$の面積が$\triangle\mathrm{AOB}$の面積の$\dfrac{8}{15}$倍であるから$\triangle\mathrm{AOQ}$と$\triangle\mathrm{AOR}$の面積比は$8:15$　$\mathrm{OQ}:\mathrm{OR}=8:15$であるから，$(p^2+p):\dfrac{15}{4}=8:15$　$15(p^2+p)=\dfrac{15}{4}\times8$　これより，$p^2+p-2=0$　$(p+2)(p-1)=0$

$0<p<\dfrac{3}{2}$より，$p=1$

（補足説明）　点Aのx座標は-1でA$(-1,\ 1)$　点Bのx座標は$\dfrac{3}{2}$でB$\left(\dfrac{3}{2},\ \dfrac{9}{4}\right)$　右図のように，点Bを通り線分OAと平行に引いた直線とx軸との交点をRとすれば，直線BRと直線AOの

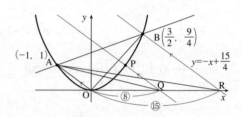

傾きは等しい　直線OAの傾きは$\dfrac{0-1}{0-(-1)}=-1$だから，直線BRの式は$y=-x+\dfrac{15}{4}$　点Rのy座標は0だからR$\left(\dfrac{15}{4},\ 0\right)$　AO∥BRより$\triangle\mathrm{AOB}$と$\triangle\mathrm{AOR}$の面積は等しく，また，$\triangle\mathrm{AOQ}$と$\triangle\mathrm{AOR}$の高さは等しいから，$\triangle\mathrm{AOQ}:\triangle\mathrm{AOR}=\mathrm{OQ}:\mathrm{OR}=\dfrac{8}{15}:1$　よって点Qのx座標は$\dfrac{15}{4}\times\dfrac{8}{15}=2$　PQ∥AOから，直線PQの式は$y=-x+2$　点Pはこれと曲線fの交点だから，$x^2=-x+2$，$x^2+x-2=0$，$(x+2)(x-1)=0$，$x=1,\ -2$　$0<x<\dfrac{3}{2}$を満たすのは$x=1$　よって$p=1$

(9)　問1　点A，Bは$y=\dfrac{1}{2}x^2$上の点でそれぞれのx座標は2，-3だから，それぞれのy座標は，$y=\dfrac{1}{2}\times2^2=2$，$y=\dfrac{1}{2}\times(-3)^2=\dfrac{9}{2}$　これよりA$(2,\ 2)$，B$\left(-3,\ \dfrac{9}{2}\right)$　直線ABの傾きは

$$\frac{\frac{9}{2}-2}{-3-2}=-\frac{1}{2}$$ 直線ABの式を$y=-\frac{1}{2}x+b$とおくと，点Aを通るから，$2=-\frac{1}{2}\times2+b$,

$b=3$ 直線ABの式は $\underline{y=-\frac{1}{2}x+3}$

問2 （途中の式や計算など） （例）2点B，Dを通る直線が2点C，Aを通る直線と平行になるとき，線分CAを底辺としたときの△ABCの高さと△ADCの高さが等しくなるから，△ABCの面積と△ADCの面積が等しくなる。2点C，Aを通る直線をℓとする。 直線ℓと点Bを通りy軸に平行な直線との交点をE，直線ℓと点Dを通りy軸に平行な直線との交点をFとする。点Bと点E，点Eと点F，点Fと点D，点Dと点Bを結んでできる四角形BEFDはBE∥DF，BD∥EFが成り立つから平行四辺形になる。 よってBE＝DF…①が成り立つ。 ここで，$a=\frac{1}{4}$，$s=-\frac{8}{3}$ より，曲線fの式は$y=\frac{1}{4}x^2$，点A$(2,\ 1)$，点B$\left(-\frac{8}{3},\ \frac{16}{9}\right)$，点C$\left(1,\ \frac{1}{2}\right)$，点D$\left(t,\ \frac{1}{4}t^2\right)$となる。2点A$(2,\ 1)$，点C$\left(1,\ \frac{1}{2}\right)$を通る直線の式は，$y=\frac{1}{2}x$ゆえ点E$\left(-\frac{8}{3},\ -\frac{4}{3}\right)$，点F$\left(t,\ \frac{1}{2}t\right)$と表される。 よって，①より$\frac{16}{9}-\left(-\frac{4}{3}\right)=\frac{1}{4}t^2-\frac{1}{2}t$が成り立つ。

これを整理して$9t^2-18t-112=0$ 解の公式より$t=\frac{18\pm\sqrt{18^2-4\times9\times(-112)}}{2\times9}=\frac{14}{3},\ -\frac{8}{3}$

$\underline{t>2ゆえt=\frac{14}{3}}$

問3 ∠AOB＝90°のとき$y=px^2$だから，A$(2,\ 4p)$，B$(-1,\ p)$ここで右図のように直角三角形BIOとAHOを作れば，∠OBI＝90°－∠BOI＝∠AOH，これと∠BIO＝∠OHA＝90°から，2組の角がそれぞれ等しいことを利用して△BIO∽△OHA 対応する辺の比をとればBI：OH＝IO：HA，$p:2=1:4p$，$4p^2=2$，$p>0$より$p=\frac{\sqrt{2}}{2}$ また∠OBA＝90°のとき$y=qx^2$だから，A$(2,\ 4q)$，B$(-1,\ q)$ 右図のように直角三角形BIOとAJBを作れば，同様にして△BIO∽△AJBに対応する辺の比をとれば，BI：AJ＝IO：JB，$q:3=1:3q$，$3q^2=3$，$q>0$より$q=1$ aの値がpからqまで増加するとき点Aのx座標は変わらないから，点Aはy軸と平行に動く。 そこでy座標に着目すれば動く長さは，$4q-4p=4(q-p)$だから，$4\times\left(1-\frac{\sqrt{2}}{2}\right)=\underline{4-2\sqrt{2}}$ (cm)

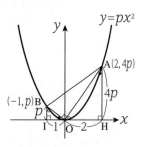

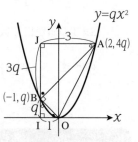

(10) 問1 関数$y=-\dfrac{1}{2}x^2$がxの変域に0を含むとき，yの変域は，$x=0$で最大値$y=0$，xの変域の両端の値のうち絶対値の大きい方のxの値でyの値は最小になる。$a>0$より，$-2a$の絶対値は$2a$，aの絶対値はaで，$2a>a$より，$x=-2a$で最小値$y=-\dfrac{1}{2}\times(-2a)^2=-2a^2$ 以上より，yの変域は$\underline{-2a^2\leqq y\leqq 0}$

問2 (1) （途中の式や計算）（例）直線CFは，傾きが直線ABと等しく点$C\left(-\dfrac{2}{3},\ \dfrac{1}{9}\right)$を通る。ここで，直線ABを$y=mx+n$とおき，$A\left(-\dfrac{2}{3},\ -\dfrac{2}{9}\right)$，$B\left(\dfrac{1}{3},\ -\dfrac{1}{18}\right)$を代入すると，$-\dfrac{2}{9}=-\dfrac{2}{3}m+n\cdots$①　$-\dfrac{1}{18}=\dfrac{1}{3}m+n\cdots$②　②−①より　傾き$m=\dfrac{1}{6}$　したがって，直線CFは，$y=\dfrac{1}{6}x+q$とおけ，$C\left(-\dfrac{2}{3},\ \dfrac{1}{9}\right)$を代入すると$\dfrac{1}{9}=\dfrac{1}{6}\times\left(-\dfrac{2}{3}\right)+q$より$q=\dfrac{2}{9}$　よって直線CFは，$y=\dfrac{1}{6}x+\dfrac{2}{9}$と表され，点Fの$y$座標は$\dfrac{1}{6}t+\dfrac{2}{9}\cdots$③　また，点Fは$y=\dfrac{1}{4}x^2$上の点より，$y$座標は$\dfrac{1}{4}t^2\cdots$④　③，④より，$\dfrac{1}{4}t^2=\dfrac{1}{6}t+\dfrac{2}{9}$　整理して，$9t^2-6t-8=0$　$t=\dfrac{6\pm\sqrt{324}}{18}=\dfrac{6\pm 18}{18}=-\dfrac{2}{3},\ \dfrac{4}{3}$　点Fは点Cと異なる点より，$t=\underline{\dfrac{4}{3}}$

(2) 4点A，B，C，Dの座標はそれぞれ$A(-2a,\ -2a^2)$，$B\left(a,\ -\dfrac{1}{2}a^2\right)$，$C(-2a,\ 4a^2p)$，$D(a,\ a^2p)$　よって，$S+T=\dfrac{1}{2}\times CA\times$（点Aの$x$座標の絶対値）$+\dfrac{1}{2}\times DB\times$（点Bの$x$座標の絶対値）$=\dfrac{1}{2}\times\{4a^2p-(-2a^2)\}\times 2a+\dfrac{1}{2}\times\left\{a^2p-\left(-\dfrac{1}{2}a^2\right)\right\}\times a=\dfrac{9}{2}a^3p+\dfrac{9}{4}a^3$　また，$S+T=\dfrac{9}{2}a^3p+\dfrac{9}{4}a^3=\dfrac{9}{4}a^3(2p+1)=9a\times\left(\dfrac{a}{2}\right)^2\times(2p+1)$より，$a$，$p$がともに自然数のとき，$S+T$の値が自然数になるのは$a$が偶数のときであり，$S+T$の最も小さい値は，$a=2$，$p=1$のとき，$S+T=9\times 2\times\left(\dfrac{2}{2}\right)^2\times(2\times 1+1)=\underline{54}$

 ▶▶▶ イカの巻(まき) で解き方を確認！

(11)　問1　点Pのy座標は，$y=\dfrac{1}{2}x^2$に$x=\dfrac{3}{2}$を代入して，$y=\dfrac{1}{2}\times\left(\dfrac{3}{2}\right)^2=\dfrac{9}{8}$　点Qのy座標はy

$=-\dfrac{1}{9}x^2$に$x=\dfrac{3}{2}$を代入して，$y=-\dfrac{1}{9}\times\left(\dfrac{3}{2}\right)^2=-\dfrac{1}{4}$　よって，$\mathrm{PQ}=\dfrac{9}{8}-\left(-\dfrac{1}{4}\right)=\dfrac{11}{8}$　また

$\mathrm{OR}=\dfrac{9}{8}$　よって，$\dfrac{\mathrm{PQ}}{\mathrm{OR}}=\dfrac{11}{8}\div\dfrac{9}{8}=\underline{\dfrac{11}{9}}$（倍）

問2　点Pのy座標は，$y=\dfrac{1}{2}x^2$に$x=4$を代入して，$y=\dfrac{1}{2}\times4^2=8$　点Qのy座標は$y=-\dfrac{1}{9}x^2$にx

$=4$を代入して，$y=-\dfrac{1}{9}\times4^2=-\dfrac{16}{9}$　y軸について点Qと対称な点をQ$'$とすると，Q$'\left(-4,\right.$

$\left.-\dfrac{16}{9}\right)$　$\mathrm{PR}+\mathrm{QR}=\mathrm{PR}+\mathrm{Q}'\mathrm{R}\geqq\mathrm{PQ}'$より，3点P，R，Q$'$が一直線上にあるとき，$\ell$の値は最

も小さくなる。直線PQ$'$の式は，傾きが，$\left\{8-\left(-\dfrac{16}{9}\right)\right\}\div\{4-(-4)\}=\dfrac{88}{9}\div8=\dfrac{11}{9}$より$y=$

$\dfrac{11}{9}x+b$とおいて，点$(4,\ 8)$を通るから，$x=4$，$y=8$を代入すると，$8=\dfrac{11}{9}\times4+b$　$b=\dfrac{28}{9}$

よって，$y=\dfrac{11}{9}x+\dfrac{28}{9}$　したがって，点Rのy座標は$\underline{\dfrac{28}{9}}$

問3　（あ）点Pのy座標は，$y=\dfrac{1}{2}x^2$に$x=3$を代入して，$y=\dfrac{1}{2}\times3^2=\dfrac{9}{2}$　点Sのy座標は$y=\dfrac{1}{2}x^2$

に$x=-2$を代入して，$y=\dfrac{1}{2}\times(-2)^2=2$　よって，直線PSの式は，傾きが，$\left(\dfrac{9}{2}-2\right)\div\{3-$

$(-2)\}=\dfrac{5}{2}\div5=\dfrac{1}{2}$より，$y=\dfrac{1}{2}x+c$とおいて，点$(-2,\ 2)$を通るから，$x=-2$，$y=2$を代

入すると，$2=\dfrac{1}{2}\times(-2)+c$　$c=3$よって，$\underline{y=\dfrac{1}{2}x+3}$

（い）点Qのy座標は$y=-\dfrac{1}{9}x^2$に$x=3$を代入して，$y=-\dfrac{1}{9}\times3^2=-1$　PS∥QTより，直線

QTの傾きは$\dfrac{1}{2}$より，直線の式を$y=\dfrac{1}{2}x+d$とおいて，点$(3,\ -1)$を通るから，$x=3$，y

$=-1$を代入すると，$-1=\dfrac{1}{2}\times3+d$　$d=-\dfrac{5}{2}$　よって，$\underline{y=\dfrac{1}{2}x-\dfrac{5}{2}}$

（う）　<u>（例）g上のx座標がtの点$\left(t,\ -\dfrac{1}{9}t^2\right)$と，直線QT上の$x$座標が$t$の点$\left(t,\ \dfrac{1}{2}t-\dfrac{5}{2}\right)$が一致</u>

するとき, $-\dfrac{1}{9}t^2=\dfrac{1}{2}t-\dfrac{5}{2}$ $2t^2+9t-45=0$ だから, tの値を求めると,

$t=\dfrac{-9\pm\sqrt{9^2-4\times2\times(-45)}}{2\times2}=3,\ -\dfrac{15}{2}$ 点Tのx座標は負の数だから, $t=-\dfrac{15}{2}$ 直線PS

とy軸との交点をUとすると, RU$=r-3$, 直線QTとy軸との交点をVとすると, RV$=r+$

$\dfrac{5}{2}$だから, △PRSの面積は, $\dfrac{1}{2}\times(r-3)\times\{3-(-2)\}=\dfrac{5}{2}(r-3)$ △QRTの面積は,

$\dfrac{1}{2}\times\left(r+\dfrac{5}{2}\right)\times\left\{3-\left(-\dfrac{15}{2}\right)\right\}=\dfrac{21}{4}\left(r+\dfrac{5}{2}\right)$ (△PRSの面積):(△QRTの面積)$=5:21$

よって, $\dfrac{5}{2}(r-3):\dfrac{21}{4}\left(r+\dfrac{5}{2}\right)=5:21$ 以上より, $r=\dfrac{17}{2}$

(12) 問1 点Bは$y=\dfrac{1}{2}x^2$にあるから, そのy座標は$y=\dfrac{1}{2}\times8^2=32$ よって, B(8, 32) また,

y軸上にある点Dのy座標はtだから, D(0, t) 2点B, Dを通る直線の傾きは$\dfrac{32-t}{8-0}=\dfrac{32-t}{8}$

これが2であるとき, $\dfrac{32-t}{8}=2$ $32-t=16$ $\underline{t=16}$

問2 (途中の式や計算) (例) 点A, 点Bからy軸に平行な直線をひき, x軸と交わる点をそれ
ぞれ, 点A′, 点B′とする。△ABDの面積は四角形OB′BDの面積から四角形OA′ADの面積
と四角形A′ABB′の面積をひいたものであるから, $\dfrac{1}{2}\times(t+32)\times8-\dfrac{1}{2}\times(t+2)\times2-\dfrac{1}{2}\times$
$(32+2)\times6$ したがって, △ABDの面積は $(4t+128)-(t+2)-102=3t+24\,(\mathrm{cm}^2)$

問3 2点A(2, 2), B(8, 32)を通る直線の式は, 傾きが$\dfrac{32-2}{8-2}=5$なので, $y=5x+b$とおいて
点Aの座標を代入すると, $2=5\times2+b$ $b=-8$ よって, 直線ABの式は$y=5x-8$ これよ
り, 点Eのx座標をeとするとE(e, $5e-8$) 2点B(8, 32), C(-6, 18)を通る直線の式は, 傾
きが$\dfrac{32-18}{8-(-6)}=1$なので, $y=x+b'$とおいて点Cの座標を代入すると, $18=-6+b'$ $b'=24$
よって, 直線BCの式は$y=x+24$ 点A, Eからy軸に平行な直線をひき, 直線BCとの交点を
それぞれ点F, Gとすると, F(2, 2+24)=F(2, 26), G(e, $e+24$) △ABC=△ABF+△ACF
$=\dfrac{1}{2}\times$AF$\times$(点Bのx座標$-$点Aのx座標)$+\dfrac{1}{2}\times$AF$\times$(点Aのx座標$-$点Cのx座標)$=\dfrac{1}{2}\times$AF
$\times$(点Bのx座標$-$点Cのx座標)$=\dfrac{1}{2}\times(26-2)\times\{8-(-6)\}=168\,(\mathrm{cm}^2)$ △EBD=△EBG+

$$\triangle \text{EDG} = \frac{1}{2} \times \text{EG} \times (\text{点Bの}x\text{座標}-\text{点Eの}x\text{座標}) + \frac{1}{2} \times \text{EG} \times (\text{点Eの}x\text{座標}-\text{点Dの}x\text{座標}) = \frac{1}{2}$$

$$\times \text{EG} \times (\text{点Bの}x\text{座標}-\text{点Dの}x\text{座標}) = \frac{1}{2} \times \{(e+24)-(5e-8)\} \times (8-0) = 16(8-e)\,(\text{cm}^2)$$

線分DEが△ABCの面積を二等分するとき，$\triangle \text{EBD} = \frac{1}{2}\triangle \text{ABC}$だから，$16(8-e) = \frac{1}{2} \times 168$

これを解いて$e = \dfrac{11}{4}$

(13) 問1 関数$y=ax^2$がxの変域に0をふくむときのyの変域は，$a>0$なら，$x=0$で最小値$y=0$，xの変域の両端の値のうち絶対値の大きい方のxの値でyの値は最大になる。また，$a<0$なら，$x=0$で最大値$y=0$，xの変域の両端の値のうち絶対値の大きい方のxの値でyの値は最小になる。本問はxの変域に0をふくみyの最小値が0だから，$a>0$の場合であり，xの変域の両端の値のうち絶対値の大きい方の$x=-3$で最大値$y=4$ よって，$4=a\times(-3)^2$ $\underline{a=\dfrac{4}{9}}$

問2 点Pは$y=\dfrac{1}{2}x^2$上にあるから，そのy座標は$y=\dfrac{1}{2}t^2$ よって，$\text{P}\left(t,\ \dfrac{1}{2}t^2\right)$ また，点Pを，点Oを中心として180°回転移動した点の座標は$\left(-t,\ -\dfrac{1}{2}t^2\right)$となり，この点が直線$n$上にあるとき，$-\dfrac{1}{2}t^2 = \dfrac{1}{2}\times(-t)-1$ 整理して，$t^2-t-2=0$ $(t+1)(t-2)=0$ $t>0$より，$\underline{t=2}$

問3 (1) 問2より$\text{P}\left(t,\ \dfrac{1}{2}t^2\right)$ また，直線nの切片は-1だから$\text{R}(0,\ -1)$ 四角形OPQRが平行四辺形になるとき，$\text{PQ}\ /\!/\ \text{OR}$，$\text{PQ}=\text{OR}$だから，点Qの座標は$\text{Q}\left(t,\ \dfrac{1}{2}t^2-1\right)$と表される。点Qは直線$n$上にあるから，$\dfrac{1}{2}t^2-1 = \dfrac{1}{2}\times t-1$ 整理して，$t^2-t=0$ $t(t-1)=0$ $t>0$より，$t=1$ よって，平行四辺形OPQRの面積は，$\text{OR}\times(\text{点Pの}x\text{座標})=1\times1=\underline{1\,(\text{cm}^2)}$

(2) <u>（途中の式や計算）（例）点Qを通り，直線PRに平行な直線とy軸との交点をCとすれば，$\triangle \text{PQR}=\triangle \text{PCR}$であるので，四角形OPQRの面積は△PCOの面積に等しく，$\triangle \text{PCO}=6\text{cm}^2$ …① また，点Pとy軸との距離が2cmであるので $\triangle \text{PCO}=\dfrac{1}{2}\times\text{CO}\times2$…② ①，②からCO=6cm，Cの座標は$(0,\ -6)$…③ また，$\text{P}(2,\ 2)$，$\text{R}(0,\ -1)$であるので，直線PRの傾きに等しい直線CQの傾きは$\dfrac{2-(-1)}{2-0}=\dfrac{3}{2}$…④ ③と④から直線CQの式は$y=\dfrac{3}{2}x-6$…⑤ ⑤と直線$n$の式$y=\dfrac{1}{2}x-1$から$x,y$を求めると，$x=5$，$y=\dfrac{3}{2}$ 以上から点Qの座標は$\left(5,\ \dfrac{3}{2}\right)$</u>

さらに詳しい解説は ▶▶▶ イカの巻 ⑮ で解き方を確認！

(14)　問1　AD∥BC，AD＝BCより，点Aと点Dのx座標の差は，点Bと点Cのx座標の差と等しく，点Aと点Dのy座標の差は，点Bと点Cのy座標の差と等しいから，点Cの座標をC(s, t)とすると，$\begin{cases} 8-5=4-s \\ 5-1=8-t \end{cases}$より，C$(s, t)=C(1, 4)$　よって，直線ACの傾きは$\dfrac{5-4}{8-1}=\dfrac{1}{7}$　直線ACの式を$y=\dfrac{1}{7}x+b$　とおくと，点Cを通るから，$4=\dfrac{1}{7}\times 1+b$　$b=\dfrac{27}{7}$　直線ACの式は

$\underline{y=\dfrac{1}{7}x+\dfrac{27}{7}}$

問2　三平方の定理より，辺ABの長さ＝2点A，B間の距離＝$\sqrt{(8-4)^2+(5-8)^2}=\sqrt{16+9}=\sqrt{25}=5$cm　よって，正方形ABCDの面積は$5\times 5=25$cm^2　正方形の対角線の交点を通る直線は，その正方形の面積を2等分するから，（台形AEFDの面積）$=\dfrac{1}{2}$（正方形ABCDの面積）

$=\dfrac{1}{2}\times 25=\underline{\dfrac{25}{2}}$cm^2

問3　$y=ax^2$は点A$(8, 5)$を通るから，$5=a\times 8^2=64a$　$a=\dfrac{5}{64}$　また，$y=bx^2$は点D$(5, 1)$を通るから，$1=b\times 5^2=25b$　$b=\dfrac{1}{25}$　点Mは$y=\dfrac{5}{64}x^2$上にあるから，そのy座標は$y=\dfrac{5}{64}s^2\cdots$①　点Nは$y=\dfrac{1}{25}x^2$上にあるから，そのy座標は$y=\dfrac{1}{25}s^2\cdots$②　点Mのy座標と点Nのy座標の差が$\dfrac{61}{9}$であるとき，①，②より，$\dfrac{5}{64}s^2-\dfrac{1}{25}s^2=\dfrac{61}{9}$　$\dfrac{61}{1600}s^2=\dfrac{61}{9}$　$s^2=\dfrac{61}{9}\times\dfrac{1600}{61}=\dfrac{1600}{9}$　$s>0$より，$s=\sqrt{\dfrac{1600}{9}}=\underline{\dfrac{40}{3}}$

問4　(途中の式や計算)　(例)$y=cx^2$のグラフは点Bを通るから　$8=c\times 4^2$　ゆえに，$c=\dfrac{1}{2}$

$y=\dfrac{1}{2}x^2$に$x=6$を代入すると　$y=18$　ゆえに，Q$(6, 18)$　点Bを通りx軸に平行な直線と，点Qを通りy軸に平行な直線の交点をEとするとき，△BQEは直角三角形になり，BE$=6-4=2$，QE$=18-8=10$だから，三平方の定理より　BQ$^2=$BE$^2+$QE$^2=2^2+10^2=104$　点Rを通りx軸に平行な直線と，点Qを通りy軸に平行な直線の交点をFとするとき，△QRFは直角三角形になり，RF$=6$，QF$=18-t$またはQF$=t-18$だから，QF$^2=(t-18)^2$　三平方の定理より　QR$^2=$RF$^2+$QF$^2=6^2+(t-18)^2=t^2-36t+360$　点Bを通りx軸に平行な直線と，y軸との交点をGとするとき，△RBGは直角三角形になり，BG$=4$，RG$=t-8$またはRG$=8-t$だから，RG$^2=(t-8)^2$　三平方の定理よりRB$^2=$BG$^2+$RG$^2=4^2+(t-8)^2=t^2-16t+80$　三平方の

定理の逆より，△BQRが直角三角形となるのは次の3通りである。(ア)BQが斜辺のとき $BQ^2=QR^2+RB^2$ が成り立てばよいから $104=(t^2-36t+360)+(t^2-16t+80)$ $t^2-26t+168=0$ $(t-12)(t-14)=0$ ゆえに $t=12$, 14 (イ)QRが斜辺のとき $QR^2=RB^2+BQ^2$ が成り立てばよいから $t^2-36t+360=(t^2-16t+80)+104$ ゆえに $t=\dfrac{44}{5}$ (ウ)RBが斜辺のとき $RB^2=BQ^2+QR^2$ が成り立てばよいから $t^2-16t+80=104+(t^2-36t+360)$ ゆえに $t=\dfrac{96}{5}$ (ア)〜(ウ)より，tの値は $t=\dfrac{44}{5}$, 12, 14, $\dfrac{96}{5}$

さらに詳しい解説は ▶▶▶ イカの巻 で解き方を確認！

(15) 問1 点Aは，$y=\dfrac{1}{4}x^2$ 上にあるから，その y 座標は $y=\dfrac{1}{4}\times(-2)^2=1$ よって，A$(-2, 1)$ $t=2$ と $t=4$ のときの点Pをそれぞれ点P_1，点P_2とすると $t=2$ のとき，放物線は y 軸に関して線対称であることから，$P_1(2, 1)$ であり，N$=AP_1=2-(-2)=4$ また，点P_2の y 座標は $y=\dfrac{1}{4}\times4^2=4$ より，$P_2(4, 4)$ 三平方の定理より，N$=AP_2=2$点A，P_2間の距離$=\sqrt{\{4-(-2)\}^2+(4-1)^2}=3\sqrt{5}$ $AP_1 /\!/ x$軸だから，点Pが $2\leqq t\leqq4$ の範囲で動くとき，Nは $t=2$ で最小値4をとり，t の値が増加するとNの値も増加し，Nは $t=4$ で最大値 $3\sqrt{5}$ をとる。以上より，Nのとる値の範囲は $4\leqq N\leqq3\sqrt{5}$

問2 $t=3$ のとき，点Pの y 座標は $y=\dfrac{1}{4}\times3^2=\dfrac{9}{4}$ よって，P$\left(3, \dfrac{9}{4}\right)$ 直線APの傾きは $\left(\dfrac{9}{4}-1\right)\div\{3-(-2)\}=\dfrac{5}{4}\div5=\dfrac{1}{4}$ 直線APの式を $y=\dfrac{1}{4}x+b$ とおくと，点Aを通るから，$1=\dfrac{1}{4}\times(-2)+b$ $b=\dfrac{3}{2}$ 直線APの式は $y=\dfrac{1}{4}x+\dfrac{3}{2}$ これより，直線APの切片は $\dfrac{3}{2}$ だから，直線APと y 軸との交点の座標は $\left(0, \dfrac{3}{2}\right)$

問3 (1) 直線APの傾きが1となるとき，直線APの式を $y=x+c$ とおくと，点Aを通るから，$1=-2+c$ $c=3$ 直線APの式は $y=x+3\cdots①$ 直線APと $y=\dfrac{1}{4}x^2\cdots②$ との交点Pの座標は，①と②の連立方程式の解。②を①に代入して，$\dfrac{1}{4}x^2=x+3$ 整理して，$x^2-4x-12=0$ $(x+2)(x-6)=0$ $x>0$ より $x=6$ よって，円Pの半径を $r$cmとすると，円Pは y 軸に接していることから，円Pの半径と点Pの x 座標は等しく $r=6$ 以上より，円Pの周の長さは $2\pi\times r$

$=2\pi \times 6 = \underline{12\pi \text{ cm}}$

(2) （途中の式や計算）　（例）円Pとy軸との接点をCとする。このとき，$\triangle POB \equiv \triangle POC$　よって，$\triangle POC$は$\angle POC = 30°$の直角三角形となり，$CP:CO = 1:\sqrt{3}$　よって，$CO = \sqrt{3}\,CP$

点Pの座標を$\left(t,\ \dfrac{1}{4}t^2\right)$とすると，点Cと点Pの$y$座標は等しいので，$\dfrac{1}{4}t^2 = \sqrt{3}\,t$　すなわちt^2

$-4\sqrt{3}\,t = t(t - 4\sqrt{3}) = 0$　$t>0$だから　$t = 4\sqrt{3}$

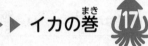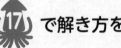

さらに詳しい解説は ▶▶▶ イカの巻 ⑰ で解き方を確認！

(16)　問1　点Aは曲線m上の点であるから，$y = \dfrac{36}{-3} = -12$　よって，点Aの座標は$(-3,\ -12)$

点Aは曲線ℓ上の点でもあるから，$-12 = a \times (-3)^2$より$\underline{a = -\dfrac{4}{3}}$

問2　（途中の式や計算）　（例）点Aは曲線m上の点であるから$y = \dfrac{36}{-4} = -9$　よって，点Aの

座標は　$(-4,\ -9)$　点Aは曲線ℓ上の点でもあるから，$-9 = a \times (-4)^2$より$a = -\dfrac{9}{16}$　よ

って，曲線ℓの方程式は$y = -\dfrac{9}{16}x^2 \cdots$①　また，点Aと$y$軸について対称移動した点がBであ

るから，点Bの座標は$(4,\ -9)$　四角形OACBはひし形であるから，向かい合う対辺は平行
である。よって，直線OAと直線BCの傾きは等しい。直線OAは，$O(0,\ 0)$と$A(-4,\ -9)$を

通るから，直線OAの傾きは$\dfrac{0-(-9)}{0-(-4)} = \dfrac{9}{4}$　直線BCは，$B(4,\ -9)$を通り，傾きが$\dfrac{9}{4}$であ

る。直線BCの切片をbとすると，$-9 = \dfrac{9}{4} \times 4 + b$　となり，$b = -18$　よって，直線BCの式

は，$y = \dfrac{9}{4}x - 18 \cdots$②　ここで，点Dの$x$座標を$t$とおく。①と②の交点において，$y$座標に着

目すると，$-\dfrac{9}{16}t^2 = \dfrac{9}{4}t - 18$　これを解くと，$(t+8)(t-4) = 0$より　$t = -8,\ 4$　求める点D

は点Bと異なるものであるから　$t = -8$よって，点Dのx座標は-8であるから，これを①に代

入して$y = -\dfrac{9}{16} \times (-8)^2 = -36$　よって，点Dの座標は　$(-8,\ -36)$

問3　点Aは曲線m上の点であり，x座標とy座標が等しいから，x座標をsとおくと，$s = \dfrac{36}{s}$　s^2

$= 36$　点Aのx座標は負より，$s = -\sqrt{36} = -6$　よって，点Aの座標は$(-6,\ -6)$　点Eも曲

線m上の点であるから$y=\dfrac{36}{-12}=-3$　よって，点Eの座標は$(-12,\ -3)$　点Aは曲線ℓ上の

点でもあるから$-6=a\times(-6)^2$より，$a=-\dfrac{1}{6}$　よって，曲線ℓの方程式は$y=-\dfrac{1}{6}x^2\cdots$①

直線AEは，A$(-6,\ -6)$，E$(-12,\ -3)$を通るから，直線AEの傾きは$\dfrac{-6-(-3)}{-6-(-12)}=-\dfrac{1}{2}$

直線AEは，A$(-6,\ -6)$を通り，傾きが$-\dfrac{1}{2}$だから，直線AEの切片をcとすると，$-6=-$

$\dfrac{1}{2}\times(-6)+c$　$c=-9$　よって，直線AEの式は，$y=-\dfrac{1}{2}x-9$であり，直線AEとy軸との交

点をFとすると，点Fの座標は$(0,\ -9)$である。y軸上で点Fより下にOF＝FGとなるような点

Gをとると，点Gの座標は$(0,\ -18)$である。点Oを通り直線AEに平行な直線を直線hとする

と，直線hの式は$y=-\dfrac{1}{2}x\cdots$②　直線hと曲線ℓとの交点のうち，点Oと異なる点をHとする

と，平行線と面積の関係より，△HAE＝△OAEである。また，点Gを通り直線AEに平行な

直線を直線kとすると，直線kの式は$y=-\dfrac{1}{2}x-18\cdots$③　直線$k$と曲線$\ell$との交点のうち，$x$座

標が負である点をI，正である点をJとすると，OF＝FGより直線AEと直線kの距離は，直線

AEと直線hの距離と等しいから，平行線と面積の関係より，△IAE＝△JAE＝△OAEである。

以上より，△OAEの面積と△AEPの面積が等しくなるのは，点Pが点H，点I，点Jの位置にあ

るときである。点Hのx座標は，①と②の連立方程式の解。①を②に代入して，$-\dfrac{1}{6}x^2=-$

$\dfrac{1}{2}x$　これを解いて，$x=0,\ 3$　点Hのx座標は正より，点Hのx座標は3　同様にして，点I，

点Jのx座標は，①と③の連立方程式の解。①を③に代入して，$-\dfrac{1}{6}x^2=-\dfrac{1}{2}x-18$　これを

解いて，$x=-9,\ 12$　点I，点Jのx座標はそれぞれ-9，12　以上より，点Pのx座標は，

$\underline{x=-9,\ 3,\ 12}$

さらに詳しい解説は　▶▶▶　イカの巻 で解き方を確認！

(17)　問1　点Bは$y=x^2$上にあるから，そのy座標は　$y=\left(\dfrac{5}{4}\right)^2=\dfrac{25}{16}$　よって，B$\left(\dfrac{5}{4},\ \dfrac{25}{16}\right)$　直

線DEの傾きが$-\dfrac{3}{2}$であるから，$\dfrac{\text{OD}}{\text{OE}}=\dfrac{3}{2}$　よって，直線ℓの傾きは$-\dfrac{\text{OD}}{\text{OA}}=-\dfrac{\text{OD}}{2\text{OE}}=-\dfrac{1}{2}$

$\times \dfrac{OD}{OE}=-\dfrac{1}{2}\times\dfrac{3}{2}=-\dfrac{3}{4}$　直線ℓの式を　$y=-\dfrac{3}{4}x+b$　とおくと，点Bを通るから，$\dfrac{25}{16}=$

$-\dfrac{3}{4}\times\dfrac{5}{4}+b$　$b=\dfrac{5}{2}$　直線ℓの式は　$\underline{y=-\dfrac{3}{4}x+\dfrac{5}{2}}$

問2　(1)　<u>（途中の式や計算）（例）$\triangle BFG=4S$　とすると　$\triangle BCH=13S$　$\triangle BCG=\triangle BFG$</u>

<u>$=4S$　よって　$\triangle CGH=\triangle BCH-\triangle BCG=13S-4S=9S$　点B，Hから直線mに引いた垂線と</u>

<u>の交点をそれぞれJ，Kとする。$FG=GC$より　$\triangle CGH:\triangle FGB=HK:BJ$　よって　$HK:$</u>

<u>$BJ=9:4$　$\triangle GHK$と$\triangle GBJ$において，対頂角は等しいので　$\angle HGK=\angle BGJ$…①　また</u>

<u>$\angle HKG=\angle BJG=90°$…②　①，②より，2組の角がそれぞれ等しいから　$\triangle GHK\backsim\triangle GBJ$</u>

よって　$KG:JG=HK:BJ$　すなわち　$KG:JG=9:4$　ゆえに，点Hの座標は$\left(-\dfrac{9}{4}t,\ \dfrac{81}{16}t^2\right)$

…③　直線nの傾きが$-\dfrac{5}{3}$，点Bの座標が$(t,\ t^2)$であるから，点Gの座標は$\left(0,\ t^2+\dfrac{5}{3}t\right)$よっ

て，点Hのy座標は　$\left(t^2+\dfrac{5}{3}t\right)+\dfrac{9}{4}t\times\dfrac{5}{3}$…④　となるから，③，④より$\dfrac{81}{16}t^2=t^2+\dfrac{65}{12}t$

$t\left(\dfrac{65}{16}t-\dfrac{65}{12}\right)=0$　$t>0$より　$\underline{t=\dfrac{4}{3}}$となる。

(2)　直線m∥x軸だから，平行線と線分の比の定理より，$AI:CG=AB:BC=4:5$　$CG=AI\times$

$\dfrac{5}{4}=\dfrac{48}{35}\times\dfrac{5}{4}=\dfrac{12}{7}$　よって，点Cのx座標は$-\dfrac{12}{7}$　点Cは$y=x^2$上にあるから，そのy座標は　$y=$

$\left(-\dfrac{12}{7}\right)^2=\dfrac{144}{49}$　よって，$C\left(-\dfrac{12}{7},\ \dfrac{144}{49}\right)$，$G\left(0,\ \dfrac{144}{49}\right)$　点Bから直線mとx軸へそれぞれ垂線

BJ，BLを引く。直線m∥x軸だから，平行線と線分の比の定理より，$BL:BJ=AB:BC=4:5$

$BL=JL\times\dfrac{4}{4+5}=\dfrac{144}{49}\times\dfrac{4}{9}=\dfrac{64}{49}$　よって，点Bのy座標は$\dfrac{64}{49}$　点Bは$y=x^2$上にあるから，そのx

座標は$\dfrac{64}{49}=x^2$　より，$x>0$であることから，$x=\sqrt{\dfrac{64}{49}}=\dfrac{8}{7}$よって，$B\left(\dfrac{8}{7},\ \dfrac{64}{49}\right)$　以上より，直

線nの傾きは，直線BGの傾きと等しいから　$\left(\dfrac{64}{49}-\dfrac{144}{49}\right)\div\left(\dfrac{8}{7}-0\right)=\underline{-\dfrac{10}{7}}$

(18)　問1　点Aは$y=\dfrac{3}{4}\div x=\dfrac{3}{4x}$上にあるから，その$y$座標は$y=\dfrac{3}{4\times2}=\dfrac{3}{8}$　よって，$\underline{A\left(2,\ \dfrac{3}{8}\right)}$

問2　点Aは$y=\dfrac{a}{x}$上にあるから，そのy座標は$y=\dfrac{a}{2}$…①　また，点Aは$y=a^2x^2$上にもあるか

ら，$y=a^2\times2^2=4a^2$…②　①と②のy座標は等しいから，②を①に代入して，$4a^2=\dfrac{a}{2}$　$8a^2-a$

$=0$ $a(8a-1)=0$ $a>0$より, $\underline{a=\dfrac{1}{8}}$

問3 (1) 点A, Bは$y=\dfrac{6}{x}$上にあるから, そのy座標はそれぞれ$y=\dfrac{6}{2}=3$, $y=\dfrac{6}{4}=\dfrac{3}{2}$ よ

って$A(2,\ 3)$, $B\left(4,\ \dfrac{3}{2}\right)$ 直線ABの傾きは$\left(\dfrac{3}{2}-3\right)\div(4-2)=\underline{-\dfrac{3}{4}}$

(2) <u>(途中の式や計算)</u> (例)条件からA, Bの座標は$A(2,\ 3)$,

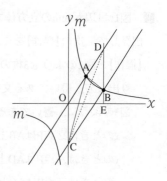

$B\left(4,\ \dfrac{3}{2}\right)$, 直線OAの傾きは$\dfrac{3}{2}$で, 直線の式は$y=\dfrac{3}{2}x$

x座標が4である直線OA上の点をDとすると, 点Dの座標は

$(4,\ 6)$ で, 直線DBとx軸との交点をEとおくと, $BD=\dfrac{9}{2}$

(cm), $OE=4$(cm) である。AO∥BCから△ABC=△DBC

で, $△DBC=BD×OE×\dfrac{1}{2}$であるので, 求める面積は$\dfrac{9}{2}$

$×4×\dfrac{1}{2}=9$(cm^2)

4章　確率，データの活用

確率

1 図1は1辺が1cmの立方体である。この立方体において，点Pは頂点Aを出発して，次の【操作】をくり返しながら辺上を進む。

【操作】 図2のような3枚のカードがある。カードをよくきって1枚を取り出して，書いてある文字を確かめ，もとに戻す。

図3のように，書いてある文字が，

*x*のときは，点PはAB上，またはABと平行な辺上を1cm進む。

*y*のときは，点PはAD上，またはADと平行な辺上を1cm進む。

*z*のときは，点PはAE上，またはAEと平行な辺上を1cm進む。

【例】 この操作を3回くり返し，取り出したカードの文字が順に*x*, *z*, *z*のとき，点Pは，図4のように，A−①→ B−②→ F−③→ Bと進む。

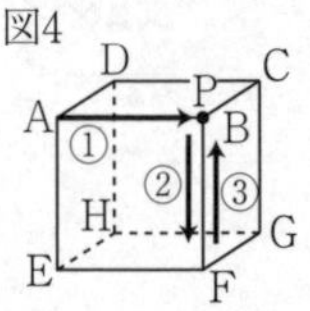

このとき，次の各問いに答えなさい。

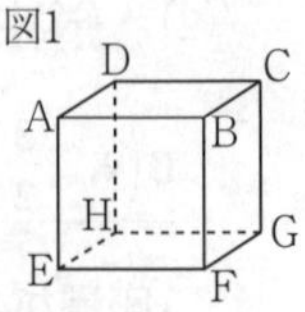

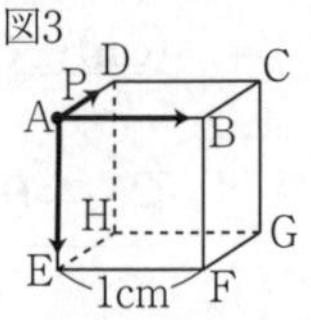

(1) 図5はこの操作を4回くり返したとき，点Pが立方体の辺上を進んだようすを展開図にかいたものである。取り出したカードに書いてあった文字を順に答えなさい。

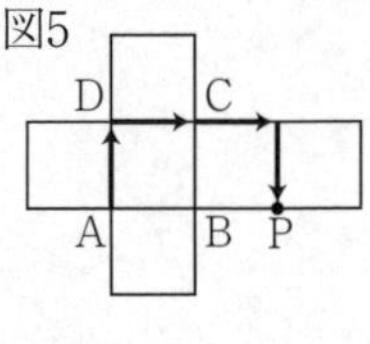

(2) この操作を2回くり返したとき，点Pが頂点Aにある確率を求めなさい。

(3) この操作を2回くり返したとき，点Pが平面EFGH上にある確率を求めなさい。

図1

図2

図3

図4

図5

（島根県・一部改題）

解答・解説

(1) 展開図上に頂点を書き込むには，AD // BC // FG // EHであることと，面ADCB，面BCGF，面FGHE，面EHDAに着目してBCの右側とADの左側の頂点を書き込む。また，AB // DC // HG // EFであることと，面DCGH，面ABFEに着目して，DCの上側とABの下側の頂点を書き込む。すると，図6のようになる。AD→DC→CG→GFと進んだので，取り出したカードに書いてあった文字の順番は，*y, x, z, y*である。

図6

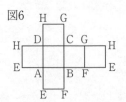

(2) $\boxed{3\text{個のものを，くり返しを許して2回並べる並べ方は}3^2\text{通り。同様に，}m\text{個のものを，くり返しを許して}n\text{回並べる並べ方は}m^n\text{通り。}}$ この操作を2回くり返すときの文字の出方は，xx, xy, xz, yx, yy, yz, zx, zy, zzの9通りある。点Pが2回の操作で頂点Aを出て頂点Aに戻るのは，同じ辺上を往復するときである。よって，xx, yy, zzの3通りあり，その確率は，$\dfrac{3}{9}=\dfrac{1}{3}$

(3) この操作を2回くり返したときに点Pが平面EFGH上にあるのは，A→Eと動いた後にE→F，E→Hと動いたときと，A→B→F，A→D→Hと動いたときである。よって，zx, zy, xz, yzの4通りあるので，その確率は，$\dfrac{4}{9}$

2 2つのさいころA，Bと，大きさの異なる8枚の正方形のカードがある。カードには，図1のように大きさの小さいものから順に0から7までの数字が1つずつ書いてある。これらのカードを図2のように，7のカードを一番下に，次に6のカードを，その上に5のカードというように，書かれた数が大きい順に重ねる。次に，さいころA，Bを同時に1回投げて，さいころAの出る目の数をa，さいころBの出る目の数をbとして，下のルールでカードを動かすことにした。このとき，次の各問いに答えなさい。

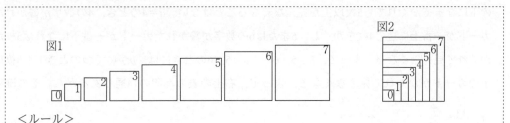

図1　図2

<ルール>

・aとbが等しい揚合

　　aと同じ数字が書かれたカードをぬき取り，一番上に重ねる。

・aとbが異なる場合

　　aと同じ数字が書かれたカードをぬき取り，一番上に重ねる。

　　bと同じ数字が書かれたカードをぬき取り，一番下に置く。

　ただし，すべてのカードは，図2のように2辺をそろえて重ねるものとする。

例えば，$a=3$, $b=5$のときは，図3のように，0，1，2，5の数字が書かれたカードが見えなくなった。

図3

(1) $a=4$, $b=3$のとき，見えなくなるカードに書かれた数字をすべて答えなさい。

(2) 4の数字が書かれたカードが見えなくなる場合は何通りあるか答えなさい。

(3) 見えなくなるカードが5枚以上となる確率を求めなさい。

（熊本県）

解答・解説

(1) $a=4$, $b=3$のとき，4の数字が書かれたカードが一番上にきて，3の数字が書かれたカードが一番下になる。よって，0，1，2の数字が書かれたカードは4の数字が書かれたカードにかくれて見えない。また，3の数字が書かれたカードは，7の数字が書かれたカードにかくれて見えない。よって，見えなくなるカードに書かれた数字は，**0，1，2，3**

(2) 2個のさいころについては表を作って書き込みながら考える。 $a=1$，2，3のときには，$b=4$であれば4の数字が書かれたカードが一番下になってかくれて見えない。$a=4$のときには，4の数字が書かれたカードは一番上にくるのでかくれない。$a=5$，6のときには，bがいくつのときでも4の数字が書かれたカードはかくれて見えない。よって，右の表の○印の**15通り**ある。

a\b	1	2	3	4	5	6
1				○		
2				○		
3				○		
4					△	△
5	○△	○△	○△	○△	○△	○△
6	○△	○△	○△	○△	○△	○△

(3) 2個のさいころの目の出方は36通りある。 $a=1$，2，3のときには，それらの数が書かれたカードが一番上にきて，それによってかくれるカードは最大で3枚である。よって，1枚が7の下になってかくれても5枚以上が見えなくなることはない。$a=4$のとき，4の数字が書かれたカードが一番上にきて4枚をかくし，5または6の数字が書かれたカードが一番下になれば5枚がかくれて見えなくなる。よって，$b=5$，6 $a=5$，6のときには，bがいくつのときでも5枚以上のカードがかくれて見えなくなる。よって，右上の表の△印の14通りあるから，その確率は，$\dfrac{14}{36} = \dfrac{7}{18}$

3 図1の△ADGで，点B，Cは辺AD上に，点E，Fは辺DG上に，点H，Iは辺GA上にあり，AB＝BC＝CD，DE＝EF＝FG，GH＝HI＝IAである。3点C，F，Iを頂点とする△CFIを作る。さらに，次の □ 内の【操作】を行って三角形を作り，【操作】を行ってできる三角形と△CFIとの重なる部分を考える。次の各問いに答えなさい。　　　（奈良県）

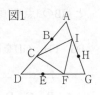
図1

【操作】　図2のように，C，E，F，G，Hの文字を書いたカードがそれぞれ1枚ずつある。この5枚のカードをよくきってから，同時に2枚のカードをひく。ひいた2枚のカードに書かれている文字と同じ点を選び，選んだ2つの点と点Bの3点を頂点とする三角形を作る。

図2

---

(1)　図3は，ひいた2枚のカードに書かれている文字がCとFのときの図であり，重なった部分は斜線で示した三角形である。線分BFと線分CIとの交点をJとする。重なった部分の△CFJの面積は，△ADGの面積の何倍ですか。

図3

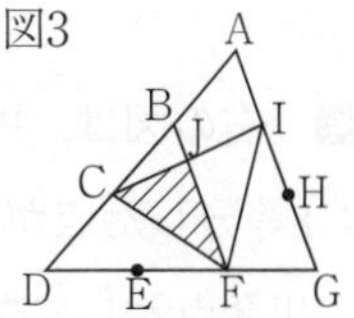

(2)　□ 内の【操作】を行って三角形を作るとき，【操作】を行ってできる三角形と△CFIとの重なる部分が四角形となる確率を求めなさい。

解答・解説

(1)　線分DIを引くと，△ACIと△ADIはAC，ADをそれぞれの三角形の底辺とみたときの高さが等しいから，△ACI：△ADI＝AC：AD＝2：3　　よって，△ACI＝$\dfrac{2}{3}$△ADI…①　　△ADIと△ADGについても，AI，AGをそれぞれの三角形の底辺とみたときの高さが等しいので，

△ADI：△ADG＝AI：AG＝1：3　　△ADI＝$\dfrac{1}{3}$△ADG…②　　②を①に代入して，△ACI＝$\dfrac{2}{3}×\dfrac{1}{3}$△ADG＝$\dfrac{2}{9}$△ADG　　△DFC，△GIFも同様に△ADGの$\dfrac{2}{9}$なので，△CFI＝$\left(1-\dfrac{2}{9}×3\right)$×△ADG＝$\dfrac{1}{3}$△ADG…③　　ところで，DB：DA＝DF：DG＝2：3だから，BF∥AG

よって，CJ：CI＝CB：CA＝1：2　　△CFJ＝$\dfrac{1}{2}$△CFI…④　　③を④に代入して，△CFJ＝$\dfrac{1}{2}×\dfrac{1}{3}$△ADG＝$\dfrac{1}{6}$△ADG　　したがって，△CFJの面積は△ADGの面積の$\dfrac{1}{6}$（倍）である。

(2)　C，E，F，G，Hの5枚のカードから2枚をひくひき方は，CE，CF，CG，CH，EF，EG，EH，FG，FH，GHの10通りある。そのうち，ひいた2枚のカードに書かれている文字と同じ点

と点Bの3点を頂点とする三角形と△CFIとの重なる部分が四角形となるのは，CG，CH，EF，

FG，FH，GHをひいたときの6通りである。したがって，その確率は，$\dfrac{6}{10}=\dfrac{3}{5}$

A，B，C，D，Eの5つから2つを取って並べる並べ方の数は，

・1つを取って，それを戻してから2つ目を取るときには，5^2通り

・取ったものを戻さないで2つ目を取るときには，5×4通り

・2つを同時に取る取り出し方は，例えばA，BとB，Aは同じ取り出し方となるから，

$\dfrac{5\times4}{2}$通り

4　右の図は，円周の長さが8cmである円Oで，その円周上には円周を
8等分した点がある。点Aはそのうちの1つであり，点P，Qは，点Aを
出発点として次の[操作]にしたがって円周上を移動させた点である。
[操作]
　大小2つのさいころを同時に投げ，大きいさいころの出た目の数を
x，小さいさいころの出た目の数をyとする。点Pは時計回りに$x$cm，点Qは反時計回りに$y$cm
それぞれ点Aから移動させる。　　　　　　　　　　　　　　　　　（青森県）

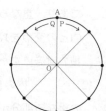

（1）　$x=4$，$y=2$となるとき，∠PAQの大きさを求めなさい。

（2）　∠PAQ＝90°となる確率を求めなさい。

解答・解説

（1）　$x=4$，$y=2$となるとき，点P，Qはそれぞれ点E，Cに移動するか
　ら，∠PAQの大きさは，∠EACの大きさに等しい。$\overset{\frown}{CE}$に対する中心

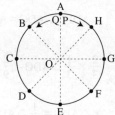

角と円周角の関係から，∠PAQ＝∠EAC＝$\dfrac{1}{2}$∠EOC＝$\dfrac{1}{2}\times90°$＝$\underline{45°}$

（2）　大小2つのさいころを同時に投げるとき，全ての目の出方は，6×6
　＝36通り。このうち，∠PAQ＝90°となるのは，直径に対する円周角
　が90°であることから，線分PQが円Oの直径になるときで，$(x,\ y)=(1,\ 3)$，$(2,\ 2)$，$(3,\ 1)$，

$(6,\ 6)$の4通り。よって，求める確率は　$\dfrac{4}{36}=\dfrac{1}{9}$

5 右の図Ⅰのように，立方体の6つの面に，1の目が1面，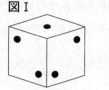
2の目が2面，3の目が3面ある特殊なさいころが，大小2
つある。次の会話は，みほさんとゆういちさんが，こ
れらの2つのさいころを同時に投げたとき，出た目の数
の和について話し合ったものである。このとき，あとの
各問いに答えなさい。ただし，これらの2つのさいころは，6つのどの面が出ることも同様に確
からしいものとする。　　　　　　　　　　　　　　　　　　　　　　　　　　　（鳥取県）

会話

みほさん	：これらの2つのさいころを投げたとき，出た目の数の和は，2，3，4，5，6 のいずれかだね。
ゆういちさん	：そうだね。その中で，出た目の数の和が ア になる確率が最も小さく， その確率は イ だね。
みほさん	：それでは，出た目の数の和がいくらになる確率が最も大きいのかな。
ゆういちさん	：出た目の数の和が6になる確率が最も大きいと思うよ。 これらの2つのさいころは，両方とも3の目が出やすいよね。だから，出た 目の数の和は6になりやすいはずだよ。

(1) 会話のア，イにあてはまる数を，それぞれ求めなさい。

(2) 会話の下線部の予想は誤っている。その理由を，確率を使って説明しなさい。

(3) これらの2つのさいころを同時に投げたとき，大きいさ
いころの出た目の数をm，小さいさいころの出た目の数をn
とする。右の図Ⅱのように，平面上に点$A(m, n)$をとり，
点Aを通るような関数$y=ax^2$のグラフをかくとき，aが整数
である確率を求めなさい。

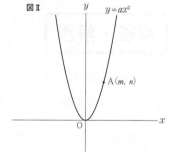

図Ⅱ

解答・解説

(1) 出た目の数の和が2となるのは，大小2つのさいころがともに「1」の目が出たときのみ。よ
って，その目の組み合わせは1通りしかない。2つのさいころの目の出方は全部で36通りあるの

で，出た目の数の和が 2 …アとなる確率は $\dfrac{1}{36}$ …イとなり，これが最も小さい確率である。

(2) （例）「出た目の数の和が6になる確率は $\dfrac{1}{4}$ であり，5になる確率 $\dfrac{1}{3}$ よりも小さいから。」ちな

みに，出た目の数の和が6になる目の組み合わせは(大，小)＝(3，3)のときで，2つのさいころ
はともに「3」の目が3つずつあるので，目の出方は3×3＝9(通り)。対して，出た目の数の和

が5になる目の組み合わせは(大, 小)=(2, 3), (3, 2)の2組あり, 2つのさいころはともに「2」の目が2つずつ, 「3」の目が3つずつあるので, 目の出方は, $2×3+3×2=12$(通り)である。

(3)　$n=am^2$より, $a=\dfrac{n}{m^2}$となる。これより, aが整数となる(m, n)の組み合わせは$(m, n)=(1, 1)$, $(1, 2)$, $(1, 3)$の3組。さいころの目の2を2A, 2B, 3を3A, 3B, 3Cと区別すると, $(m, n)=(1, 1)$, $(1, 2A)$, $(1, 2B)$, $(1, 3A)$, $(1, 3B)$, $(1, 3C)$の6通りの目の出方があり, 出る目は全部で36通りあるので, 求める確率は, $\dfrac{6}{36}=\dfrac{1}{6}$

6　大小2つのさいころを同時に投げるとき, 次の各問いに答えなさい。

ただし, さいころはどの目が出ることも同様に確からしいとする。

(1)　大小2つのさいころの出た目の数が, 同じである場合は何通りあるか求めなさい。

(2)　大きいさいころの出た目の数をa, 小さいさいころの出た目の数をbとし, そのa, bの値の組を座標とする点P(a, b)について考える。例えば, 大きいさいころの出た目の数が1, 小さいさいころの出た目の数が2の場合は, 点Pの座標はP$(1, 2)$とする。

次の問いに答えなさい。　　　　　　　　　　　　　　　（沖縄県）

①　点P(a, b)が直線$y=x-1$上の点となる確率を求めなさい。

②　図1のように, 点A$(6, 0)$をとる。このとき, △OAPが二等辺三角形となる確率を求めなさい。

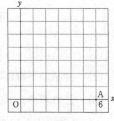

図1

解答・解説

(1)　(大, 小)=(1, 1), (2, 2), (3, 3), (4, 4), (5, 5), (6, 6)の**6通り**。

(2)　①　点Pが直線$y=x-1$上の点となるのは, (大, 小)=(2, 1), (3, 2), (4, 3), (5, 4), (6, 5)の5通り。大小2つのさいころの目の出方の総数は36通りだから, 求める確率は, $\dfrac{5}{36}$

②　OP=APのとき, (大, 小)=(3, 1), (3, 2), (3, 3), (3, 4), (3, 5), (3, 6)の6通り。AO=APのとき, (大, 小)=(6, 6)の1通り。よって, 全部で, $6+1=7$(通り)あるから, 求める確率は, $\dfrac{7}{36}$

7 　右の図1のように，線分PQがあり，その長さは10cmである。

図1

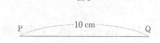

大，小2つのさいころを同時に1回投げ，大きいさいころの出た目の数をa，小さいさいころの出た目の数をbとする。出た目の数によって，線分PQ上に点Rを，PR：RQ＝a：bとなるようにとり，線分PRを1辺とする正方形をX，線分RQを1辺とする正方形をYとし，この2つの正方形の面積を比較する。

例

大きいさいころの出た目の数が2，小さいさいころの出た目の数が3のとき，$a=2$，$b=3$だから，線分PQ上に点Rを，PR：RQ＝2：3となるようにとる。

この結果，図2のように，PR＝4cm，RQ＝6cmで，Xの面積は16cm²，Yの面積は36cm²であるから，Xの面積はYの面積より20cm²だけ小さい。

図2

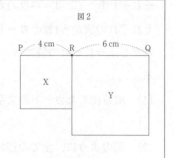

いま，図1の状態で，大，小2つのさいころを同時に1回投げるとき，あとの問いに答えなさい。ただし，大，小2つのさいころはともに，1から6までのどの目が出ることも同様に確からしいものとする。

(神奈川県)

(1) 　次の▢の中の「こ」「さ」にあてはまる数字をそれぞれ0〜9の中から1つずつ選び，その数字を答えなさい。

Xの面積とYの面積が等しくなる確率は $\dfrac{こ}{さ}$ である。

(2) 　次の▢の中の「し」「す」「せ」にあてはまる数字をそれぞれ0〜9の中から1つずつ選び，その数字を答えなさい。

Xの面積がYの面積より25cm²以上大きくなる確率は $\dfrac{し}{すせ}$ である。

解答・解説

(1) 　Xの面積とYの面積が等しくなるのは，a：$b=1$：1のときだから，$(a, b)=(1, 1)$, $(2, 2)$, $(3, 3)$, $(4, 4)$, $(5, 5)$, $(6, 6)$の6通り。大，小2つのさいころの目の出方の総数は，$6×6=36$（通り）なので，求める確率は，$\dfrac{6}{36}=\dfrac{1}{6}$

(2) 　PR＝$x$cmとすると，Xの面積はx^2cm²，Yの面積は，$(10-x)^2$cm²と表される。面積の差が25cm²となるのは，$x^2-(10-x)^2=25$ 　$x^2-(100-20x+x^2)=25$ 　$20x-100=25$ 　$20x=125$ 　$x=$

$\dfrac{125}{20}=\dfrac{25}{4}$ 　このとき，RQ＝$y$cmとすると，$y=10-\dfrac{25}{4}=\dfrac{15}{4}$より，$x$が$y$の$\dfrac{25}{4}÷\dfrac{15}{4}=\dfrac{25}{15}=\dfrac{5}{3}$（倍）

以上となればよい。よって，$(a, b) = (2, 1)$，$(3, 1)$，$(4, 1)$，$(4, 2)$，$(5, 1)$，$(5, 2)$，$(5, 3)$，$(6, 1)$，$(6, 2)$，$(6, 3)$の10通り。したがって，求める確率は，$\dfrac{10}{36} = \dfrac{5}{18}$

8 異なる3つの袋があり，1つの袋には A，B，C，D，E の5枚のカード，残りの2つの袋にはそれぞれ B，C，D の3枚のカードが入っている。

それぞれの袋から1枚のカードを同時に取り出すとき，次の問いに答えなさい。

ただし，それぞれの袋において，どのカードが取り出されることも同様に確からしいものとする。

(兵庫県)

(1) 取り出したカードの文字が3枚とも同じ文字となる取り出し方は何通りあるか，求めなさい。

(2) 図のように，全ての辺の長さが2cmである正四角すいABCDE がある。それぞれの袋から取り出したカードの文字に対応する正四角すいの点に印をつけ，印がついた点を結んでできる図形Xを考える。異なる3点に印がついた場合，図形Xは三角形，異なる2点に印がついた場合，図形Xは線分，1点に印がついた場合，図形Xは点となる。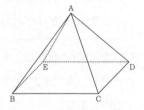

　① 図形Xが，線分BCとなるカードの取り出し方は何通りあるか，求めなさい。

　② 図形Xが線分となり，それを延長した直線と辺ABを延長した直線がねじれの位置にあるカードの取り出し方は何通りあるか，求めなさい。

　③ 図形Xが，面積が2cm²の三角形となる確率を求めなさい。

解答・解説

異なる3つの袋を⑦，④，⑨とし，袋⑦はA，B，C，D，Eの5枚のカード，袋④と袋⑨にはそれぞれB，C，Dのカードが入っているとする。

(1) すべて同じ文字となる取り出し方は,3枚ともB，3枚ともC，3枚ともDの<u>3通り</u>ある。

(2) ① 図形Xが線分BCとなるカードの取り出し方は，$(⑦, ④, ⑨) = (B, B, C)$，(B, C, B)，(C, B, B)，(B, C, C)，(C, B, C)，(C, C, B)の<u>6通り</u>ある。

　② 直線ABとねじれの位置にある直線は，直線CD，直線DE，直線CEの3つある。それぞれの場合となるカードの取り出し方を考えると，直線CDは，$(⑦, ④, ⑨) = (C, C, D)$，(C, D, C)，(D, C, C)，(C, D, D)，(D, C, D)，(D, D, C)の6通り　直線DEは，$(⑦, ④, ⑨) = (E, D, D)$の1通り　直線CEは，$(⑦, ④, ⑨) = (E, C, C)$の1通り　以上より，<u>8通り</u>の取り出し方がある。

③ △BCD≡△CDE≡△DEB≡△EBC≡△BAD≡△CAEであり，すべて2cm，2cm，$2\sqrt{2}$ cmの3

辺を持つ直角二等辺三角形であり，その面積は$\frac{1}{2}×2×2=2(\text{cm}^2)$　この6個の三角形が条件に

あてはまる。△BCDとなるカードの取り出し方は，(⑦，①，⑦)＝(B, C, D), (B, D, C), (C,

B, D), (C, D, B), (D, B, C), (D, C, B)の6通り　△CDEとなるカードの取り出し方は，

(⑦，①，⑦)＝(E, C, D), (E, D, C)の2通り　△DEB，△EBC，△BADとなるカードの取

り出し方も同じ考え方で2通りずつある。△CAEとなるカードの取り出し方はない。以上より，

問題の条件にあてはまるカードの取り出し方は全部で6＋2×4＝14(通り)となり，カードの取

り出し方は全部で5×3×3＝45(通り)あるので，求める確率は$\frac{14}{45}$

さらに詳しい解説は　▶▶▶　イカの巻 ⑲ で解き方を確認！

4章　確率，データの活用

独自問題の確率

1　数の性質と確率の問題

(1)　箱の中に1，2，3，4，5，6，7，8の数字を1つずつ書いた8枚のカード $\boxed{1}$，$\boxed{2}$，$\boxed{3}$，$\boxed{4}$，$\boxed{5}$，$\boxed{6}$，$\boxed{7}$，$\boxed{8}$ が入っている。箱の中から1枚のカードを取り出し，取り出したカードを箱に戻すという操作を2回繰り返す。1回目に取り出したカードに書かれた数をa，2回目に取り出したカードに書かれた数をbとするとき，2桁の自然数$10a+b$が3の倍数となる確率を求めよ。

ただし，どのカードが取り出されることも同様に確からしいものとする。　　　　　（東京・国立）

(2)　右の図1のように，0，2，4，6，7，8の数が1つずつ書かれた6個のボールが入っている袋Aと，1，2，3，5，7，9の数が1つずつ書かれた6個のボールが入っている袋Bがある。2つの袋A，Bから同時にそれぞれ1個のボールを取り出す。袋Aから取り出されたボールに書かれた数をa，袋Bから取り出されたボールに

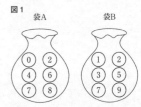

図1

書かれた数をbとするとき，$\dfrac{\sqrt{b}}{\sqrt{a}+\sqrt{b}}$ が有理数となる確率を求めよ。ただし，2つの袋A，Bそれぞれについて，どのボールが取り出されることも同様に確からしいものとする。（東京・西）

解答・解説

(1)　箱の中から1枚のカードを取り出し，取り出したカードを箱に戻すという操作を2回繰り返すとき，できる2桁の自然数の個数は，十の位の数が1~8の8通り，そのおのおのに対して，一の位の数が1~8の8通りの8×8＝64（個）　このうち，できた2桁の自然数が3の倍数となるのは，12，15，18，21，24，27，33，36，42，45，48，51，54，57，63，66，72，75，78，81，84，87の22個。よって，求める確率は $\dfrac{22}{64}=\dfrac{11}{32}$

(2)　袋Aから1個のボールの取り出し方は，0，2，4，6，7，8の6通り。そのそれぞれの取り出し方に対して，袋Bから1個のボールの取り出し方が，1，2，3，5，7，9の6通りずつあるから，2つの袋A，Bから同時にそれぞれ1個のボールの取り出し方は全部で6×6＝36（通り）。ここで，

$\dfrac{\sqrt{b}}{\sqrt{a}+\sqrt{b}}$ …① が有理数となる場合について，aとbが等しい場合と，等しくない場合に分け

て考える。aとbが等しい場合，①$=\dfrac{\sqrt{a}}{\sqrt{a}+\sqrt{a}}=\dfrac{\sqrt{a}}{2\sqrt{a}}=\dfrac{1}{2}$より，有理数となり，これは$(a, b)$

$=(2, 2)$，$(7, 7)$の2通り。aとbが等しくない場合，①の分母と分子に$\sqrt{a}-\sqrt{b}$をかけて，①

$=\dfrac{\sqrt{b}\,(\sqrt{a}-\sqrt{b})}{(\sqrt{a}+\sqrt{b})(\sqrt{a}-\sqrt{b})}=\dfrac{\sqrt{b}\times\sqrt{a}-\sqrt{b}\times\sqrt{b}}{(\sqrt{a})^2-(\sqrt{b})^2}=\dfrac{\sqrt{ab}-b}{a-b}$　これより，①が有理数となる

のは$\sqrt{ab}$が有理数となるときで，これは$(a, b)=(0, 1)$，$(0, 2)$，$(0, 3)$，$(0, 5)$，$(0, 7)$，$(0, 9)$，

$(4, 1)$，$(4, 9)$，$(8, 2)$の9通り。よって，求める確率は$\dfrac{2+9}{36}=\underline{\dfrac{11}{36}}$

2 関数や図形と確率の問題

(1)　右の図1において，原点はOであり，原点Oから点$(1, 0)$までの距離，および原点Oから$(0, 1)$までの距離は1cmである。1から6までの目が出る大小2つのさいころを同時に1回投げ，大きいさいころの出た目の数をa，小さいさいころの出た目の数をbとする。このとき，点Aの座標を$(a, a+1)$，点Bの座標を$(7-b, b)$，点Cの座標を(a, b)とし，3点A，B，Cを図1にかき入れることとする。

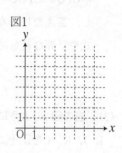

図1

【例】

大きいさいころの出た目の数が1，小さいさいころの出た目の数が5のとき，$a=1$，$b=5$だから，点Aの座標は$(1, 2)$，点Bの座標は$(2, 5)$，点Cの座標は$(1, 5)$となり，これらの3点A，B，Cを図1にかき入れる。この結果，図2のようになる。

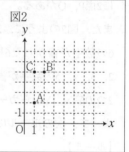

図2

いま，図1の状態で，大，小2つのさいころを同時に1回投げるとき，次の各問いに答えなさい。

（ア）　線分ACの長さが1cmとなる確率を求めなさい。

（イ）　三角形OBCの面積が2cm²となる確率を求めなさい。

（神奈川・鎌倉）

(2)　右の図1で，点Oは原点，曲線fは関数$y=\dfrac{a}{x}$ $(x>0)$のグラフ，曲線g

は関数$y=-\dfrac{b}{x}$ $(x>0)$のグラフを表している。定数a，bは，$a>0$，$b>0$

である。

1から6までの目の出る大小1つずつのさいころを同時に投げ，大きいさいころの出た目の数をm，小さいさいころの出た目の数をnとする。

曲線f上にありx座標がmである点をP，曲線g上にありx座標がnである点をQとする。

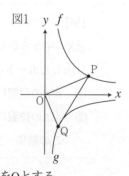

図1

点Oと点P，点Oと点Q，点Pと点Qをそれぞれ結ぶ。このとき，次の各問いに答えなさい。

問1　図1において，$a=3$，$b=2$のとき，原点から点$(1, 0)$までの距離，および原点から点$(0, 1)$までの距離をそれぞれ1cmとして，次の各問いに答えなさい。

（ア）　$m=1$，$n=3$のとき，△OPQの内部にx座標，y座標がともに整数となる点は何個あるか求めなさい。ただし，辺OP，PQ，QO上の点も数えるものとします。

（イ）　$m=6$，△OPQの面積が$\dfrac{5}{2}$cm²のとき，小さいさいころの出た目の数nをすべて求めなさい。

問2　右の図2は，図1において，$a=8$，$b=2$の場合を表している。△OPQが∠POQ＝90°の直角三角形である確率を求めなさい。ただし，答えだけでなく，答えを求める過程がわかるように，途中の式や計算なども必ず書きなさい。

（東京・青山）

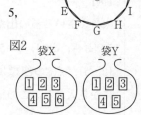

(3)　右の図1のように，円Oの周上に12個の点A，B，C，D，E，F，G，H，I，J，K，Lを正十二角形ABCDEFGHIJKLとなるようにとり，点Aの位置に2点P，Qがある。

また，図2のように，2つの袋X，Yがあり，袋Xの中には1，2，3，4，5，6の数字が書かれた6枚のカードが入っており，袋Yの中には1，2，3，4，5の数字が書かれた5枚のカードが入っている。

2つの袋X，Yからカードを1枚ずつ取り出し，それらのカードによって，次のルールにしたがって2点P，Qを動かすことにする。

【ルール】

①　袋Xの中から取り出したカードに書かれた数だけ，点Aを出発点としB，C，D，E，F，Gの順に点Pを1つずつ移動させる。

②　袋Yの中から取り出したカードに書かれた数だけ，点Aを出発点としL，K，J，I，Hの順に点Qを1つずつ移動させる。

【例】

袋Xの中から取り出したカードに書かれた数が3，袋Yの中から取り出したカードに書かれた数が4のとき，

①　点Aの位置にある点PをB，C，Dと移動させ，Dで止める。

②　点Aの位置にある点QをL，K，J，Iと移動させ，Iで止める。

　　この結果，2点P，Qは図3の位置にある。

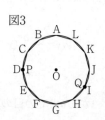

いま，2点P，Qの位置が図1の状態で，図2の状態の2つの袋X，Yの中からカードを1枚ずつ取り出すとき，次の各問いに答えなさい。ただし，袋の中からどのカードを取り出すことも同様に確からしいものとする。

（ア）　OP＝PQとなる確率を求めなさい。

（イ）　三角形APQが二等辺三角形となる確率を求めなさい。

（神奈川・小田原）

(4)　1から6までの目が出る大小1つずつのさいころを同時に1回投げる。大きいさいころの出た目の数をa，小さいさいころの出た目の数をbとする。右の図1で，点Oは原点，点Aの座標を$(a,\ a+b)$，点Bの座標を$(a,\ 2b)$とし，$a=3$，$b=6$の場合を例として表している。

原点から点$(1,\ 0)$までの距離，および原点から点$(0,\ 1)$までの距離をそれぞれ1cmとして，次の各問に答えよ。

ただし，大小2つのさいころはともに，1から6までのどの目が出ることも同様に確からしいものとする。

問1　点Bのy座標が，点Aのy座標より大きくなる確率を求めよ。

問2　右の図2は，図1において，直線ℓを一次関数$y=x$のグラフとした場合を表している。

点Aと点Bを結んだ場合を考える。直線ℓと線分ABが交わる確率を求めよ。ただし，点Aと点Bのどちらか一方が直線ℓ上にある場合も，直線ℓと線分ABが交わっているものとする。

問3　右の図3は，図1において，点Oと点A，点Oと点B，点Aと点Bをそれぞれ結んだ場合を表している。△OABの面積が3cm²となる確率を求めよ。

（東京・新宿）

図1
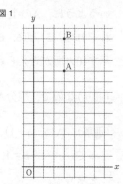

図2
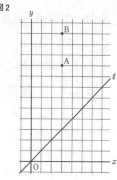

図3
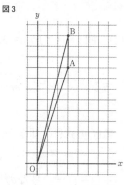

4章　確率，データの活用

解答・解説

(1) （ア） A(a, $a+1$)なので，Aは，(1, 2)，(2, 3)，(3, 4)，(4, 5)，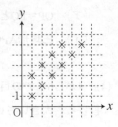
(5, 6)，(6, 7)のいずれかになる。AC＝1となるときのCは，A(1, 2)
のときには(1, 1)と(1, 3)，A(2, 3)のときには(2, 2)と(2, 4)と
いうように，Aの上下に存在し，A(5, 6)とA(6, 7)のときには，そ
れぞれ(5, 5)と(6, 6)だけである。よって，Cとして右図の×印で
示す10カ所が考えられる。2つのさいころの目の出方の総数は$6^2＝36$

（通り）なので，線分ACの長さが1cmとなる確率は，$\dfrac{10}{36}＝\dfrac{5}{18}$

（別解）　A(a, $a+1$)，C(a, b)　　AC＝1となるとき，AとCのy座標の差が1となればよい。よ
って，$a+1-b=1$, $a-b=0\cdots$①　　$b-(a+1)=1$, $b-a=2\cdots$②　　①，②から(a, b)の値
を求める。

（イ）　B($7-b$, b)なので，Bは，(6, 1)，(5, 2)，(4, 3)，(3, 4)，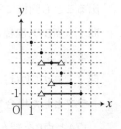
(2, 5)，(1, 6)のいずれかである。△OBCの面積が$2cm^2$となる
のは，BCがx軸に平行であって，①BCの長さが1のときに点Oか
らBCまでの距離が4，②BCの長さが2のときに点OからBCまで
の距離が2，③BCの長さが4のときに点OからBCまでの距離が1
の3通りある。よって，点Cの位置として右図の△印で示す4カ所

が考えられるので，その確率は，$\dfrac{4}{36}＝\dfrac{1}{9}$

(2)　問1　（ア）　$a=3$, $b=2$のとき，曲線fは$y=\dfrac{3}{x}$, 曲線gは$y=-\dfrac{2}{x}$で

ある。　　よって，$m=1$, $n=3$のとき，点P(1, 3)，点Q$\left(3, -\dfrac{2}{3}\right)$　　直

線PQの式は，傾きが，(yの値の増加量)÷(xの値の増加量)＝$\left(-\dfrac{2}{3}-3\right)$

÷$(3-1)=-\dfrac{11}{6}$なので，$y=-\dfrac{11}{6}x+b$とおいて$x=1$, $y=3$を代入してbの値を求めると，

$3=-\dfrac{11}{6}+b$から，$b=\dfrac{29}{6}$　　よって，$y=-\dfrac{11}{6}x+\dfrac{29}{6}$　　直線PQ上の$x=2$の点のy座標は，

$y=-\dfrac{22}{6}+\dfrac{29}{6}=\dfrac{7}{6}$　　$\dfrac{7}{6}>1$だから，△OPQの内部にあるx座標，y座標がともに整数になる点

は，(0, 0)，(1, 0)，(1, 1)，(1, 2)，(1, 3)，(2, 0)，(2, 1)の7個ある。

（イ）　$m=6$のとき，$P\left(6,\ \dfrac{1}{2}\right)$　$Q\left(n,\ -\dfrac{2}{n}\right)$として，直線$x=n$と

直線OPとの交点をRとすると，直線OPの式が$y=\dfrac{1}{12}x$なので，

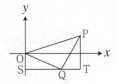

$R\left(n,\ \dfrac{1}{12}n\right)$　$RQ=\dfrac{1}{12}n-\left(-\dfrac{2}{n}\right)=\dfrac{1}{12}n+\dfrac{2}{n}$　　△OPQ＝△ORQ＋△PRQなので，△ORQと

△PRQの底辺をそれぞれRQとして△OPQの面積をnを用いて表すと，$\dfrac{1}{2}\times\left(\dfrac{1}{12}n+\dfrac{2}{n}\right)\times n+\dfrac{1}{2}$

$\times\left(\dfrac{1}{12}n+\dfrac{2}{n}\right)\times(6-n)=\dfrac{1}{2}\times\left(\dfrac{1}{12}n+\dfrac{2}{n}\right)\times 6=\dfrac{1}{4}n+\dfrac{6}{n}$　　これが$\dfrac{5}{2}$になるとき，$\dfrac{1}{4}n+\dfrac{6}{n}$

$=\dfrac{5}{2}$　　両辺に$4n$をかけて整理すると，$n^2-10n+24=0$　　$(n-4)(n-6)=0$　　<u>$n=4,\ 6$</u>

（別解）　右図のように，点Qを通るx軸に平行な直線と，点Pを通り
y軸に平行な直線を引いて，台形OSTPを作り，△OPQ＝台形

OSTP－△OSQ－△PTQを利用する。　　　$OS=\dfrac{2}{n}$，$PT=\dfrac{1}{2}+\dfrac{2}{n}$

だから，台形$OSTP=\dfrac{1}{2}\times\left(\dfrac{2}{n}+\dfrac{1}{2}+\dfrac{2}{n}\right)\times 6=\dfrac{3}{2}+\dfrac{12}{n}$　　△$OSQ=\dfrac{1}{2}\times n\times\dfrac{2}{n}=1$

△$PTQ=\dfrac{1}{2}\times(6-n)\times\left(\dfrac{1}{2}+\dfrac{2}{n}\right)=-\dfrac{1}{4}n+\dfrac{1}{2}+\dfrac{6}{n}$　　よって，△$OPQ=\dfrac{3}{2}+\dfrac{12}{n}-1-\Bigl(-$

$\dfrac{1}{4}n+\dfrac{1}{2}+\dfrac{6}{n}\Bigr)=\dfrac{1}{4}n+\dfrac{6}{n}$

問2　$a=8$，$b=2$のとき，曲線fは$y=\dfrac{8}{x}$，曲線gは$y=-\dfrac{2}{x}$である。よって，点P，点Qのx座

標がそれぞれm，nのとき，$P\left(m,\ \dfrac{8}{m}\right)$，$Q\left(n,\ -\dfrac{2}{n}\right)$と表せる。<u>直角三角形では三平方の定理</u>

<u>が成り立つ。</u>また，<u>2点$(x_1,\ y_1)$，$(x_2,\ y_2)$を結ぶ線分の長さは$\sqrt{(x_2-x_1)^2+(y_2-y_1)^2}$で求めら</u>

<u>れる。</u>　　よって，$OP^2+OQ^2=PQ^2$から，$m^2+\left(\dfrac{8}{m}\right)^2+n^2+\left(-\dfrac{2}{n}\right)^2=(n-m)^2+\left(-\dfrac{2}{n}-\dfrac{8}{m}\right)^2$

$m^2+\left(\dfrac{8}{m}\right)^2+n^2+\left(-\dfrac{2}{n}\right)^2=n^2-2mn+m^2+\left(-\dfrac{2}{n}\right)^2+2\times\dfrac{2}{n}\times\dfrac{8}{m}+\left(\dfrac{8}{m}\right)^2$　　$0=-2mn+\dfrac{32}{mn}$

$2mn=\dfrac{32}{mn}$　　両辺に$\dfrac{mn}{2}$をかけると，$(mn)^2=16$　　$mn>0$だから，$mn=4$　　m，nはさい

ころの目の数だから，$(m,\ n)=(1,\ 4)$，$(2,\ 2)$，$(4,\ 1)$の3通りある。2個のさいころの目

の出方の総数は$6^2＝36$（通り）なので，△OPQが∠POQ＝90°の直角三角形になる確率は，$\dfrac{3}{36}$

$＝\dfrac{1}{12}$

（別解）　<u>垂直に交わる2直線の傾きの積は−1となる。このことを知らなくても，ある直線に垂直に交わる直線の傾きは比較的容易に求められる。</u>　$m＝1$のとき，点Pの座標は$(1,\ 8)$

直線OPの式は，$y＝8x$　　直線OQの式は，$y＝-\dfrac{1}{8}x$　　点Qのx座標は方程式$-\dfrac{1}{8}x＝-\dfrac{2}{x}$

の解だから，$x^2＝16$　　$x>0$なので，$x＝4$　　$m＝2$のとき，P$(2,\ 4)$　　直線OPの式は，$y＝2x$　　直線OQの式は，$y＝-\dfrac{1}{2}x$　　点Qのx座標は，$-\dfrac{1}{2}x＝-\dfrac{2}{x}$から，$x^2＝4$　　$x＝2$

このようにして，$m＝3,\ 4,\ 5,\ 6$のときの点Qのx座標を求めていくと，$m＝3→$P$\left(3,\ \dfrac{8}{3}\right)→$OP

の傾き$\dfrac{8}{9}→$点Qのx座標は，$-\dfrac{9}{8}x＝-\dfrac{2}{x}$から，$x^2＝\dfrac{16}{9}$，$x＝\dfrac{4}{3}$　　$m＝4→$P$(4,\ 2)→$OPの傾き$\dfrac{1}{2}→$点Qのx座標は，$-2x＝-\dfrac{2}{x}$から，$x^2＝1$，$x＝1$　　$m＝5→$P$\left(5,\ \dfrac{8}{5}\right)→$OPの傾き$\dfrac{8}{25}→$点Qの$x$座標は，$-\dfrac{25}{8}x＝-\dfrac{2}{x}$から，$x^2＝\dfrac{16}{25}$，$x＝\dfrac{4}{5}$　　$m＝6→$P$\left(6,\ \dfrac{4}{3}\right)→$OPの傾き$\dfrac{2}{9}→$点Qの$x$座標は，$-\dfrac{9}{2}x＝-\dfrac{2}{x}$から，$x^2＝\dfrac{4}{9}$，$x＝\dfrac{2}{3}$　　点Qのx座標はさいころの目の数なので，$x＝4,\ 2,\ 1$の3通りある。

(3)　（ア）　袋Xの中からカードを取り出す取り出し方は6通りあり，そのそれぞれについて袋Yの中からのカードの取り出し方が5通りずつあるので，カードの取り出し方の総数は，$6×5＝30$（通り）

OP＝OQだから，OP＝PQとなるとき，△OPQは正三角形である。よって，∠POQ＝60°となるようなカードの選び方を調べればよい。

$(X,\ Y)＝(1,\ 1)$のとき，点Pが点B，点Qが点Lの位置にきて△OPQが正三角形となる。

$(X,\ Y)＝(5,\ 5)$のときには，点Pが点F，点Qが点Hの位置にきて△OPQが正三角形となる。

$(X,\ Y)＝(6,\ 4)$のときには，点Pが点G，点Qが点Iの位置にきて△OPQが正三角形となる。

それ以外では△OPQは正三角形とならない。よって，$\dfrac{3}{30}＝\dfrac{1}{10}$

（イ）　AP＝AQとなるときは，袋Xの中から取り出したカードの数と袋Y
の中から取り出したカードの数が等しいときであり，正三角形になる
ときも含めて次の5通りある。$(X, Y)=(1, 1), (2, 2), (3, 3), (4, 4),$
$(5, 5)$　　　AP＝PQとなるとき，点Pは辺AQの垂直二等分線上にある。
よって，△APQが正三角形になるときを除くと，点Qが点Kに，点Pが
点Fの位置にくるときだけである。よって，$(X, Y)=(5, 2)$　　　AQ＝PQとなるときは，△APQ
が正三角形になるときを除くと，点Pが点Cに，点Qが点Hの位置にくるときと，点Pが点G
に，点Qが点Jの位置にくるときである。よって，$(X, Y)=(2, 5), (6, 3)$　　　全部で8通

りあるので，その確率は，$\dfrac{8}{30}=\dfrac{4}{15}$

(4)　問1　$2b>a+b$　つまり，$b>a$のときだから，$(a, b)=(1, 2), (1, 3), (1, 4), (1, 5),$
$(1, 6), (2, 3), (2, 4), (2, 5), (2, 6), (3, 4), (3, 5), (3, 6), (4, 5), (4, 6), (5, 6)$

の15通り。目の出方の総数は36通りあるから，求める確率は，$\dfrac{15}{36}=\dfrac{5}{12}$

問2　直線ABと直線ℓとの交点をPとすると，$P(a, a)$より，直線ℓと線分ABが交わるのは，
$2b\leqq a<a+b$となるときである。よって，$(a, b)=(2, 1), (3, 1), (4, 1), (4, 2), (5, 1),$

$(5, 2), (6, 1), (6, 2), (6, 3)$の9通り。したがって，求める確率は$\dfrac{9}{36}=\dfrac{1}{4}$

問3　点Bのy座標が点Aのy座標より大きいとき，△OABの面積は，$\dfrac{1}{2}\times\{2b-(a+b)\}\times a=$

$\dfrac{a(b-a)}{2}$と表される。$\dfrac{a(b-a)}{2}=3$のとき，$a(b-a)=6$　問1の15通りの中で，$a(b-a)=6$を
満たすのは，$(a, b)=(2, 5), (3, 5)$の2通り。点Aのy座標が点Bのy座標より大きいとき，
△OABの面積は，$\dfrac{1}{2}\times\{(a+b)-2b\}\times a=\dfrac{a(a-b)}{2}$と表される。$\dfrac{a(a-b)}{2}=3$のとき，$a(a-$
$b)=6$　$a>b$を満たすa，bの組み合わせのうち，$a(a-b)=6$を満たすのは，$(a, b)=(3, 1),$
$(6, 5)$の2通り。よって，全部で，$2+2=4$（通り）あるから，求める確率は，$\dfrac{4}{36}=\dfrac{1}{9}$

さらに詳しい解説は　▶▶▶　イカの巻　　で解き方を確認！

4章　確率，データの活用

データの活用

1 大小2個のさいころについて，次の操作を行うとき，次の(1)，(2)に答えなさい。ただし，この大小2個のさいころは，どの目が出ることも同様に確からしいものとする。 （山口県）

【操作】
大小2個のさいころを同時に1回投げて，出た目の数の和を記録する。

---

(1) 右の表は，操作を10回くり返したときの記録Aと50回くり返したときの記録Bを整理したものである。また，説明は，表をもとに記録A

目の数の和	2	3	4	5	6	7	8	9	10	11	12
10回くり返したときの記録A	0	0	1	1	3	1	1	2	0	1	0
50回くり返したときの記録B	3	4	6	6	6	8	4	4	7	1	1

と記録Bの散らばりの度合いについてまとめたものである。

【説明】
記録Aの四分位範囲は　ア　，記録Bの四分位範囲は5である。記録Aと記録Bの四分位範囲を比較すると，記録　イ　の方が散らばりの度合いが大きい。

説明が正しいものとなるように，　ア　には，あてはまる数を求め，　イ　には，A，Bのうち適切な記号を答えなさい。

(2) 操作を多数回くり返していくと，目の数の和が6，7，8になる回数が他よりも多くなっていくことがわかっている。大小2個のさいころを同時に1回投げたとき，目の数の和が6以上8以下になる確率を求めなさい。ただし，答えを求めるまでの過程もかきなさい。

解答・解説

(1) 第1四分位数は目の数の和の小さい方から3番目の6，第3四分位数は目の数の和の大きい方から3番目の9だから，四分位範囲は9－6＝**3**…ア　四分位範囲はデータの散らばりの度合いを表す指標として用いられる。記録Aと記録Bの四分位範囲を比較すると，記録**B**…イの方が大きく，散らばりの度合いが大きい。

(2) （求める過程）　(例)2個のさいころの目の出方は全部で36通りある。このうち，目の数の和が6以上8以下になる場合は，(1, 5)，(2, 4)，(3, 3)，(4, 2)，(5, 1)，(1, 6)，(2, 5)，(3, 4)，(4, 3)，(5, 2)，(6, 1)，(2, 6)，(3, 5)，(4, 4)，(5, 3)，(6, 2)の16通りある。したがって，求める確率は，$\dfrac{16}{36}=\dfrac{4}{9}$

2 春奈さんたちの中学校では，3年生のA組30人全員と，B組30人全員の50m走の記録を調査しました。次の問いに答えなさい。 (北海道)

問1 図1は，A組，B組全員の記録を，それぞれ箱ひげ図にまとめたものです。次の(1)，(2)に答えなさい。

図1

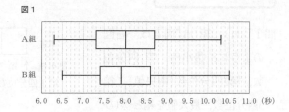

(1) B組の記録の第3四分位数を求めなさい。

(2) データの散らばり(分布)の程度について，図1から読みとれることとして最も適当なものを，次のア〜エから1つ選びなさい。

ア 範囲は，A組の方がB組よりも小さい。

イ 四分位範囲は，A組の方がB組よりも大きい。

ウ 平均値は，A組の方がB組よりも小さい。

エ 最大値は，A組の方がB組よりも大きい。

問2 A組，B組には，運動部に所属する生徒がそれぞれ15人います。図2は，A組，B組の運動部に所属する生徒全員の記録を，箱ひげ図にまとめたものです。

図2

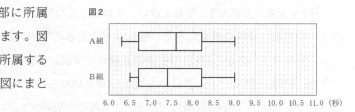

春奈さんたちは，運動部に所属する生徒全員の記録について，図2を見て話し合っています。 ア ， イ に当てはまる数を，それぞれ書きなさい。また， ウ に当てはまる言葉を，下線部＿＿の答えとなるように書きなさい。

春奈さん	「A組，B組の運動部に所属する生徒では，A組とB組のどちらに速い人が多いのかな。」
ゆうさん	「どうやって比べたらいいのかな。何か基準があるといいよね。」
春奈さん	「例えば，平均値を基準にしたらどうかな。先生，平均値は何秒でしたか。」
先生	「この中学校の運動部に所属する生徒の平均値は，7.5秒でしたよ。」
ゆうさん	「それなら，7.5秒より速い人は，A組とB組のどちらの方が多いのか考えてみよう。」
春奈さん	「B組の中央値は7.4秒だから，B組に7.5秒より速い人は，少なくても ア 人いるよね。」
ゆうさん	「A組の中央値は7.6秒だから，A組に7.5秒より速い人は，最も多くて イ 人と考えられるね。」
春奈さん	「つまり，7.5秒より速い人は， ウ の方が多いと言えるね。」

問1　(1)　箱ひげ図とは，右図
のように，最小値，第1四分位
数，第2四分位数(中央値)，第
3四分位数，最大値を箱と線(ひ

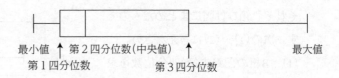

最小値　↑　第2四分位数(中央値)　↑　　　　最大値
　　　第1四分位数　　　　　第3四分位数

げ)を用いて1つの図に表したものである。よって，B組の記録の第3四分位数は<u>8.6秒</u>である。

(2)　資料の最大の値と最小の値の差が分布の範囲だから，A組の範囲は10.3－6.3＝4.0(秒)，
B組の範囲は10.5－6.5＝4.0(秒)で，A組とB組の範囲は等しい。アは正しくない。(四分位範
囲)＝(第3四分位数)－(第1四分位数)だから，A組の四分位範囲は8.7－7.3＝1.4(秒)，B組の
四分位範囲は8.6－7.4＝1.2(秒)で，A組の方がB組よりも大きい。<u>イ</u>は正しい。平均値は，
箱ひげ図からは分からない。ウは判断できない。A組の最大値は10.3秒，B組の最大値は10.5
秒で，B組の方がA組よりも大きい。エは正しくない。

問2　中央値は資料の値を大きさの順に並べたときの中央の値。生徒の人数は15人で奇数だか
ら，記録の速い方から8番目の生徒の記録が中央値。これより，B組の中央値が7.4秒というこ
とは，記録の速い方から8番目の生徒が7.4秒ということであり，B組に7.5秒より速い人は，少
なくとも<u>8人</u>(ア)いる。同様に考えると，A組の中央値が7.6秒ということは，記録の速い方か
ら8番目の生徒が7.6秒ということであり，A組に7.5秒より速い人は,最も多くて，記録の速い方
から7番目の生徒が7.5秒以下の場合の<u>7人</u>(イ)と考えられる。つまり，7.5秒より速い人は，<u>B
組</u>(ウ)の方が多いと言える。

3　A組，B組，C組の生徒について，6月の1か月間に図書館から借りた本の冊数を調査した。こ
のとき，次の(1)，(2)の問いに答えなさい。(茨城県)

(1)　右の図1は，A組20人について，それぞれの生徒
が借りた本の冊数をまとめたものである。

　①　本の冊数の平均値を求めなさい。

　②　図1に対応する箱ひげ図を，右のア～エの中か
ら一つ選んで，その記号を書きなさい。

(2)　図2は，B組20人とC組20人について，それぞれ
の生徒が借りた本の冊数のデータを箱ひげ図に表し
たものである。これらの箱ひげ図から読み取れるこ
ととして，次の①～④は正しいといえるか。

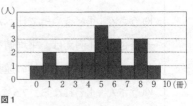

図1

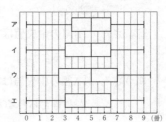

「ア　正しいといえる」，「イ　正しいといえない」，
「ウ　これらの箱ひげ図からはわからない」の中か
らそれぞれ一つ選んで，その記号を書きなさい。

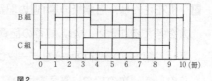

図2

① 　B組とC組の四分位範囲を比べるとB組の方が大
　きい。

② 　B組とC組の中央値は同じである。

③ 　B組もC組も，3冊以下の生徒が5人以上いる。

④ 　B組とC組の平均値は同じである。

解答・解説

(1) 　① 　(本の冊数の平均値)＝
(冊数の合計)÷(生徒の人数の
合計)＝(0×1＋1×2＋2×1＋3

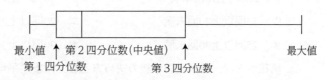

×2＋4×2＋5×4＋6×3＋7×1＋8×3＋9×1)÷20＝96÷20＝<u>4.8(冊)</u>

② 　箱ひげ図とは，右上図のように，最小値，第1四分位数，第2四分位数(中央値)，第3四分
　位数，最大値を箱と線(ひげ)を用いて1つの図に表したものである。図1より，最小値は0

　(冊)，第1四分位数は$\dfrac{3+3}{2}＝3$(冊)，第2四分位数(中央値)は$\dfrac{5+5}{2}＝5$(冊)，第3四分位数は

　$\dfrac{6+7}{2}＝6.5$(冊)，最大値は9(冊)だから，図1に対応する箱ひげ図は<u>イ</u>である。

(2) 　① 　箱の横の長さが四分位範囲を表し，第3四分位数から第1四分位数をひいた値で求めら
　れる。明らかに，箱の横の長さはB組＜C組だから，B組とC組の四分位範囲を比べるとC組の
　方が大きい。<u>①は正しいとはいえない</u>。

② 　B組とC組の中央値(第2四分位数)は5冊で同じである。<u>②は正しいといえる</u>。

③ 　第1四分位数は借りた本の冊数の少ない方から5番目と6番目の生徒の平均値。B組とC組の
　第1四分位数がそれぞれ3.5冊，3冊であることから，B組もC組も，3冊以下の生徒が5人以上
　いる。<u>③は正しいといえる</u>。

④ 　箱ひげ図からは平均値は読み取れない。<u>④はこれらの箱ひげ図からはわからない</u>。

4章　確率，データの活用

4 桃花さんは，各学級の第1週の記録から第2週の記録への伸びに着目し，特別賞の学級の決め方を考えることとした。練習の記録のデータのうち，各学級の第1週の記録16回分をデータ①とし，第2週の記録12回分をデータ②とする。

このとき，次の1，2に答えなさい。 （山梨県）

1 右の表は，2組の練習の記録を度数分布表に表したものである。このとき，次の(1)，(2)に答えなさい。

(1) 右の表における階級の幅を求めなさい。

(2) 右の表において，データ②の方がデータ①よりも相対度数が大きい階級を，次のア〜カからすべて選び，その記号を書きなさい。

ア　5回以上10回未満　　　　　イ　10回以上15回未満

ウ　15回以上20回未満　　　　　エ　20回以上25回未満

オ　25回以上30回未満　　　　　カ　30回以上35回未満

2組の練習の記録

記録（回）	度数（回）	
以上　　未満	データ①	データ②
5 ～ 10	1	0
10 ～ 15	3	2
15 ～ 20	6	5
20 ～ 25	3	2
25 ～ 30	2	2
30 ～ 35	1	1
合計	16	12

2 桃花さんは，特別賞の学級の決め方として，まず平均値に着目し，各学級のデータ②の平均値からデータ①の平均値をひいた値が他の学級より大きい2つの学級を選び，それらの学級について，箱ひげ図を用いて比べることとした。

右下の図は，平均値に着目して選んだ1組と4組のデータ①とデータ②をそれぞれ箱ひげ図に表したものである。このとき，次の(1)，(2)に答えなさい。

(1) 1組の箱ひげ図から，1組のデータ①の中央値と1組のデータ②の中央値をそれぞれ求めなさい。

(2) 4組の箱ひげ図から，「4組のデータ②は，4組のデータ①より記録が伸びている」と主張することができる。そのように主張することができる理由を，4組の箱ひげ図の2つの箱ひげ図の特徴を比較して説明しなさい。

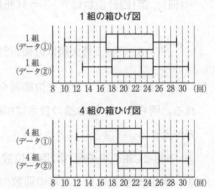

解答・解説

1 (1) 資料を整理するために用いる区間を階級，区間の幅を階級の幅という。2組の練習の記録を5回ごとに区切って整理してあるから，この<u>5回</u>が階級の幅である。

(2) 相対度数 ＝ $\dfrac{各階級の度数}{度数の合計}$　各階級の相対度数をそれぞれ求めると，5回以上10回未満の

階級が（データ①，データ②）＝ $\left(\dfrac{1}{16}=0.0625, \dfrac{0}{12}=0\right)$，10回以上15回未満の階級が（データ

①，データ②）$= \left(\dfrac{3}{16} = 0.1875, \dfrac{2}{12} = 0.1666 \cdots \right)$，15回以上20回未満の階級が（データ①，データ②）$= \left(\dfrac{6}{16} = 0.3750, \dfrac{5}{12} = 0.4166 \cdots \right)$，20回以上25回未満の階級が（データ①，データ②）$=$

$\left(\dfrac{3}{16} = 0.1875, \dfrac{2}{12} = 0.1666 \cdots \right)$，25回以上30回未満の階級が（データ①，データ②）$= \left(\dfrac{2}{16} = \right.$

$0.1250, \dfrac{2}{12} = 0.1666 \cdots \bigg)$，30回以上35回未満の階級が（データ①，データ②）$= \left(\dfrac{1}{16} = 0.0625, \right.$

$\left. \dfrac{1}{12} = 0.0833 \cdots \right)$ である。よって，データ②の方がデータ①よりも相対度数が大きい階級は，

ウ，オ，カ

2 （1） 箱ひげ図とは，右図のように，最小値,第1四分位数，第2四分位数(中央値)，第3四

最小値　↑ 第2四分位数(中央値)　　　　　　　　　　　最大値
　　　第1四分位数　　　　　　　第3四分位数

分位数，最大値を箱と線（ひげ）を用いて1つの図に表したものである。これより，1組のデータ①と②の中央値はそれぞれ**19回**と**23回**である。

（2） （説明） （例1）2つの箱ひげ図の箱の横の長さがほぼ同じで，4組のデータ②の箱の方が4組のデータ①の箱より右にあるから，4組のデータ②は，4組のデータ①より記録が伸びている。（例2）第1四分位数，第2四分位数，第3四分位数をそれぞれ比べると，4組のデータ②の方が4組のデータ①よりどれも大きいから，4組のデータ②は，4組のデータ①より記録が伸びている。

5　ある場所における，毎年4月の1か月間に富士山が見えた日数を調べた。右の表1は，2010年から2019年までの10年間について調べた結果をまとめたものである。このとき，あとの(1)，(2)の問いに答えなさい。　　　　　　　　　　　　　　　　（静岡県）

（1） 表1について，富士山が見えた日数の範囲を求めなさい。

（2） 2020年の4月の1か月間に富士山が見えた日数が分かったので，2011年から2020年までの10年間で，表1をつくり直したところ，富士山が見えた日数の中央値は6.5日になった。また，2011年から2020年までの10年間の，富士山が見えた日数の平均値は，2010年から2019年までの10年間の平均値より0.3大きかった。2010年と2020年の，4月の1か月間に富士山が見えた日数は，それぞれ何日であったか，答えなさい。

表1

富士山が見えた日数(日)	年数(年)
1	1
2	0
3	1
4	3
5	0
6	1
7	3
8	0
9	0
10	0
11	0
12	1
計	10

解答・解説

(1) 資料の最大の値と最小の値の差が分布の範囲。富士山が見えた日数の最大の日数は12日, 最小の日数は1日だから, 富士山が見えた日数の範囲は12−1＝<u>11（日）</u>

(2) 2010年から2019年までの10年間の, 富士山が見えた日数の平均値は, {1（日）×1（年）＋3（日）×1（年）＋4（日）×3（年）＋6（日）×1（年）＋7（日）×3（年）＋12（日）×1（年）}÷10（年）＝55（日）÷10（年）＝5.5（日）　2011年から2020年までの10年間の富士山が見えた日数の平均値は2010年から2019年までの10年間の平均値より0.3日大きかったから, 2011年から2020年までの10年間の, 富士山が見えた日数の合計は, （5.5＋0.3）×10＝58（日）　これより, 2010年と2020年の, 4月の1か月間に富士山が見えた日数をそれぞれx日, y日とすると, 55−x＋y＝58　つまり, y−x＝3 …①　が成り立つ。また, 中央値は資料の値を大きさの順に並べたときの中央の値。年数は10年で偶数だから, 日数の少ない方から5番目と6番目の値の平均値が中央値。①より, 考えられるxとyの値は, （x, y）＝（1, 4）, （3, 6）, （4, 7）, （6, 9）, （7, 10）, （12, 15）の6通り。それぞれの場合で中央値を求めると, 5日, 6日, 6.5日, 5.5日, 5日, 5日であり, 条件を満たすのは（x, y）＝<u>（4, 7）</u>である。

6　問1　右の表Ⅰは, A農園で抽出した35個のいちごの重さを調べて, 度数分布表にまとめたものである。ただし, aには整数が入るものとする。このとき, 次の(1), (2)に答えなさい。　　　　　　　（鳥取県）

表Ⅰ

重さ（g）	個数（個）
24^{以上}～ 26^{未満}	4
26 ～ 28	6
28 ～ 30	7
30 ～ 32	a
32 ～ 34	6
34 ～ 36	4
計	35

(1) この表Ⅰをもとに作成したヒストグラムとして, 正しいものを次のア～エからひとつ選び, 記号で答えなさい。

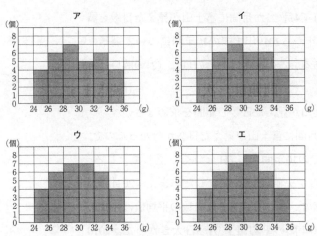

(2) A農園で収穫したいちご400個のうち, 重さが28g以上30g未満のいちごが, およそ80個あると推定した。このとき, 相対度数という語句とその値を用いて, どのように推定したか, 説明しなさい。

問2　右の表Ⅱは，B農園で抽出した35個のいちごの重さを調べて，
度数分布表にまとめたものである。この度数分布表から最頻値を求
めると29gであり，中央値は30g以上32g未満の階級に含まれていた。
このとき，表Ⅱのb，cにあてはまる数をそれぞれ求めなさい。

表Ⅱ

重さ(g)	個数(個)
24以上 ～ 26未満	2
26 ～ 28	6
28 ～ 30	b
30 ～ 32	c
32 ～ 34	6
34 ～ 36	4
計	35

問3　右の図はC，D，Eの3か所の農園で，
それぞれ収穫した400個のいちごの重さを
調べて，箱ひげ図にまとめたものである。
この箱ひげ図から読みとることができるこ
とがらとして正しいものを，あとのア～
オから2つ選び，記号で答えなさい。

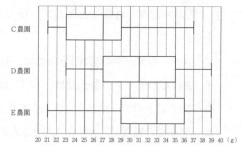

ア　C農園のいちごの重さの平均値は27gである。

イ　C，D，Eの農園の中では，第1四分位数と第3四分位数ともに，E農園が一番大きい。

ウ　C，D，Eの農園の中で，重さが34g以上のいちごの個数が一番多いのはE農園である。

エ　C，D，Eの農園の中では，四分位範囲は，E農園が一番大きい。

オ　重さが30g以上のいちごの個数は，D農園とE農園ともに，C農園の2倍以上である。

解答・解説

問1　(1)　$a=35-(4+6+7+6+4)=8$なので，30g以上32g未満の度数が8個となっているヒス
トグラムを選べばよい。したがって，**エ**となる。

(2)　(例)相対度数0.2を母集団の400にかけることで，<u>およそ80個</u>であると推定した。

問2　$b+c=35-(2+6+6+4)=17$…①　中央値が30g以上32g未満の階級に含まれているので，
重さの重い方から18番目が含まれている階級は30g以上32g未満とわかる。したがって，$c≧8$…
②　また，最頻値が29gであることから，$b>c$…③　①，②，③より，<u>**b=9, c=8**</u>しかない。

問3　ア　中央値が27gであるとわかるが，平均値が27gかどうかはわからない。<u>イ</u>は正しい。
ウ　箱ひげ図からC，D，E農園のすべてが34g以上のいちごを収穫したことはわかるが，E農
園の個数が一番多いかどうかはわからない。　エ　D農園の四分位範囲は$35-27=8$(g)，E農
園の四分位範囲は$36-29=7$(g)より，E農園よりもD農園の方が四分位範囲は大きい。　オ
重さ30g以上のいちごは，C農園は第三四分位数が30gよりも小さいことから100個以下である
が，D農園とE農園はともに中央値が30gよりも大きいことから200個以上あるので，<u>**オ**</u>は正しい。

さらに詳しい解説は　▶▶▶　イカの巻 で解き方を確認！

7 右の図は，バスケットボールの試
合を15回行ったときの，AさんとBさ
んの2人が，それぞれ1試合ごとにあ
げた得点をデータとしてまとめ，箱
ひげ図に表したものである。

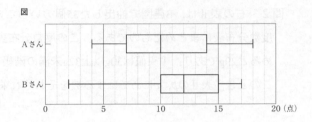

図

次の(1)，(2)に答えよ。　（福岡県）

(1)　図から読みとれることとして，正しく述べているものを次のア～エから全て選び，記号
をかけ。

ア　Aさんのデータの第1四分位数は，4点である。

イ　Bさんのデータの最大値は，17点である。

ウ　10点以上のデータは，AさんよりBさんの方が少ない。

エ　データの範囲は，AさんよりBさんの方が大きい。

(2)　光さんと希さんは，図の結果から，次の試合でAさんとBさんのどちらがより高い得点を
あげるかを予想した。光さんは，データの最大値を用いて，「Aさんである」と予想したの
に対して，希さんは，データの中央値と四分位範囲を用いて，「Bさんである」と予想した。
データの中央値と四分位範囲を用いて，「Bさんである」と予想できる理由の説明を完成さ
せよ。説明の(P)～(S)には，あてはまる数をそれぞれかき，　②　には，AさんとBさんの
データの中央値と四分位範囲について，それぞれ数値の大小を比較した結果をかくこと。

【説明】
データの中央値は，Aさんが（　P　）点，Bさんが（　Q　）点，
四分位範囲は，Aさんが（　R　）点，Bさんが（　S　）点であり，

②

から。

解答・解説

(1)　ア　Aさんのデータの第1四分位数は，7点である。アは正しくない。　　イ　Bさんのデータ
の最大値は，17点である。イは正しい。　　ウ　Aさんのデータの第1四分位数と第2四分位数（中
央値）は，それぞれ7点と10点だから，Aさんの10点以上のデータは8回以上11回以下である。
また，Bさんのデータの第1四分位数は，10点だから，Bさんの10点以上のデータは12回以上で
ある。よって，10点以上のデータは，AさんよりBさんの方が多い。ウは正しくない。　　エ
データの最大値と最小値の差がデータの範囲。Aさんのデータの範囲は18－4＝14（点），Bさん
のデータの範囲は17－2＝15（点）で，AさんよりBさんの方が大きい。エは正しい。

(2)　（P）・（Q）　問題の図の箱ひげ図より，データの中央値(第2四分位数)は，Aさんが<u>10</u>点，B
さんが<u>12</u>点である。（R）・（S）　四分位範囲は，第3四分位数から第1四分位数をひいた値で求
められるから，Aさんの四分位範囲は14−7＝<u>7</u>(点)，Bさんの四分位範囲は15−10＝<u>5</u>(点)であ
る。⑦　(例)Bさんのデータの方がAさんのデータより中央値は大きく，四分位範囲は小さい。
(補足説明)　四分位範囲はデータの散らばりの度合いを表す指標として用いられる。極端にか
　　け離れた値が一つでもあると，最大値や最小値が大きく変化し，データの範囲はその影響を
　　受けやすいが，四分位範囲はその影響をほとんど受けないという性質がある。

さらに詳しい解説は　▶▶▶　イカの巻 (22) で解き方を確認！

4章 確率，データの活用

データの活用・独自問題

1 代表値

(1) aを整数とする。次のaを含む8個の整数の中央値をMとする。

a, 25, 26, 27, 30, 31, 32, 35

このとき，Mの取り得る値は何通りあるか。 （東京・西）

(2) ある中学校の生徒20人について，4月に図書館で借りた本の冊数を調べたところ，次のような結果になった。

4, 5, 2, a, 7, 6, 5, 4, b, 2, c, 8, 5, 3, 4, d, 4, 3, 7, 5

右のグラフは，借りた本の冊数ごとの人数を表したものである。

このとき，整数a, b, c, dの平均値はいくつか。

小数第1位まで求めよ。 （東京・青山）

(3) 下の表は，A, B, C, D, E, Fの6人の生徒が，それぞれ10個の球をかごに投げ入れる球入れをしたときの，かごに入った球の個数と，その平均値及び中央値をまとめたものである。

	A	B	C	D	E	F	平均値（個）	中央値（個）
個数（個）	a	5	9	10	b	3	7.0	7.5

生徒Aが投げてかごに入った球の個数をa個，生徒Eが投げてかごに入った球の個数をb個とするとき，a, bの値の組$(a<b)$は何通りあるか。ただし，a, bは正の整数とし，$a<b$とする。

（東京・青山）

解答・解説

(1) 中央値は資料の値を大きさの順に並べたときの中央の値。整数の個数は8個で偶数だから，数の小さい方から4番目と5番目の値の平均値が中央値M。$a \leqq 27$のとき，$M = \dfrac{27+30}{2} = 28.5$の1通り。$28 \leqq a \leqq 30$のとき，$M = \dfrac{a+30}{2}$より，$\dfrac{28+30}{2} = 29$，$\dfrac{29+30}{2} = 29.5$，$\dfrac{30+30}{2} = 30$の3通り。$31 \leqq a$のとき，$M = \dfrac{30+31}{2} = 30.5$の1通り。以上より，Mの取り得る値は$1+3+1 = \underline{5（通り）}$。

(2) グラフより，生徒20人の借りた本の冊数は合計で，$2 \times 3 + 3 \times 2 + 4 \times 4 + 5 \times 5 + 6 \times 1 + 7 \times 3 + 8 \times 2 = 96$（冊）となるので，20人のそれぞれの借りた冊数の合計と等しいことから，$4 + 5 + 2$

$+a+7+6+5+4+b+2+c+8+5+3+4+d+4+3+7+5=96$が成り立つ。これをまとめると，

$a+b+c+d=22$となるので，整数a，b，c，dの平均値は，$\dfrac{22}{4}=\underline{5.5}$

(3) 平均値が7.0なので$(a+5+9+10+b+3)\div6=7$　整理すると，$a+b=15\cdots$①　また，中央
値が7.5なので，個数の多い方から3番目と4番目の値は「8と7」もしくは「9と6」のいずれか
とわかる。（「10と5」はCの個数が9個であるためあり得ない）。したがって，①と$a<b$である
ことを考えると，$(a,\ b)=(7,\ 8)$，$(6,\ 9)$の$\underline{2通り}$考えられる。

2 度数分布表

(1) 右の表は，生徒10人がそれぞれ手作りした紙飛行機を飛ばした距
離を度数分布表にまとめたものである。後に，新たに参加した2人の
生徒の結果を加え，度数分布表を作り直した。合計12人の度数分布
表を利用した平均値は8.0mであった。後から参加した2人の生徒が飛
ばした紙飛行機の距離が同じ階級に含まれるとき，その2人の距離が

階級（m）	度数（人）
3.0以上～5.0未満	3
5.0　～7.0	2
7.0　～9.0	1
9.0　～11.0	2
11.0　～13.0	2
計	10

含まれる階級の階級値を求めよ。ただし，作り直した度数分布表の階級と，はじめにまとめた
度数分布表の階級は，同じ設定であるとする。　　　　　　　　　　　　　　　　　（東京・青山）

(2) 右の表は，ある中学校の10人の生徒に満点が10点である数学の小
テストを行い，別の20人の生徒に満点が10点である英語の小テスト
を行った得点の結果を度数分布表にして整理したものである。2点以
上4点未満の階級について，数学，英語の相対度数はともに等しく，
6点以上8点未満の階級について，数学，英語の相対度数を比べると
数学の小テストの相対度数の方が0.15だけ高かった。英語の小テス
トの得点の平均値を求めよ。　　　　　　　　　　　　　　　（東京・国分寺）

階級（点）		度数（人）	
以上	未満	数学	英語
0 ～	2	0	1
2 ～	4	□	□
4 ～	6	3	□
6 ～	8	□	5
8 ～	10	1	3
10 ～		0	0
計		10	20

解答・解説

(1) はじめの生徒10人の度数分布表を利用した距離の合計は，$4.0\times3+6.0\times2+8.0\times1+10.0\times2$
$+12.0\times2=76(\mathrm{m})$　新たに参加した2人を含めた合計12人の度数分布表を利用した平均値は
8.0mであるので，12人の距離の合計は$8.0\times12=96(\mathrm{m})$となればよい。したがって，後から加
わった2人の距離の合計は，$96-76=20(\mathrm{m})$とわかるので，2人が同じ階級に含まれることから，
2人が含まれる階級の階級値は$\underline{10.0(\mathrm{m})}$

(2) 6点以上8点未満の階級について，数学の小テストの相対度数の方が，英語の小テストの相対度数の$\frac{5}{20}$＝0.25より0.15だけ高かったから，数学の小テストの相対度数は0.25＋0.15＝0.4であり，数学の小テストの6点以上8点未満の階級の度数は10×0.4＝4（人）である。これより，度数の合計の関係から，数学の小テストの2点以上4点未満の階級の度数は10－（0＋3＋4＋1＋0）＝2（人）である。また，2点以上4点未満の階級について，英語の小テストの相対度数は，数学の小テストの相対度数の$\frac{2}{10}$＝0.2と等しいから，英語の小テストの2点以上4点未満の階級の度数は20×0.2＝4（人）である。よって，度数の合計の関係から，英語の小テストの4点以上6点未満の階級の度数は20－（1＋4＋5＋3＋0）＝7（人）である。以上より，英語の小テストの得点の平均値は，平均値＝$\frac{\{（階級値）×（度数）\}の合計}{度数の合計}$より，（1×1＋3×4＋5×7＋7×5＋9×3）÷20＝110÷20＝5.5（点）

標本調査

1 袋の中に同じ大きさの赤球だけがたくさん入っている。標本調査を利用して袋の中の赤球の個数を調べるため，赤球だけが入っている袋の中に，赤球と同じ大きさの白球を400個入れ，次の＜実験＞を行った。

> ＜実験＞
> 袋の中をよくかき混ぜた後，その中から60個の球を無作為に抽出し，赤球と白球の個数を数えて袋の中にもどす。

この＜実験＞を5回行い，はじめに袋の中に入っていた赤球の個数を，＜実験＞を5回行った結果の赤球と白球それぞれの個数の平均値をもとに推測することにした。

下の表は，この＜実験＞を5回行った結果をまとめたものである。　　　　　　　　　（福島県）

表

	1回目	2回目	3回目	4回目	5回目
赤球の個数	38	43	42	37	40
白球の個数	22	17	18	23	20

① ＜実験＞を5回行った結果の白球の個数の平均値を求めなさい。

② はじめに袋の中に入っていた赤球の個数を推測すると，どのようなことがいえるか。次のア，イのうち，適切なものを1つ選び，解答用紙の（　）の中に記号で答えなさい。また，選んだ理由を，根拠となる数値を示して説明しなさい。

　ア　袋の中の赤球の個数は640個以上であると考えられる。

　イ　袋の中の赤球の個数は640個未満であると考えられる。

解答・解説

① $\dfrac{22+17+18+23+20}{5}=\dfrac{100}{5}=\underline{20（個）}$

② <u>ア</u>　（理由）（例）実験を5回行った結果の赤球と白球それぞれの個数の平均値から，標本として抽出した60個の球のうち白球は20個，赤球は40個である。この値をもとに推測すると，袋

の中の赤球の個数はおよそ $400 \times \dfrac{40}{20} = 800$（個）　したがって袋の中の赤球の個数は640個以上であると考えられる。

2 A中学校とB中学校では，校内に回収箱を設置し，ペットボトルのキャップを集めている。このことに関する次の問題に答えなさい。

1　A中学校の春太さんは，キャップの重さが様々であることに興味をもち，これまでに学校で集めた400個のキャップについて，キャップの重さごとに個数を調べ，次のようなグラフにまとめた。グラフからは，例えば，重さが1.7gのキャップは38個あったことがわかる。このとき，次の(1)，(2)に答えなさい。　　　　　　　　　　　　　　　　　　（山梨県）

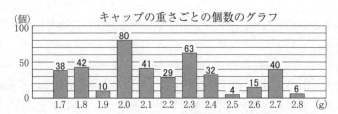

(1)　グラフから，キャップの重さの最頻値（モード）を求めなさい。

(2)　春太さんは，家にあった2.3gのキャップを24個持参し，学校で集めた400個のキャップに加えた。このとき，これらを合わせた424個のキャップについて，キャップの重さの中央値（メジアン）を，次のア〜エから1つ選び，その記号を書きなさい。

　　ア　2.0g　　　イ　2.1g　　　ウ　2.2g　　　エ　2.3g

2　B中学校生徒会では，集めたキャップを1個ずつ数えて個数を調べているが，数える作業に時間がかかるので，簡単な作業で個数を推測することができないかと考えている。このとき，次の(1)，(2)に答えなさい。

(1)　キャップの入った回収箱の重さがわかっているとき，キャップ1個の重さがすべて等しいと考えれば，キャップのおよその個数を計算で求めることができる。そのためには，キャップ1個の重さの他に何がわかればよいか。次のア，イから正しいものを1つ選び，その記号を書きなさい。また，それらを使ってキャップのおよその個数を求める方法を説明しなさい。

　　ア　空の回収箱の容積　　　イ　空の回収箱の重さ

(2)　次の手順で，回収箱の中のキャップの個数を推測することができる。手順の②において，印がついたキャップの個数が4個であるとき，この回収箱の中のキャップの個数はおよそ何個と考えられるか求めなさい。

【手順】
① 回収箱から取り出した100個のキャップに印をつけ，回収箱に戻してよくかき混ぜる。
② 回収箱から無作為に抽出した50個のキャップのうち，印がついたキャップの個数を調べる。
③ ①と②で，印がついたキャップのふくまれる割合は等しいと考えて推測する。

解答・解説

1 (1) 資料の値の中で最も頻繁に現れる値が最頻値だから，80個で最も多く現れるキャップの重さ**2.0g**が最頻値。

(2) 中央値は資料の値を大きさの順に並べたときの中央の値。キャップの個数は424個で偶数だから，キャップの重さの軽い方から212番目と213番目の値の平均値が中央値。2.1g以下のキャップの個数は $38+42+10+80+41=211$（個），2.2g以下のキャップの個数は $211+29=240$（個）だから，キャップの重さの軽い方から212番目と213番目の値の平均値，即ち，中央値は $\dfrac{2.2+2.2}{2}=2.2$（g）…**ウ**

2 (1) **イ** （説明）（例）キャップの入った回収箱の重さから，空の回収箱の重さをひいた値を，キャップ1個の重さでわる。

（別解） x個のキャップの入った回収箱の重さをyg，キャップ1個の重さをag，空の回収箱の重さをbgとすると，$x=\dfrac{y-b}{a}$ と表すことができるので，これにa，b，yの値をそれぞれ代入してxの値を求める。

(2) 標本における印がついたキャップのふくまれる割合は，$\dfrac{4}{50}=\dfrac{2}{25}$ よって，母集団における印がついたキャップのふくまれる割合も等しいと考えて推測すると，もとにする量＝比べられる量÷割合より，回収箱の中のキャップの個数は，$100\div\dfrac{2}{25}=1250$（個）　<u>およそ1250個</u>と考えられる。

3 2つの畑A，Bがあり，同じ品種のたまねぎを，同じ時期に栽培し収穫した。畑Aから500個，畑Bから300個をそれぞれ収穫することができ，標本としてそれぞれ10％を無作為に抽出した。図1のように，横方向の一番長い部分の長さを測り，たまねぎの大きさを決める。図2は，畑Aから抽出した50個のたまねぎの大きさを調べ，ヒストグラムに表したものである。例えば，4.5cm以上5.5cm未満のたまねぎが6個あったことを表している。

次の問いに答えなさい。 (兵庫県)

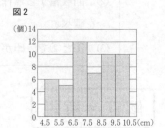

図1

図2

(1) 畑Aから抽出した50個のたまねぎの大きさについて，最頻値(モード)と平均値をそれぞれ求めなさい。

(2) 畑Bについても，抽出した30個のたまねぎの大きさを調べ，ヒストグラムに表したところ，次の①〜③が分かった。

---

① 畑Bのたまねぎの大きさの最頻値は，畑Aのたまねぎの大きさの最頻値と等しい。

② 畑Bのたまねぎの大きさの中央値(メジアン)がふくまれる階級は，畑Aのたまねぎの大きさの中央値がふくまれる階級と同じである。

③ 畑Aと畑Bのたまねぎの大きさでは，階級値が6cmである階級の相対度数が同じである。

畑Bから抽出した30個のたまねぎの大きさについてまとめたヒストグラムは，次のア〜カのいずれかである。畑Bから抽出した30個のたまねぎの大きさについてまとめたヒストグラムとして適切なものを，ア〜カから1つ選んで，その符号を書きなさい。

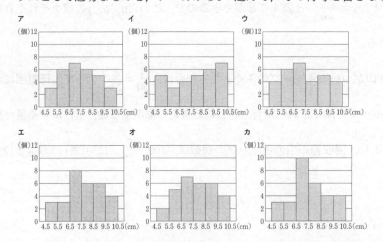

(3) 次の □ Ⅰ □ に入る記号をA，Bから1つ選び，その記号を書きなさい。また，□ Ⅱ □ にあてはまる数を求めなさい。ただし，畑Bについては，(2)の適切なヒストグラムを利用する。

標本として抽出したたまねぎについて，大きさが6.5cm以上であるたまねぎの個数の割合が大きい畑は，畑　Ⅰ　である。また，そのとき，畑　Ⅰ　から収穫することができたたまねぎのうち，大きさが6.5cm以上であるたまねぎの個数は，およそ　Ⅱ　個と推定される。

解答・解説

(1) 問題の図2のヒストグラムを用いて考える。6.5cm以上7.5cm未満の階級の度数が12個と最も大きいのでこの階級の階級値が最頻値となり，**7cm**。また，平均値はそれぞれの度数を数えて計算すると，$\dfrac{5.0\times6+6.0\times5+7.0\times12+8.0\times7+9.0\times10+10.0\times10}{50}=\dfrac{390}{50}=\underline{\mathbf{7.8\,(cm)}}$

(2) ①～③の条件を整理すると以下のことがわかる。

① 畑Bの最頻値は，畑Aの最頻値と等しく7cmである。

② 畑Aと畑Bの中央値が含まれる階級は同じなので，問題の図2から7.5cm以上8.5cm未満の階級に中央値は存在する。

③ 問題の図2より，畑Aの階級値が6cmの階級の相対度数は，$\dfrac{5}{50}=\dfrac{1}{10}$である。これは畑Bの階級値が6cmである階級の相対度数と同じである。

以上，①～③の条件から，選択肢ア～カを検証する。

ア：中央値が6.5cm以上7.5cm未満の階級に存在し，②に適さない。　イ：最頻値が10.0cmとなっており，①に適さない。　ウ：中央値が6.5cm以上7.5cm未満の階級に存在し，②に適さない。　**エ**：条件を満たす。　オ：階級値が6cmである階級の相対度数が$\dfrac{5}{30}=\dfrac{1}{6}$となっており，③に適さない。　カ：中央値が6.5cm以上7.5cm未満の階級に存在し，②に適さない。

(3) 大きさが6.5cm以上である玉ねぎの個数の相対度数を考えると，畑Aは，$\dfrac{39}{50}=\dfrac{78}{100}$　畑Bは，$\dfrac{24}{30}=\dfrac{4}{5}=\dfrac{80}{100}$となるので，**畑B**の方がその割合は高い。そのとき，畑Bから収穫することができたたまねぎのうち，大きさが6.5cm以上である玉ねぎの個数はおよそ$300\times\dfrac{80}{100}=\underline{\mathbf{240}\,(個)}$

さらに詳しい解説は ▶▶▶ イカの巻 (23) で解き方を確認！

公立高校入試 対策問題 第1回

- **小問数は15です。**
- **自分の目標点数を超えるように、問題を選びながら仕上げていきましょう。**
- **制限時間は50分としますが、できるだけ40分以内に終わるように素早く仕上げていきましょう。**

1 次の各問いに答えなさい。 [各5点×5]

(1) $\sqrt{2}(\sqrt{3}-\sqrt{2})^2 - \dfrac{4(2-\sqrt{6})}{\sqrt{2}}$ を計算しなさい。

(2) 二次方程式 $(x-2)^2-(4+x)(2-x)+1=0$ を解きなさい。

(3) 1，2，3，4，5の数字が1つずつ書かれた同じ大きさの5枚のカード①，②，③，④，⑤が入っている袋Aと，1，2，3，4，5，6の数字が1つずつ書かれた同じ大きさの6枚のカード①，②，③，④，⑤，⑥が入っている袋Bがある。

2つの袋A，Bから同時にそれぞれ1枚のカードを取り出し，袋Aから取り出したカードに書かれた数をa，袋Bから取り出したカードに書かれた数をbとするとき，aと$3b$の最大公約数が1となる確率を求めよ。

ただし，2つの袋A，Bそれぞれにおいて，どのカードが取り出されることも同様に確からしいものとする。

(4) 右の図は，ある中学校の図書館の6月と11月における1日の利用者数を20日間調べ，そのデータを箱ひげ図に表したものである。この図から読みとれることとして，かならずいえることを次のア～エから1つ選び，記号で答えなさい。

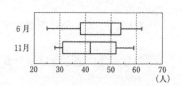

ア 6月における1日の利用者数の平均値は50人である。

イ 1日の利用者数の20日間の合計は，6月より11月の方が多い。

ウ 四分位範囲は，11月より6月の方が大きい。

エ 11月は，1日の利用者数が40人を超えた日が10日以上ある。

(5) 右の図1で，四角形ABCDは，AD∥BC，AD＝3cm，BC＝6cmの台形である。頂点Aと頂点Cを結ぶ。AC＝4cm，∠ACB＝∠CAD＝90°となるとき，この四角形ABCDを線分ACを軸として1回転したときにできる立体の体積は何cm³か。ただし，円周率はπとする。

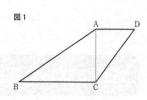

図1

2 右の図1で，点Oは原点，曲線*f*は関数$y=x^2$のグラフを表している。2点A，Bはともに曲線*f*上にあり，点Aの*x*座標は$a(a>0)$，点Bの*x*座標は負の数であり，点Aと点Bの*y*座標は等しい。

点Oから点(1, 0)までの距離，および点(0, 1)までの距離をそれぞれ1cmとして，次の各問に答えよ。　　　　　　[各6点×3]

図1
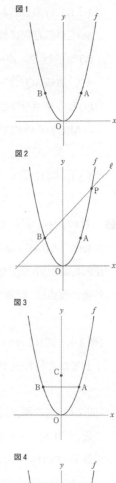

[問1]　右の図2は，図1において，点Bを通り傾きが1の直線を*ℓ*とし，直線*ℓ*と曲線*f*との交点のうち，点Bと異なる点をPとした場合を表している。

　　　点Pの*x*座標が3のとき，点Aの*x*座標*a*の値を求めよ。

図2

[問2]　右の図3は，図1において，*y*軸上にあり，*y*座標が0以上の数である点をCとし，点Aと点Bを結んだ場合を表している。次の(1)，(2)に答えよ。

(1)　点Aと点C，点Bと点Cをそれぞれ結んだ場合を考える。∠ACB＝90°，△ABCの面積が$1cm^2$となるときの点Cの座標を全て求めよ。

図3
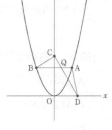

(2)　右の図4は，図3において，*x*軸上にある点をDとし，点Aと点D，点Bと点C，点Cと点Dをそれぞれ結び，線分ABと線分CDとの交点をQとした場合を表している。

　　　$a＝3$，点Cの*y*座標が12で，△ADQの面積と△BCQの面積が等しいとき，点Dの座標を求めよ。

　　　ただし，答えだけでなく，答えを求める過程が分かるように，途中の式や計算なども書け。

図4
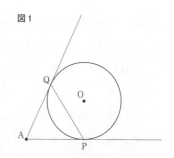

3　右の図1で，円Oに対して，円の外部にある点Aから異なる2本の接線を引き，接点をそれぞれP，Qとする。

点Pと点Qを結ぶ。次の各問に答えよ。　　　　　[各7点×3]

[問1]　図1において，PQ＝2cm，△APQが正三角形となるとき，円Oの半径は何cmか。

図1
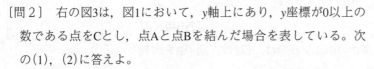

[問2]　右の図2は，図1において，点Aと点Oを結んだ線分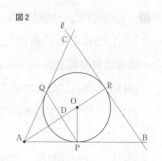
AOをOの方向に延ばした直線と円Oとの交点をRとし，線分
PQと平行で，点Rで円Oに接する直線をℓ，直線ℓと直線
AP，直線AQとの交点をそれぞれB，Cとし，線分ARと線分
PQとの交点をDとし，点Oと点Pを結んだ場合を表している。
△ARC∽△PDOであることを証明せよ。

[問3]　図2において，円Oの半径が6cm，PQ＝$8\sqrt{2}$cmのとき，△ABCの面積は何cm²か。

4　右の図1に示した立体ABC－DEFは，AB＝3cm，BC＝5cm，AD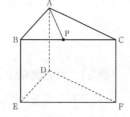
＝4cm，∠BAC＝∠BAD＝∠CAD＝90°の三角柱である。
点Pは，頂点Bを出発し，辺BC，辺CF上を毎秒1cmの速さで動き，9
秒後に頂点Fに到着する。頂点Aと点Pを結ぶ。次の各問に答えよ。

[各9点×4]

[問1]　図1において，AP＝BPとなるのは，点Pが，頂点Bを出発
してから何秒後か。

[問2]　右の図2は，図1において，点Pが辺BC上にあるとき，点P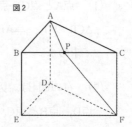
と頂点Fを結んだ場合を表している。
線分APの長さを$k$cm，線分PFの長さを$l$cmとする。
$k+l$の値が最小であるとき，$k:l$を最も簡単な整数の比で表せ。

[問3]　右の図3は，図1において，点Pが辺CF上にあるとき，頂点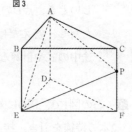
Aと頂点E，頂点Eと点Pをそれぞれ結んだ場合を表している。
△AEPがAP＝EPの二等辺三角形であるとき，線分CPの長さは何
cmか。

[問4]　右の図4は，図3において，点Pが頂点Bを出発してから7秒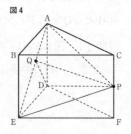
後のとき，線分AE上にありAQ：QE＝2：3である点をQとし，頂
点Dと点P，頂点Dと点Q，点Pと点Qをそれぞれ結んだ場合を表し
ている。
立体Q－DEPの体積は何cm³か。
ただし，答えだけでなく，答えを求める過程が分かるように，途
中の式や計算なども書け。

解 答

1 (1) $\sqrt{2}$　(2) $x=\dfrac{1\pm\sqrt{7}}{2}$　(3) $\dfrac{17}{30}$　(4) エ　(5) $\dfrac{164}{3}\pi\,\mathrm{cm}^3$

2 〔問1〕 $a=2$　〔問2〕 (1) $(0,\ 0),\ (0,\ 2)$　(2) D$(6,\ 0)$ (途中式は解説参照)

3 〔問1〕 $\dfrac{2\sqrt{3}}{3}\,\mathrm{cm}$　〔問2〕 解説参照　〔問3〕 $144\sqrt{2}\,\mathrm{cm}^2$

4 〔問1〕 $\dfrac{5}{2}$秒後　〔問2〕 $k:l=3:5$　〔問3〕 $\dfrac{25}{8}\,\mathrm{cm}$

〔問4〕 $\dfrac{24}{5}\,\mathrm{cm}^3$ (途中の式や計算は解説参照)

解 説

1 (1) (与式)$=\sqrt{2}(3-2\sqrt{6}+2)-4(\sqrt{2}-\sqrt{3})=5\sqrt{2}-4\sqrt{3}-4\sqrt{2}+4\sqrt{3}=\underline{\sqrt{2}}$

(2) 乗法公式$(a-b)^2=a^2-2ab+b^2$より，$(x-2)^2=x^2-2\times x\times 2+2^2=x^2-4x+4$，乗法公式$(x+a)(x+b)=x^2+(a+b)x+ab$より，$(4+x)(2-x)=-(x+4)(x-2)=-\{x^2+(4-2)x+4\times(-2)\}=-(x^2+2x-8)=-x^2-2x+8$　だから，$(x-2)^2-(4+x)(2-x)+1=0$　$(x^2-4x+4)-(-x^2-2x+8)+1=0$　$x^2-4x+4+x^2+2x-8+1=0$

$2x^2-2x-3=0\cdots$①　二次方程式$ax^2+bx+c=0$の解は，

$x=\dfrac{-b\pm\sqrt{b^2-4ac}}{2a}$で求められる。①の二次方程式は，$a=2$，$b=-2$，$c=-3$の場合だから，

$x=\dfrac{-(-2)\pm\sqrt{(-2)^2-4\times2\times(-3)}}{2\times2}=\dfrac{2\pm\sqrt{4+24}}{4}=\dfrac{2\pm2\sqrt{7}}{4}=\underline{\dfrac{1\pm\sqrt{7}}{2}}$

(3) 2つの袋A，Bから同時にそれぞれ1枚のカードを取り出すとき，すべての取り出し方は5×6＝30(通り)。このうち，袋Aから取り出したカードに書かれた数をa，袋Bから取り出したカードに書かれた数をbとするとき，aと$3b$の最大公約数が1となるのは，$3b$が3の倍数であることを考慮すると，aは3の倍数以外の数であり，かつaとbの最大公約数が1となればいいから，$(a,\ b)=(1,\ 1),\ (1,\ 2),\ (1,\ 3),\ (1,\ 4),\ (1,\ 5),\ (1,\ 6),\ (2,\ 1),\ (2,\ 3),\ (2,\ 5),\ (4,\ 1),\ (4,\ 3),\ (4,\ 5),\ (5,\ 1),\ (5,\ 2),\ (5,\ 3),\ (5,\ 4),\ (5,\ 6)$の17通り。よって，求

める確率は$\frac{17}{30}$

(4) ア 箱ひげ図から平均値はわからない。 イ 箱ひげ図から1日毎の利用者数はわからないから，1日の利用者数の20日間の合計はわからない。 ウ 四分位範囲は，第3四分位数から第1四分位数をひいた値で求められる。6月の四分位範囲は20人未満で，11月の四分位範囲は20人以上だから，四分位範囲は，6月より11月の方が大きい。 エ 11月の第2四分位数(中央値)は40人を超えているから，11月は，1日の利用者数が40人を超えた日が，調査した20日間の50%（10日）以上ある。<u>エはかならずいえる。</u>

(5) 直線ACを対称の軸として，点Dを対称移動した点をD′とする。線分ABと線分CD′との交点をEとし，点Eから線分ACに垂線EFを引く。求める立体の体積は，△ABCを線分ACを軸として1回転させてできる立体の体積と△CAD′を線分ACを軸として1回転させてできる立体の体積の和から，△AECを線分ACを軸として1回転させてできる立体の体積をひいたものに等しい。ここで，D′A∥BCより，三角形と比の定理により，AE：EB＝AD′：BC＝3：6＝1：2 EF∥BCより，EF：BC＝AE：AB EF：6＝1：3 3EF＝6 EF＝2(cm)

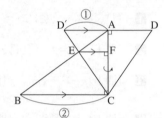

よって，体積は，$\frac{1}{3}\pi \times 6^2 \times 4 + \frac{1}{3}\pi \times 3^2 \times 4 - \frac{1}{3}\pi \times 2^2 \times 4 = \underline{\frac{164}{3}\pi}$ (cm³)

2 〔問1〕 点Pは$y=x^2$のグラフ上にあり，そのx座標は3なので，P(3, 9) 直線ℓは，点Pを通り傾きが1の直線なので，その式は$y=x+6$ したがって，直線ℓと曲線fの交点のx座標は，$x+6=x^2$を解けばよい。これを解くと，$x^2-x-6=0$ $(x+2)(x-3)=0$ $x=-2, 3$ 点Bのx座標は負なので，B$(-2, 4)$とわかる。よって，2点A，Bはy軸に関して対称な位置にあるので，A$(2, 4)$ よって，<u>$a=2$</u>

〔問2〕 (1) 点A(a, a^2)，B$(-a, a^2)$より，AB＝$a-(-a)=2a$ また，△ABCは直角二等辺三角形であり，線分ABとy軸との交点をDとすると，対称性から，△ACD≡△BCDでともに直角二等辺三角形であるので，AD＝BD＝CD＝a したがって，

△ABCの面積が1cm²となるとき，AB×CD×$\frac{1}{2}=1$ よって，

$2a \times a \times \frac{1}{2}=1$ これを解いて，$a>0$より$a=1$ 図のように，点Cは線分ABの上側と下側の2つあり，その座標は$(0, a^2+a)$と$(0, a^2-a)$と表せるので，$a=1$より，点Cの座標は<u>$(0, 2)$</u>と<u>$(0, 0)$</u>

(2) (途中の式や計算など) (例) △ADCと△ABCにおいて，辺ACを底辺と考えると，△AQCは共通で△ADQと△BCQの面積が等しいから，△ADCと△ABCの面積が等しくなれ

ばよい。したがって，高さが等しくなればよいから，直線ACと直線BDが平行になればよい。直線ACの傾きは，$\dfrac{9-12}{3-0}=-\dfrac{3}{3}=-1$　であるから，直線BDの切片をbとすると，直線BDの方程式は，$y=-x+b$　また，点B$(-3,\ 9)$であり，点Bは直線BD上の点なので，$9=-(-3)+b$　すなわち，$b=6$　ゆえに，直線BDの方程式は，$y=-x+6$　点Dのx座標をdとおくと，点Dはx軸上にあり，直線BD上の点なので，$0=-d+6$　すなわち，$d=6$　よって，<u>D$(6,\ 0)$</u>

3 〔問1〕　△APOと△AQOにおいて，円Oの半径だから　OP＝OQ…①　共通な辺より，AO＝AO…②　接線と接点を通る半径は垂直に交わるから　∠APO＝∠AQO＝90°…③　①，②，③より，直角三角形の斜辺と他の1辺がそれぞれ等しいので　△APO≡△AQO　よって，∠OAP＝$\dfrac{1}{2}$∠PAQ＝$\dfrac{1}{2}\times60°=30°$より，△APOは30°，60°，90°の直角三角形で，3辺の比は$2:1:\sqrt{3}$　以上より，円Oの半径OPは　OP＝$\dfrac{AP}{\sqrt{3}}=\dfrac{PQ}{\sqrt{3}}=\dfrac{2}{\sqrt{3}}=\underline{\dfrac{2\sqrt{3}}{3}}$(cm)

〔問2〕　（証明）（例）△ARCと△PDOにおいて，PQ∥BCより　∠ARC＝∠ADQ＝90°　∠ADQ＝∠PDOより　∠ARC＝∠PDO＝90°…①　∠DQCについて　∠DQC＝∠DAQ＋∠ADQ　また，点Oと点Qを結び　∠DQC＝∠DQO＋∠OQCであるから　∠ADQ＝∠OQC＝90°　より　∠DAQ＝∠DQO…②　また，△OQPはOP＝OQの二等辺三角形であるから　∠DQO＝∠DPO…③　よって，②と③より　∠DAQ＝∠DPO　ここで，∠DAQ＝∠RACより　∠RAC＝∠DPO…④　①と④より，2組の角がそれぞれ等しいから　△ARC∽△PDO

〔問3〕　△OQPはOP＝OQの二等辺三角形で，二等辺三角形の頂角からの垂線は底辺を2等分するから，PD＝$\dfrac{PQ}{2}=\dfrac{8\sqrt{2}}{2}=4\sqrt{2}$(cm)　△PDOで三平方の定理を用いると，OD＝$\sqrt{OP^2-PD^2}$ ＝$\sqrt{6^2-(4\sqrt{2})^2}=2$(cm)　△ARCと△AQOで，∠ARC＝∠AQO＝90°…①　共通な角より　∠RAC＝∠QAO…②　①，②より，2組の角がそれぞれ等しいから　△ARC∽△AQO　これと問2の結果より　△ARC∽△AQO∽△PDO　である。よって，AO＝OQ×$\dfrac{OP}{OD}=6\times\dfrac{6}{2}=18$(cm)　CR＝AR×$\dfrac{OD}{PD}$＝(AO＋OR)×$\dfrac{OD}{PD}$＝(18＋6)×$\dfrac{2}{4\sqrt{2}}=6\sqrt{2}$cm　以上より，△ABCが直線ARを対称の軸とする線対称な図形であることも考慮すると，△ABC＝2△ARC＝2×$\dfrac{1}{2}$×AR×CR＝2×$\dfrac{1}{2}$×24×6$\sqrt{2}$＝$\underline{144\sqrt{2}}$(cm²)

4 〔問1〕　∠BAC＝90°より，3点A，B，Cは辺BCを直径とする円の円周上にある。これより，

AP＝BPとなるのは，点Pが円の中心，すなわち，辺BCの中点に一致したときであり，これは

点Pが頂点Bを出発してから$\frac{5}{2}÷1＝\frac{5}{2}$（秒後）である。

〔問2〕　右図に，三角柱ABC－DEFの展開図の一部を示す。展開図

上で3点A，P，Fが一直線上に並ぶとき，$l＋k$の値が最小になる。

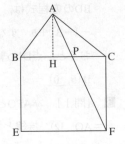

△ABCに三平方の定理を用いると，$AC＝\sqrt{BC^2－AB^2}＝\sqrt{5^2－3^2}$

＝4（cm）　点Aから辺BCへ垂線AHを引く。△ABCで底辺と高さ

の位置をかえて面積を考えると，$\frac{1}{2}×BC×AH＝\frac{1}{2}×AB×AC$

$AH＝\dfrac{AB×AC}{BC}＝\dfrac{3×4}{5}＝\dfrac{12}{5}$（cm）　AH∥CFより，平行線と線分

の比の定理を用いると，$k：l＝AP：PF＝AH：CF＝\dfrac{12}{5}：4＝\underline{3：5}$

〔問3〕　AP＝EPならば，$AP^2＝EP^2\cdots$①　である。CP＝$x$cmとする。△ACPに三平方の定理を

用いると，$AP^2＝AC^2＋CP^2＝4^2＋x^2$　△EFPに三平方の定理を用いると，$EP^2＝EF^2＋PF^2＝EF^2$

$＋(CF－CP)^2＝5^2＋(4－x)^2$　これより，①となるのは，$4^2＋x^2＝5^2＋(4－x)^2$　これを解いて，

$x＝\dfrac{25}{8}$　以上より，△AEPがAP＝EPの二等辺三角形であるとき，線分CPの長さは$\underline{\dfrac{25}{8}}$cmであ

る。

〔問4〕　（途中の式や計算）　（例）辺AD上に$RD＝\dfrac{12}{5}$（cm）である点Rをとれば，AR：RD＝2：3

からQR∥EDで，QR∥（平面DEP）$\cdots$①　2つの立体Q－DEPとR－DEPは，底面を△DEPと考

えれば，①から高さが一致するので，体積も一致する。△ABCにおいて，三平方の定理よ

り　$AC＝\sqrt{BC^2－AB^2}＝4$（cm）　以上から，求める体積は　$\dfrac{1}{3}×△RDP×DE＝\dfrac{1}{3}×\dfrac{1}{2}×RD$

$×AC×DE＝\dfrac{1}{3}×\dfrac{1}{2}×\dfrac{12}{5}×4×3＝\underline{\dfrac{24}{5}}$（cm³）

公立高校入試 対策問題 第2回

- 小問数は14です。
- 自分の目標点数を超えるように、問題を選びながら仕上げていきましょう。
- 制限時間は50分としますが、できるだけ40分以内に終わるように素早く仕上げていきましょう。

---

1 次の各問いに答えなさい。　　　　　　　　　　　　　　　　　　　　[各5点×5]

(1) $\left(\dfrac{\sqrt{7}-\sqrt{12}}{\sqrt{2}}\right)\left(\dfrac{\sqrt{7}}{2}+\sqrt{3}\right)+\sqrt{18}$ を計算しなさい。

(2) 連立方程式 $\begin{cases} \dfrac{1-2x}{3}=1+\dfrac{x}{4}+y \\ x+4y=8 \end{cases}$ を解きなさい。

(3) 右の図1で，多角形ABCDEFは，正六角形である。

1から6までの目が出る1つのさいころを投げたとき，偶数の目が出たら反時計回り，奇数の目が出たら時計回りに，出た目の数だけ，点Pが多角形の頂点から頂点へ移動する場合を考える。頂点Aを出発点として，さいころを2回投げた結果，点Pが頂点Dに来る確率を求めよ。ただし，点Pが1回目で移動した頂点を，2回目の点Pの移動の出発点とする。

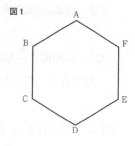

図1

(4) 図2は，ある中学校の2年1組の生徒21人と2年2組の生徒20人のハンドボール投げの記録を，それぞれヒストグラムに表したものである。例えば，1組の10m以上12m未満の記録の生徒

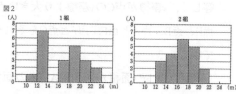

は1人である。図2の2つのヒストグラムから読み取ることができることがらとして適切なものを，後のア～オから全て選び，その記号をかけ。

ア　ハンドボール投げの記録の範囲は，1組よりも2組の方が大きい。

イ　ハンドボール投げの記録は16m未満である生徒の人数は，1組よりも2組の方が少ない。

ウ　ハンドボール投げの記録が18m以上20m未満である階級の相対度数は，1組も2組も同じである。

エ　ハンドボール投げの記録の最頻値(モード)は，1組よりも2組の方が小さい。

オ　ハンドボール投げの記録の中央値(メジアン)が含まれる階級は，1組も2組も同じである。

(5)　右の図3で，3点A，B，Cは正三角形の頂点であり，点Dは辺BCの
中点である。解答欄に示した図をもとにして，頂点B，頂点Cを定規
とコンパスを用いて作図によって求め，頂点B，頂点Cを示す文字B，
Cも書け。ただし，作図に用いる線は決められた解答欄にかき，消
さないでおくこと。

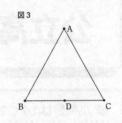

図3

2　右の図1で，点Oは原点，曲線fは$y=\dfrac{1}{4}x^2$のグラフを表してい

る。3点A，B，Cは全て曲線f上にあり，x座標はそれぞれ-6，-1，
2である。点Aと点B，点Bと点C，点Cと点Aをそれぞれ結ぶ。次
の各問に答えよ。　　　　　　　　　　　　　　　　[各7点×3]

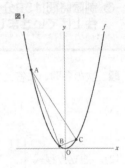

図1

[問1]　図1において，線分BC上にある点をDとし，2点A，Dを
通る直線をgとする場合を考える。
次の(1)，(2)に答えよ。
(1)　直線gの傾きをmとするとき，mのとる値の範囲を不等号を使って表せ。

(2)　△ABCと△ADCの面積の比が6：1になるとき，直線gの式を求めよ。ただし，答えだ
けでなく，答えを求める過程が分かるように，途中の式や計算なども書け。

[問2]　右の図2は，図1において，x座標が点Aのx座標に等しく，
y座標が点Cのy座標に等しい点をEとし，x座標が点Cのx座標に
等しく，y座標が点Cのy座標より大きい点をFとし，点Aと点E，
点Eと点B，点Aと点F，点Fと点Cをそれぞれ結んだ場合を表し
ている。
四角形ABCFの面積が四角形AEBCの面積に等しくなるとき，
点Fの座標を求めよ。
また，曲線f上にあり，x座標が点Cのx座標より大きい点をPと
し，点Aと点P，点Cと点Pをそれぞれ結んだとき，四角形ABCPの面積が四角形AEBCの面積
に等しくなる点Pの座標を求めよ。

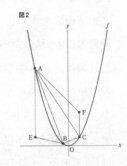

図2

3　右の図1で，△ABCは頂点A，B，Cがこの順に反時計回りに
並び，AB＝ACで，頂角が鋭角の二等辺三角形である。頂点A
を回転の中心とし，△ABCを反時計回りに回転させて△ADE
を作る。

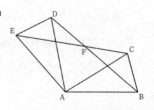

図1

ただし，∠BAEの大きさは∠BACの2倍より大きく180°以下である。△ABCと△ADEにおいて，頂点Bと頂点D，頂点Cと頂点Eをそれぞれ結び，線分BDと線分CEの交点をFとする。次の各問に答えよ。　　　　　　　　　　　　　　　　　　　　　　　　　[各8点×3]

〔問1〕　図2は図1において，AB∥ECである場合を表している。∠BAC＝40°とするとき，∠CADの大きさは何度か。

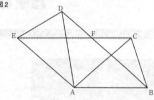

図2

〔問2〕　図1において，△BCF≡△EDFであることを証明せよ。

〔問3〕　右の図3は，図1において3つの頂点B，A，Eが一直線上にあり，頂点Cと頂点Dを結び，BE∥CDとした場合を表している。AB＝2cm，∠BAC＝30°であるとき，四角形BCDEの面積は何cm²か。

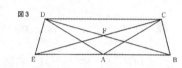

図3

4　右の図1で，立体O－ABCDは，底面ABCDが1辺の長さ4cmの正方形で，OA＝OB＝OC＝OD＝4cmの正四角すいである。
辺OC上の点をEとする。
頂点Aと頂点Cを結ぶ。
次の各問に答えよ。　　　　　　　　　　　[各10点×3]

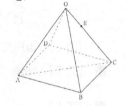

図1

〔問1〕　△OACの面積は何cm²か。

〔問2〕　右の図2は，図1において，辺OB上の点をF，辺ABの中点をGとし，頂点Dと点E，点Eと点F，点Fと点Gをそれぞれ結んだ場合を表している。
DE＋EF＋FG＝ℓcmとする。
ℓの値が最も小さくなる場合のℓの値はいくつか。

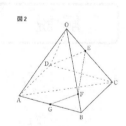

図2

〔問3〕　右の図3は，図1において，頂点Bと頂点Dを結び，線分ACと線分BDとの交点をHとし，頂点Oと点H，頂点Aと点Eをそれぞれ結び，線分OHと線分AEとの交点をIとした場合を表している。
点Iと頂点B，点Iと頂点C，点Iと頂点Dをそれぞれ結んだ場合を考える。
OE＝1cmのとき，立体I－ABCDの体積は何cm³か。
ただし，答えだけでなく，答えを求める過程が分かるように，途中の式や計算なども書け。

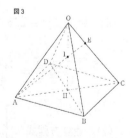

図3

公立高校入試 対策問題 第2回
解答・解説

解答

1 (1) $\dfrac{7\sqrt{2}}{4}$　(2) $x=-4$, $y=3$　(3) $\dfrac{1}{6}$

　(4) イ, オ　(5) 右図

2 〔問1〕 (1) $-\dfrac{7}{4} \leqq m \leqq -1$

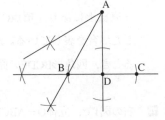

　(2) $y=-\dfrac{13}{12}x+\dfrac{5}{2}$（途中の式や計算は解説参照）

　〔問2〕 点F(2, 6), 点P(4, 4)

3 〔問1〕 60度　〔問2〕 解説参照　〔問3〕 $(2+\sqrt{3})\,\text{cm}^2$

4 〔問1〕 8cm^2　〔問2〕 $\ell=2\sqrt{13}$　〔問3〕 $\dfrac{32\sqrt{2}}{5}\,\text{cm}^3$（途中の式や計算は解説参照）

解説

1 (1) $\left(\dfrac{\sqrt{7}-\sqrt{12}}{\sqrt{2}}\right)\left(\dfrac{\sqrt{7}}{2}+\sqrt{3}\right)=\left(\dfrac{\sqrt{7}-\sqrt{12}}{\sqrt{2}}\right)\left(\dfrac{\sqrt{7}+2\sqrt{3}}{2}\right)=\left(\dfrac{\sqrt{7}-\sqrt{12}}{\sqrt{2}}\right)\left(\dfrac{\sqrt{7}+\sqrt{12}}{2}\right)$

$=\dfrac{(\sqrt{7}-\sqrt{12})(\sqrt{7}+\sqrt{12})}{2\sqrt{2}}=\dfrac{(\sqrt{7})^2-(\sqrt{12})^2}{2\sqrt{2}}=\dfrac{7-12}{2\sqrt{2}}=-\dfrac{5}{2\sqrt{2}}=-\dfrac{5\times\sqrt{2}}{2\sqrt{2}\times\sqrt{2}}=-\dfrac{5\sqrt{2}}{4}$,

$\sqrt{18}=\sqrt{2\times3^2}=3\sqrt{2}$　だから, $\left(\dfrac{\sqrt{7}-\sqrt{12}}{\sqrt{2}}\right)\left(\dfrac{\sqrt{7}}{2}+\sqrt{3}\right)+\sqrt{18}=-\dfrac{5\sqrt{2}}{4}+3\sqrt{2}=$

$\dfrac{-5\sqrt{2}+12\sqrt{2}}{4}=\underline{\dfrac{7\sqrt{2}}{4}}$

(2) 連立方程式 $\begin{cases} \dfrac{1-2x}{3}=1+\dfrac{x}{4}+y \cdots① \\ x+4y=8 \qquad\qquad \cdots② \end{cases}$　①を整理し, $-11x-12y=8\cdots③$　③+②×3

より, $-8x=32$, $\underline{x=-4}$　②に代入し, $-4+4y=8$, $4y=12$, $\underline{y=3}$

(3) さいころを2回投げたとき, 全ての目の出方は6×6=36通り。このうち, 点Pが頂点Dに

来るのは，1回目に出た目の数をa，2回目に出た目の数をbとしたとき，$(a, b)=(1, 4), (2, 5),$ $(3, 6), (4, 1), (5, 2), (6, 3)$の6通り。よって，求める確率は$\dfrac{6}{36}=\dfrac{1}{6}$

(4) ア 記録の最大の値と最小の値の差が記録の範囲。1組の記録の範囲は小さめに見積もっても$22-12=10$（m）より大きいのに対して，2組の記録の範囲は大きめに見積もっても$22-12=10$（m）より小さいから，1組よりも2組の方が小さい。アは適切ではない。 イ 記録が16m未満である生徒の人数は，1組が$1+7=8$（人），2組が$3+4=7$（人）で，1組よりも2組の方が少ない。<u>イは適切である。</u> ウ 記録が18m以上20m未満である階級の相対度数は，1組も2組も度数は5人で同じだが，度数の合計が異なるから，相対度数も異なる。ウは適切ではない。 エ 度数の最も多い階級の階級値が最頻値だから，1組の最頻値は度数が7人で最も多い12m以上14m未満の階級の階級値$\dfrac{12+14}{2}=13$（m），2組の最頻値は度数が6人で最も多い16m以上18m未満の階級の階級値$\dfrac{16+18}{2}=17$（m）で，1組よりも2組の方が大きい。エは適切ではない。 オ 中央値は資料の値を大きさの順に並べたときの中央の値。1組の生徒の人数は21人で奇数だから，記録の小さい方から11番目の生徒が含まれる16m以上18m未満の階級が，中央値の含まれる階級。2組の生徒の人数は20人で偶数だから，記録の小さい方から10番目と11番目の生徒が含まれる16m以上18m未満の階級が，中央値の含まれる階級で，1組と同じである。<u>オは適切である。</u>

(5) （着眼点） 正三角形ABCで，頂点Aと辺BCの中点Dを結んだ線分ADは，辺BCの垂直二等分線であり，∠Aの二等分線でもあるから，$\angle BAD=\dfrac{\angle A}{2}=\dfrac{60°}{2}=30°$となる。 （作図手順）次の①～⑤の手順で作図する。 ① 点Dを中心とした円を描き，直線AD上に交点を作る。 ② ①で作ったそれぞれの交点を中心として，交わるように半径の等しい円を描き，その交点と点Dを通る直線を引く。（点Dを通り，直線ADに垂直な直線） ③ 点A，Dをそれぞれ中心として，交わるように半径ADの円を描き，その交点をEとする。（△ADEは正三角形） ④ 点D，Eをそれぞれ中心として，交わるように半径の等しい円を描き，その交点と点Aを通る直線（∠DAEの二等分線）を引き，②で引いた直線との交点をBとする。 ⑤ 点Dを中心として，半径BDの円を描き，②で引いた直線との交点のうち，点Bと異なる方を点Cとする。（ただし，解答用紙には点Eの表記は不要である。）

2 ［問1］ (1) 点A，B，Cは$y=\dfrac{1}{4}x^2$上にあるから，そのy座標はそれぞれ$y=\dfrac{1}{4}\times(-6)^2=9$，$y=\dfrac{1}{4}\times(-1)^2=\dfrac{1}{4}$，$y=\dfrac{1}{4}\times2^2=1$ よって，A$(-6, 9)$，B$\left(-1, \dfrac{1}{4}\right)$，C$(2, 1)$ これより，

（直線ABの傾き）$=\left(\dfrac{1}{4}-9\right)\div\{-1-(-6)\}=-\dfrac{7}{4}$，（直線ACの傾き）$=(1-9)\div\{2-(-6)\}=$

-1　よって，線分BC上に点Dがあるとき，2点A，Dを通る直線gの傾きmのとる値の範囲は

$-\dfrac{7}{4}\leqq m\leqq -1$である。

(2)　（途中の式や計算）　（例）　△ABCと△ADCの面積比が6：1であるからBD：DC＝5：1となる。x軸上の点で，点B，点D，点Cとx座標がそれぞれ等しい点を点B′，点D′，点C′とすると　B′D′：D′C′＝5：1　である。B′C′＝3　より　B′D′＝$\dfrac{5}{2}$　であるから　点D′のx座標は$\dfrac{3}{2}$　よって　点Dのx座標は$\dfrac{3}{2}$　y軸上の点で，点B，点D，点Cとy座標がそれぞれ等しい点を点B″，点D″，点C″とすると　B″D″：D″C″＝5：1　である。B″C″＝$\dfrac{3}{4}$　より　B″D″＝$\dfrac{5}{8}$　であるから　点D″のy座標は$\dfrac{7}{8}$　よって　点Dのy座標は$\dfrac{7}{8}$　すなわち　点Dの座標は$\left(\dfrac{3}{2},\ \dfrac{7}{8}\right)$　直線gの傾きは，xの増加量が$\dfrac{3}{2}-(-6)=\dfrac{15}{2}$，$y$の増加量が$\dfrac{7}{8}-9=-\dfrac{65}{8}$であるから，$-\dfrac{65}{8}\div\dfrac{15}{2}=-\dfrac{13}{12}$　直線gの式は，$y=-\dfrac{13}{12}x+b$と表すことができる。点Aを通るから　$9=-\dfrac{13}{12}\times(-6)+b$　よって　$b=\dfrac{5}{2}$　したがって，直線gの式は，$\underline{y=-\dfrac{13}{12}x+\dfrac{5}{2}}$

[問2]　問題の条件よりE$(-6,\ 1)$　また，点Fのy座標を$s(>1)$とするとF$(2,\ s)$　△AEB＝$\dfrac{1}{2}\times$AE$\times$（点Bのx座標－点Eのx座標）$=\dfrac{1}{2}\times(9-1)\times\{-1-(-6)\}=20\cdots$①　△ACF＝$\dfrac{1}{2}\times$FC$\times$（点Fの$x$座標－点Aの$x$座標）$=\dfrac{1}{2}\times(s-1)\times\{2-(-6)\}=4(s-1)\cdots$②　ここで，四角形ABCF＝四角形AEBC$\cdots$③　であることから，△ACF＝四角形ABCF－△ABC＝四角形AEBC－△ABC＝△AEB　よって，①，②より，$4(s-1)=20$　$s=6$であり，$\underline{\text{F}(2,\ 6)}$である。次に，四角形ABCP＝四角形AEBCであるとき，③より四角形ABCP＝四角形ABCFであるから，△ABCが共通であることを考慮すると，△ACP＝△ACFであり，FP∥ACとなる。これより，点Pは点Fを通り直線ACに平行な直線と曲線$f：y=\dfrac{1}{4}x^2\cdots$④　との交点である。直線ACの傾きは$\dfrac{1-9}{2-(-6)}=-1$だから，直線FPの式は，$y=-x+b$とおいて，点Fの座標を代入すると，$6=-2+b$　$b=8$　よって，$y=-x+8\cdots$⑤　よって，点Pの座標は④と⑤の連立方程式の解である。④を⑤に代入すると，$\dfrac{1}{4}x^2=-x+8$　整理して，$x^2+4x-32=0$　$(x+8)(x$

$-4)=0$　ここで，点Pのx座標は点Cのx座標より大きいから，$x=4$　以上より，$\mathrm{P}\left(4, \frac{1}{4}\times 4^2\right)$

$=\underline{\mathrm{P}(4, 4)}$である。

3 〔問1〕　AB∥ECより，平行線の錯角は等しいから，∠ECA＝∠BAC＝40°　△ABC≡

△ADEより，AC＝AE，∠DAE＝∠BAC＝40°　よって，△ACEは二等辺三角形であり，

∠CAE＝180°－∠ACE×2＝180°－40°×2＝100°　∠CAD＝∠CAE－∠DAE＝100°－40°＝**60°**

〔問2〕　（証明）（例）△BCFと△EDFにおいて，対頂角は等しいから　∠BFC＝∠EFD…①

△ABCと△ADEは合同だから　BC＝ED…②　また，AB＝AC＝AD＝AEであり，B，C，D，E

は点Aを中心とする一つの円の周上にあるから，円周角の定理を用いて　∠CBF＝∠DEF…③

①③および三角形の内角の和は180°であるから，残りの角も等しいので　∠BCF＝∠EDF…④

②③④より，一組の辺とその両端の角がそれぞれ等しいから　△BCF≡△EDF

〔問3〕　問題図3の四角形BCDEは，BE∥CDより台形であり，△ABC≡△ADEより，点Aを通り，

直線BEに垂直な直線を対称の軸とする線対称な図形である。点Cから直線BEへ垂線CHを引

く。　△ACHは30°，60°，90°の直角三角形で，3辺の比は$2:1:\sqrt{3}$だから，$\mathrm{CH}=\frac{1}{2}\mathrm{AC}=\frac{1}{2}$

$\times 2=1\,(\mathrm{cm})$，$\mathrm{AH}=\frac{\sqrt{3}}{2}\mathrm{AC}=\frac{\sqrt{3}}{2}\times 2=\sqrt{3}\,(\mathrm{cm})$　以上より，台形$\mathrm{BCDE}=\frac{1}{2}\times(\mathrm{CD}+\mathrm{BE})\times\mathrm{CH}$

$=\frac{1}{2}\times(2\mathrm{AH}+2\mathrm{AB})\times\mathrm{CH}=\frac{1}{2}\times(2\times\sqrt{3}+2\times 2)\times 1=\underline{2+\sqrt{3}\,(\mathrm{cm}^2)}$

4　〔問1〕　△OACと△BACにおいて，OA＝BA　OC＝BC　AC共通　よって，3組の辺がそれ

ぞれ等しいので，△OAC≡△BAC　$\triangle\mathrm{OAC}=\triangle\mathrm{BAC}=\frac{1}{2}\times\mathrm{AB}\times\mathrm{BC}=\frac{1}{2}\times 4\times 4=\underline{8\,(\mathrm{cm}^2)}$

〔問2〕　右図に，正四角すいO－ABCDの展開図の一部を示

す。展開図上で4点D，E，F，Gが一直線上に並ぶとき，

ℓの値が最も小さくなり，このときのℓの値は線分DGの

長さに等しい。点Gから辺OAへ垂線GPを引くと，△AGP

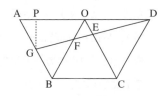

は30°，60°，90°の直角三角形で，3辺の比は$2:1:\sqrt{3}$だから，$\mathrm{AP}=\frac{1}{2}\mathrm{AG}=\frac{1}{2}\times 2=1\,(\mathrm{cm})$

$\mathrm{GP}=\sqrt{3}\,\mathrm{AP}=\sqrt{3}\times 1=\sqrt{3}\,(\mathrm{cm})$　△DGPに三平方の定理を用いると，$\mathrm{DG}=\sqrt{\mathrm{DP}^2+\mathrm{GP}^2}=$

$\sqrt{(\mathrm{AD}-\mathrm{AP})^2+\mathrm{GP}^2}=\sqrt{(8-1)^2+(\sqrt{3})^2}=\underline{2\sqrt{13}\,(\mathrm{cm})}$

〔問3〕　△OACにおいてOC上にあり，AE∥HJとなる点をJとする。EJ：JC＝AH：HC＝1：1

OE＝1cmよりCE＝3cm　したがってOI：IH＝OE：EJ＝2：3　$\mathrm{IH}=\frac{3}{5}\mathrm{OH}=\frac{3}{5}\times 2\sqrt{2}=$

$\frac{6\sqrt{2}}{5}\,(\mathrm{cm})$　四角形$\mathrm{ABCD}=16\mathrm{cm}^2$より，$\mathrm{I}-\mathrm{ABCD}=16\times\frac{6\sqrt{2}}{5}\times\frac{1}{3}=\underline{\frac{32\sqrt{2}}{5}\,(\mathrm{cm}^3)}$

公立高校入試 対策問題　第3回

- ● 小問数は15です。
- ● 自分の目標点数を超えるように、問題を選びながら仕上げていきましょう。
- ● 制限時間は50分としますが、できるだけ40分以内に終わるように素早く仕上げていきましょう。

---

1 次の各問いに答えなさい。　　　　　　　　　　　　　　　　　　　　　　[各5点×5]

(1) $\dfrac{\sqrt{(-3)^2+(-2)^2}}{(-\sqrt{2})^3}+\dfrac{(\sqrt{3}-2)^2}{\sqrt{2^3}}$ を計算しなさい。

(2) xについての2次方程式$x^2+24x+p=0$を解くと、1つの解はもう1つの解の3倍となった。pの値を求めよ。

(3) Aは4桁の自然数とする。

　　Aの千の位の数と一の位の数を入れ替えた数をBとすると、Bは5の倍数である。

　　Aの十の位の数と一の位の数を入れ替えた数をCとすると、Cは10の倍数である。

　　Aの千の位の数と百の位の数を入れ替えた数をDとすると、D−A＝3600である。

　　Aが3の倍数で、一の位の数が素数であるとき、Aを求めよ。

(4) 右の図1のように、袋Aと袋Bがある。袋Aには1, 3, 4, 5, 7, 9の数字が1つずつ書かれたカードが1枚ずつ合計6枚入っている。袋Bには1, 2, 4, 5, 6, 8の数字が1つずつ書かれたカードが1枚ずつ合計6枚入っている。

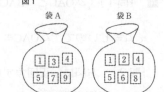

袋A、袋Bから同時にそれぞれ1枚ずつカードを取り出すとき、取り出した2枚のカードに書かれた数の和が偶数になる確率を求めよ。ただし、袋A、袋Bそれぞれにおいて、どのカードが取り出されることも同様に確からしいものとする。

(5) 右の図2で、点Oは線分ABを直径とする円の中心であり、3点C, D, Eは円Oの円周上にある点である。

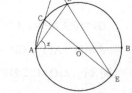

5点A, B, C, D, Eは、図2のように、A, C, D, B, Eの順に並んでおり、互いに一致せず、3点C, O, Eは一直線上にある。

線分ACをCの方向に延ばした直線と線分EDをDの方向に延ばした直線との交点をFとする。

点Aと点D、点Cと点Eをそれぞれ結ぶ。

∠AFE＝52°、∠CEF＝18°のとき、xで示した∠BADの大きさは何度か。

---

2 右の図で，点Oは原点，曲線*f*は関数*y*=*x*²のグラフを表している。

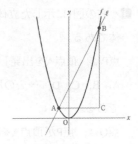

2点A，Bは，ともに曲線*f*上にあり，点Aの*x*座標は負の数，点Bの*x*座標は正の数である。

2点A，Bを通る直線を*ℓ*とし，直線*ℓ*の傾きは正の数である。

点Aを通り*x*軸に平行に引いた直線と，点Bを通り*y*軸に平行に引いた直線との交点をCとする。

点Oから点(1，0)までの距離，および点Oから点(0，1)までの距離をそれぞれ1cmとして，次の各問に答えよ。
                                                                    [各6点×3]

[問1]　直線*ℓ*と*y*軸との交点をD，線分ACと*y*軸との交点をEとした場合を考える。

　　点Aの*x*座標が−2，BC：DE＝5：1のとき，点Bの座標を求めよ。

[問2]　直線*ℓ*の傾きが2であり，△ABCの面積が25cm²のとき，直線*ℓ*の式を求めよ。

　　ただし，答えだけでなく，答えを求める過程がわかるように，途中の式や計算なども書け。

[問3]　線分ACの中点を曲線*f*が通り，AC＝BCとなるとき，点Aの座標を求めよ。

3　次の図1で四角形ABCDの4つの頂点は，すべて同じ円の周上にあり，AB＝ACである。

線分ADをDの方向へ延ばした直線と線分BCをCの方向へ延ばした直線の交点をE，線分ACと線分BDの交点をF，点Cを通り線分BDに平行な直線と線分AEとの交点をGとする。

次の各問に答えよ。
                                                                    [各7点×3]

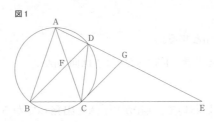

図1

[問1]　(1)　図1において，∠BAC＝*a*°，∠CAE＝*b*°とするとき，∠BEAの大きさは何度か。
　a，*b*を用いて表せ。

(2)　図1の中に△ACDと相似な三角形がいくつかある。その中から1つを選び，選んだ三角形を解答欄に示せ。また，選んだ三角形が△ACDと相似であることを証明せよ。

[問2]　図2は図1においてBC＝CDの場合を表している。

　　AC＝9cm，BC＝6cmのとき，線分GEの長さは何cmか。

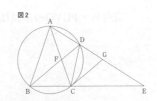

図2

4 右の図1に示した立体ABCD－EFGHは，1辺の長さが4cmの立方体である。

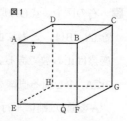

図1

点Pは，頂点Aを出発し，正方形ABCDの辺上を頂点A，B，C，D，A，B，C，D，……の順に通り，毎秒1cmの速さで動き続ける点である。

点Qは，点Pが頂点Aを出発するのと同時に頂点Eを出発し，正方形EFGHの辺上を頂点E，F，G，H，E，F，G，H，……の順に通り，毎秒3cmの速さで動き続ける点である。次の各問に答えよ。

[各9点×4]

[問1] 図1において，点Pと点Qがそれぞれ頂点Aと頂点Eを出発してから3秒後のとき，点Pと頂点E，点Pと頂点F，点Pと点Q，点Eと頂点Q，点Fと点Qをそれぞれ結んだ場合を考える。立体P－EFQの体積は何cm³か。

[問2] 図1において，点Pと点Qがそれぞれ頂点Aと頂点Eを出発してから2秒後のとき，点Pと頂点H，点Pと点Q，点Qと頂点Hをそれぞれ結んだ場合を考える。
△HPQの面積は何cm²か。

[問3] 右の図2は，図1において，点Pが頂点Aを出発してから3秒後，点Qが頂点Eを出発してから5秒後の位置にそれぞれとどまり，辺BF上の点をR，辺CG上の点をS，辺DH上の点をTとし，点Pと点R，点Rと点S，点Sと点T，点Tと点Qをそれぞれ結んだ場合を表している。

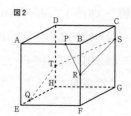

図2

PR＋RS＋ST＋TQ＝ℓ cmとする。

ℓ の値が最も小さくなるとき，RS＋STの長さは何cmか。

[問4] 右の図3は，図1において，点Pが頂点Aを出発してから10秒後，点Qが頂点Eを出発してから14秒後の位置にそれぞれとどまった場合を表している。

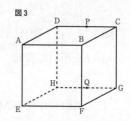

図3

点Pが頂点Aを出発してから6秒後の点をU，点Qが頂点Eを出発してから2秒後の点と，11秒後の点をそれぞれV，Wとし，点Pと点Q，点Pと点U，点Pと点W，点Qと点V，点Qと点W，点Uと点V，点Uと点W，点Vと点Wをそれぞれ結んだ場合を考える。

立体W－PUVQの体積は何cm³か。

解 答

1 (1) $-\sqrt{6}$　(2) $p=108$　(3) 5907　(4) $\dfrac{7}{18}$　(5) 52度

2 〔問1〕 $(8,\ 64)$　〔問2〕 $y=2x+\dfrac{21}{4}$（途中の式や計算は解説参照）

〔問3〕 $\left(-\dfrac{1}{2},\ \dfrac{1}{4}\right)$

3 〔問1〕 (1) $\left(90-\dfrac{a}{2}-b\right)$度　(2)【選んだ1つの三角形】△BED【証明】は解説参照

〔問2〕 $\dfrac{36}{5}$cm

4 〔問1〕 $\dfrac{32}{3}$cm³　〔問2〕 $2\sqrt{29}$cm²　〔問3〕 $\dfrac{8\sqrt{10}}{3}$cm　〔問4〕 $\dfrac{40}{3}$cm³

解 説

1 (1) $\dfrac{\sqrt{(-3)^2+(-2)^2}}{(-\sqrt{2})^3}+\dfrac{(\sqrt{3}-2)^2}{\sqrt{2^3}}=\dfrac{3+4}{-2\sqrt{2}}+\dfrac{3-4\sqrt{3}+4}{2\sqrt{2}}=\dfrac{-7+(7-4\sqrt{3})}{2\sqrt{2}}=$

$\dfrac{-4\sqrt{3}}{2\sqrt{2}}=\dfrac{-4\sqrt{6}}{2\times2}=\underline{-\sqrt{6}}$

(2) xについての2次方程式$x^2+24x+p=0\cdots①$　の1つの解がもう1つの解の3倍となったから，2つの解はs，$3s$と表すことができる。そして，①の左辺は$(x-s)(x-3s)$と因数分解でき，$x^2+24x+p=(x-s)(x-3s)\cdots②$　が成り立つ。②の右辺を展開して整理すると，$x^2+24x+p=x^2-4sx+3s^2$　左辺と右辺を比べると，$24=-4s\cdots③$　$p=3s^2\cdots④$　③より，$s=-6$　これを④に代入して，$\underline{p=3\times(-6)^2=108}$

(3) Aの千の位の数をa，百の位の数をb，十の位の数をc，一の位の数をdとする。Bが5の倍数より，$a=5$　Cが10の倍数より，$c=0$　よって，A$=5000+100b+d$，D$=1000b+500+d$　D$-$A$=3600$より，$(1000b+500+d)-(5000+100b+d)=900b-4500=3600$　$b=9$　したがって，Aの千の位の数は5，百の位の数は9，十の位の数は0であり，一の位の数が素数より，$d=2$，3，5，7　このうち，Aが3の倍数となるのは，$d=7$　以上より，A$=\underline{5907}$

(4) 袋Aから1枚のカードの取り出し方は，1，3，4，5，7，9の6通り。そのそれぞれの取り出

し方に対して，袋Bから1枚のカードの取り出し方が，1，2，4，5，6，8の6通りずつあるから，全てのカードの取り出し方は6×6=36(通り)。このうち，取り出した2枚のカードに書かれた数の和が偶数になるのは，2枚とも偶数の数が書かれたカードを取り出すときか，2枚とも奇数の数が書かれたカードを取り出すときである。2枚とも偶数の数が書かれたカードの取り出し方は，袋Aから4が書かれたカードを取り出し，袋Bから2，4，6，8が書かれたカードのうちの1枚を取り出す1×4=4(通り)。また，2枚とも奇数の数が書かれたカードの取り出し方は，袋Aから1，3，5，7，9が書かれたカードのうちの1枚を取り出し，袋Bから1，5が書かれたカードのうちの1枚を取り出す5×2=10(通り)。よって，求める確率は $\frac{4+10}{36} = \underline{\frac{7}{18}}$

(5) 弧CDに対する円周角なので，$\angle CAD = \angle CED = 18°$ △CEFの内角と外角の関係から，$\angle ACO = \angle CFE + \angle CEF = 52° + 18° = 70°$ △OACはOA＝OCの二等辺三角形だから，$\angle CAO = \angle ACO = 70°$ 以上より，$\angle BAD = \angle CAO - \angle CAD = 70° - 18° = \underline{52°}$

② 〔問1〕 BC∥DEより，平行線と線分の比の定理を用いると，AC：AE＝BC：DE＝5：1より，AC＝AE×5＝2×5＝10 よって，点Bのx座標は，(点Aのx座標)＋AC＝−2＋10＝8 点Bは$y=x^2$上にあるから，そのy座標は$y=8^2=64$ よって，$\underline{B(8, 64)}$

〔問2〕 (途中の式や計算) (例)AC＝t(cm)($t>0$)とする。直線 ℓ の傾きが2であるから，BC＝2AC＝$2t$(cm) よって，△ABC＝$\frac{1}{2} \times AC \times BC = \frac{1}{2}t \times 2t = t^2$ ゆえに $t^2=25$ $t>0$より $t=5$ よって BC＝$2t=10$…① ゆえに A(u, u^2)とすると C$(u+5, u^2)$，B$(u+5, (u+5)^2)$ よって BC＝$(u+5)^2-u^2$ ゆえに①より $(u+5)^2-u^2=10$ よって $10u+25=10$ すなわち $u=-\frac{3}{2}$ したがって A$\left(-\frac{3}{2}, \frac{9}{4}\right)$ ゆえに，直線 ℓ の式は $\underline{y=2x+\frac{21}{4}}$ となる。

〔問3〕 正の数vを用いて，A$(-v, v^2)$とする。線分ACの中点をFとすると，問題の条件より点Fは曲線f上にあるから，原点Oを頂点とする放物線がy軸に関して線対称であることを考慮すると F(v, v^2) これより，点Bのx座標は，(点Aのx座標)＋2AF＝$-v+2\{v-(-v)\}=3v$ よって，B$(3v, 9v^2)$ これより，AC＝2AF＝$4v$，BC＝(点Bのy座標)−(点Aのy座標)＝$9v^2-v^2=8v^2$だから，AC＝BCとなるとき，$4v=8v^2$ vは正の数であるから，両辺をvで割って，$4=8v$ よって，$v=\frac{1}{2}$ 点Aの座標は$\underline{A\left(-\frac{1}{2}, \frac{1}{4}\right)}$

③ 〔問1〕 (1) AB＝ACより，△ABCは二等辺三角形となりその底角は等しく，$\angle ABC = \angle ACB$ よって，$\angle ABC = \angle ACB = (180-a)° \div 2 = \left(90-\frac{a}{2}\right)°$ となる。 したがって，△ABEにおいて，$\angle ABE = \left(90-\frac{a}{2}\right)°$，$\angle BAE = (a+b)°$なので，$\angle BEA = 180° - \angle ABE - \angle BAE = 180° - \left(90-\frac{a}{2}\right)° - (a+b)° = \underline{\left(90-\frac{a}{2}-b\right)°}$

(2) 【選んだ1つの三角形】△BED

【証明】(解答例)

△ACDと△BEDにおいて，$\overset{\frown}{\text{CD}}$に対する円周角は等しいから，∠DAC＝∠DBE…①　$\overset{\frown}{\text{AB}}$に対する円周角は等しいから，∠ADB＝∠ACB　さらに，AB＝ACより，∠ABC＝∠ACB だから，∠ADB＝∠ABC　△ACDで三角形の外角の性質より，∠CDE＝∠ACD＋∠DAC また，$\overset{\frown}{\text{AD}}$に対する円周角は等しいから，∠ABD＝∠ACD　∠ABC＝∠ABD＋∠DBC＝∠ACD＋∠DAC　よって，∠CDE＝∠ABC　したがって，∠ADB＝∠CDE，∠BDCは共通だから，∠ADC＝∠ADB＋∠BDC＝∠CDE＋∠BDC＝∠BDE…②　①，②より2組の角がそれぞれ等しいから，△ACD∽△BED

〔問2〕（右図参照）仮定より，AB＝AC＝9cm，BC＝CD＝6cm　∠BAC＝aとすると，$\overset{\frown}{\text{BC}}$に対する円周角は等しいので，∠BAC＝∠BDC＝$a$　△BCDはCB＝CDの二等辺三角形なので，底角は等しく，∠CBD＝∠BDC＝a　$\overset{\frown}{\text{CD}}$に対する円周角は等しいので，∠CAD＝∠CBD＝$a$　また，

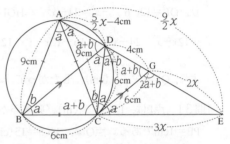

∠ABD＝bとすると，$\overset{\frown}{\text{AD}}$に対する円周角は等しいので，∠ABD＝∠ACD＝$b$　△ABCにおいて二等辺三角形の底角は等しいので，∠ACB＝∠ABC＝$a＋b$　$\overset{\frown}{\text{AB}}$に対する円周角は等しいので，∠ADB＝∠ACB＝$a＋b$　△ACDにおいて内角と外角の関係から，∠CDE＝∠DAC＋∠DCA＝$a＋b$　BD∥CGより，平行線の同位角は等しいので，∠CGE＝∠BDE＝$2a＋b$，∠ECG＝∠EBD＝a，∠DGC＝∠ADB＝$a＋b$　平行線の錯角は等しいので，∠GCD＝∠CDB＝a　以上より，2組の角がそれぞれ等しい相似条件より，相似な三角形が複数存在することがわかる。△ABC∽△CDGより，対応する辺の比は等しいので，AB：BC＝CD：DG　よって，9：6＝6：DG　これを解いて，DG＝4（cm）　△DCA∽△GECより，DC：CA＝GE：EC　6：9＝GE：EC　よって，GE：EC＝2：3なので，GE＝$2x$（cm），EC＝$3x$（cm）とおく。△ACE∽△ADCより，AE：EC＝AC：CD　すなわち，AE：$3x$＝9：6　よって，AE＝$\dfrac{9}{2}x$（cm）　したがって，AD＝AE－DG－EG＝$\dfrac{9}{2}x－2x－4＝\dfrac{5}{2}x－4$（cm）　以上より，△ACD∽△AECより，AD：AC＝AC：AE　すなわち，$\left(\dfrac{5}{2}x－4\right)$：9＝9：$\dfrac{9}{2}x$　これを解いて，$\dfrac{9}{2}x\left(\dfrac{5}{2}x－4\right)＝81$

$5x^2－8x－36＝0$　$(x＋2)(5x－18)＝0$　$x＞0$より，$x＝\dfrac{18}{5}$　したがって，GE＝$2x＝\dfrac{36}{5}$（cm）

$\left(\text{解の公式より，}x＝\dfrac{－(－8)±\sqrt{(－8)^2－4×5×(－36)}}{2×5}＝\dfrac{8±\sqrt{49}}{10}＝\dfrac{8±28}{10}\text{なので，}x＝\dfrac{18}{5}，\right.$

$－2$　と解いてもよい。$\bigg)$

4 〔問1〕 点Pは，$1 \times 3 = 3$(cm)移動するから辺AB上にあり，点Qは，$3 \times 3 = 9$(cm)移動するから辺GH上にある。よって，立体P−EFQの体積は，$\frac{1}{3} \times \triangle EFQ \times AE = \frac{1}{3} \times \left(\frac{1}{2} \times 4 \times 4\right) \times 4 = \frac{32}{3}$(cm³)

〔問2〕 点Pは，$1 \times 2 = 2$(cm)移動するから，辺ABの中点にある。点Qは，$3 \times 2 = 6$(cm)移動するから，辺FGの中点にある。三平方の定理により，$PH^2 = PD^2 + DH^2 = AP^2 + AD^2 + DH^2 = 2^2 + 4^2 + 4^2 = 36$ PH>0より，PH=6(cm) $PQ^2 = BP^2 + BQ^2 = BP^2 + BF^2 + FQ^2 = 2^2 + 4^2 + 2^2 = 24$ PQ>0より，$PQ = \sqrt{24} = 2\sqrt{6}$(cm) $HQ^2 = HG^2 + GQ^2 = 4^2 + 2^2 = 20$ HQ>0より，$HQ = \sqrt{20} = 2\sqrt{5}$(cm) 点Qから線分PHに垂線QIを引き，PI=$x$cmとする。△PQIで，三平方の定理により，$QI^2 = (2\sqrt{6})^2 - x^2 = 24 - x^2$ △HQIで，三平方の定理により，$QI^2 = (2\sqrt{5})^2 - (6-x)^2 = -16 + 12x - x^2$ $24 - x^2 = -16 + 12x - x^2$ $12x = 40$ $x = \frac{10}{3}$ よって，$QI^2 = 24 - \left(\frac{10}{3}\right)^2 = \frac{116}{9}$ QI>0より，$QI = \frac{2\sqrt{29}}{3}$(cm) したがって，△HPQの面積は，$\triangle HPQ = \frac{1}{2} \times 6 \times \frac{2\sqrt{29}}{3} = \underline{2\sqrt{29}}$(cm²)

〔問3〕 点Pは，$1 \times 3 = 3$(cm)移動するから辺AB上にあり，PB=1cmである。点Qは，$3 \times 5 = 15$(cm)移動するから辺HE上にあり，HQ=3cmである。側面の展開図を考えると，AA′∥EE′なので，三角形と比の定理により，BR：RF=PB：FQ=1：$(4+4+3)$=1：11なので，$BR = \frac{1}{12}BF =$

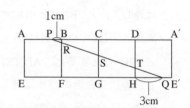

$\frac{1}{12} \times 4 = \frac{1}{3}$(cm) DT：TH=PD：HQ=$(1+4+4)$：3=9：3=3：1なので，$DT = \frac{3}{4}DH = \frac{3}{4} \times 4 = 3$(cm) 点Rから線分DHに垂線RJを引くと，△RTJで，三平方の定理により，$RT^2 = 8^2 + \left(3 - \frac{1}{3}\right)^2 = 8^2 + \left(\frac{8}{3}\right)^2 = \frac{640}{9}$ RT>0より，$RT = \underline{\frac{8\sqrt{10}}{3}}$(cm)

〔問4〕 点Pは，$1 \times 10 = 10$(cm)移動するから，辺CDの中点にある。点Qは，$3 \times 14 = 42$(cm)移動するから，辺GHの中点にある。また，点Uは，$1 \times 6 = 6$(cm)より，辺BCの中点，点Vは，$3 \times 2 = 6$(cm)より，辺FGの中点であり，点Wは，$3 \times 11 = 33$(cm)より，辺EF上の点で，EW：WF=1：3である。四角形PQVUは長方形であり，△CDBで，中点連結定理により，$PU = \frac{1}{2}DB = \frac{1}{2} \times 4\sqrt{2} = 2\sqrt{2}$(cm) △WVQの面積は，正方形EFGHの面積から，△FVW，△GQV，台形EWQHの面積をひいて求められるから，$\triangle WVQ = 4^2 - \frac{1}{2} \times 3 \times 2 - \frac{1}{2} \times 2 \times 2 - \frac{1}{2} \times (1+2) \times 4 = 5$(cm²) 点Wから線分VQに垂線WXを引くと，$\triangle WVQ = \frac{1}{2} \times 2\sqrt{2} \times WX = 5$ $WX = \frac{5}{\sqrt{2}} = \frac{5\sqrt{2}}{2}$(cm) よって，求める立体の体積は，$\frac{1}{3} \times (四角形PQVU) \times WX = \frac{1}{3} \times (2\sqrt{2} \times 4) \times \frac{5\sqrt{2}}{2} = \underline{\frac{40}{3}}$(cm³)

公立高校入試シリーズ

NEW

長文読解・英作文　公立高校入試対策

実戦問題演習・公立入試の英語　基礎編

- ヒント入りの問題文で「解き方」がわかるように
- 総合読解・英作文問題へのアプローチ手法を出題ジャンル形式別に丁寧に解説
- 全国の公立高校入試から問題を厳選
- 文法・構文・表現の最重要基本事項もしっかりチェック

定価：1,100 円（本体 1,000 円 + 税 10%）／ ISBN：978-4-8141-2123-6　C6300

NEW

「入試の英語」を
ニューアル！

長文読解・英作文　公立難関・上位校入試対策

実戦問題演習・公立入試の英語　実力錬成編

- 総合読解・英作文問題へのアプローチ手法を出題ジャンル形式別に徹底解説
- 全国の公立高校入試、学校別独自入試から問題を厳選
- 出題形式に合わせた英作文問題の攻略方法で「あと1点」を手にする
- 文法・構文・表現の最重要基本事項もしっかりチェック

定価：1,320 円（本体 1,200 円 + 税 10%）／ ISBN：978-4-8141-2169-4　C6300

解き方がわかる・得点力を上げる分野別トレーニング

実戦問題演習・公立入試の理科

- 全国の公立高校入試過去問からよく出る問題を厳選
- 基本問題から思考・表現を問う問題まで重要項目を実戦学習
- 豊富なヒントで解き方のコツがつかめる
- 弱点補強、総仕上げ……短期間で効果を上げる

定価：1,045 円（本体 950 円 + 税 10%）／ ISBN：978-4-8141-0454-3　C6300

弱点を補強し総合力をつける分野別トレーニング

実戦問題演習・公立入試の社会

- 都道府県公立高校入試から重要問題を精選
- よく出る項目を集中的に学習
- 分野別総合問題、分野複合の融合問題・横断型問題など
- 幅広い出題形式を実戦演習
- 豊富なヒントを手がかりに弱点を確実に補強

定価：1,045 円（本体 950 円 + 税 10%）／ ISBN：978-4-8141-0455-0　C6300

解法＋得点力が身につく出題形式別トレーニング

形式別演習・公立入試の国語

- 全国の都道府県入試から頻出の問題形式を集約
- 基本～標準レベルの問題が中心⇒基礎力の充実により得点力をアップ
- 問題のあとに解法のポイントや考え方を掲載しわかりやすさ、取り組みやすさを重視
- 巻末には総合テスト、基本事項のポイント集を収録

定価：1,045 円（本体 950 円 + 税 10%）／ ISBN：978-4-8141-0453-6　C6300

公立高校入試シリーズ

実戦問題演習・公立入試の数学 実力錬成編

2023年8月7日　初版発行

発行者　　　　　　佐藤　孝彦

編　集　　　　　　大川　夏樹

　　　　　　　　　有限会社マイプラン

表紙・本文デザイン　守屋　温子

発行所　　　　　　東京学参株式会社

　　　　　　　〒153-0043　東京都目黒区東山2-6-4

　　　　　　　［編集部］TEL 03-3794-3002　FAX 03-3794-3062

　　　　　　　［営業部］TEL 03-3794-3154　FAX 03-3794-3164

　　　　　　　〈URL〉https://www.gakusan.co.jp

　　　　　　　〈E-mail〉hensyu@gakusan.co.jp

印刷所　　株式会社シナノ

ISBN978-4-8141-2560-9